疯狂阅读 珍藏版

杜志建 / 主编

美文卷

MEIWENJUAN

我走过动荡日子
追过梦的放肆

惟愿有一天飘进我生命中的云
不再掀起风暴
只给我黄昏的天空增添色彩

汕头大学出版社

图书在版编目（CIP）数据

疯狂阅读：珍藏版.美文卷/杜志建主编.--汕头：汕头大学出版社，2023.5
ISBN 978-7-5658-5018-9

Ⅰ.①疯… Ⅱ.①杜… Ⅲ.①阅读课—中学—教学参考资料 Ⅳ.① G634.333

中国国家版本馆 CIP 数据核字（2023）第 090550 号

疯狂阅读：珍藏版.美文卷　FENGKUANG YUEDU ZHENCANGBAN MEIWENJUAN

主　　编：杜志建
责任编辑：闵国妹
责任技编：黄东生
责任校对：刘葭露
封面设计：马俊洁
封面绘图：starry 阿星
出版发行：汕头大学出版社
广东省汕头市大学路 243 号汕头大学校园内　邮政编码：515063
电　　话：0754-82904613
印　　刷：河南新华印刷集团有限公司
开　　本：787mm×1092mm　1/16
印　　张：10
字　　数：280 千字
版　　次：2023 年 5 月第 1 版
印　　次：2023 年 5 月第 1 次印刷
定　　价：22.80 元
ISBN 978-7-5658-5018-9

版权所有，翻版必究
如发现印装质量问题，请与承印厂联系退换

声明

基于对知识和创作的尊重，本书向所选文章、图片的作者给予补贴。因条件所限未能及时联系的作者，我们在此深表歉意，当您看到本书时，请与我们联系，以便我们向您支付补贴和赠送样书。因篇幅有限，部分文章有删节，敬请谅解。

联系方式：0371-68698032

目 录

如期而至
苍狗又白云,身旁有了你

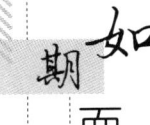

- 002　如果我是蝉你是冬虫夏草　　　　　/ 陈麒凌
- 006　她从海上来　　　　　　　　　　　/ 吴晓乐
- 009　半途　　　　　　　　　　　　　　/ 张秋寒
- 013　母亲大人的亲笔信　　　　　　　　/ 秦文君
- 015　八岁,一个人去旅行　　　　　　　/ 吴念真
- 018　黄油烙饼　　　　　　　　　　　　/ 汪曾祺
- 020　哪里去了?放风筝的姑娘　　　　　/ 张　洁

万千微尘
风属于天的,却吹起人间烟火

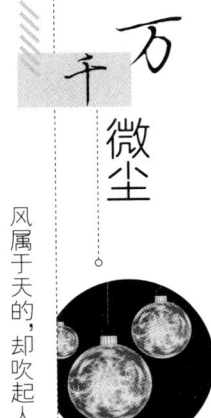

- 024　猫婆婆　　　　　　　　　　　　　/ 冯骥才
- 027　冬天的聚会　　　　　　　　　　　/ 王安忆
- 030　吃茶　　　　　　　　　　　　　　/ 凌叔华
- 033　人间　　　　　　　　　　　　　　/ 史铁生
- 034　懒猫百态　　　　　　　　　　　　/ 颜元叔
- 036　冬夜记　　　　　　　　　　　　　/ 李　娟
- 038　父亲归来那一天　　　　　　　　　/ 明前茶
- 040　胃的回忆　　　　　　　　　　　　/ 盛　慧
- 041　从透明到灰烬　　　　　　　　　　/ 张天翼

夏花绚烂

你是一种感觉，写在夏夜晚风里面。

044	游向深海	/ 聿刀
050	锦鲤与安眠曲	/ 水生烟
056	你写进了我的故事，却成不了我的传奇	/ 周宏翔
058	夏天与尘埃	/ 午歌
062	少年友情	/ 肖复兴
065	维卡，维卡	/ 七堇年
066	琥珀之歌	/ 沈嘉柯

日日物事

以为的日常，原来是无常。

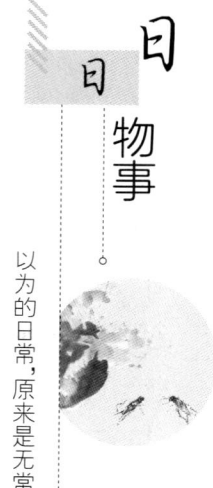

072	不管狗和茶炊怎么闹腾，生命是个好家伙	/ 王这么
075	公元前那只蟋蟀	/ 刘黎琼
077	正欲清谈逢客至	/ 肖复兴
079	纸上王国	/ 邓安庆
082	爬到树上睡觉	/ 王太生
083	夏天的日记	/ 席慕蓉
086	撕日历的日子	/ 迟子建
088	雪夜访幽	/ 邹謇

目 录

薜萝往事
我见青山如故，青山见我是否亦然。

090	遇见过柔荑	/许冬林
092	程灵素：我爱你，与你无关	/六神磊磊
094	入夜之后，燃灯赏花	/孟　晖
096	杜甫埋伏在中年等我	/潘向黎
099	大观园里都是性灵派	/刘晓蕾
103	大雪落满宋，灯火不成眠	/清雅若诗
104	王维的白色衬衫	/闫　红

山河册页
历史的山风吹过，只留斑驳

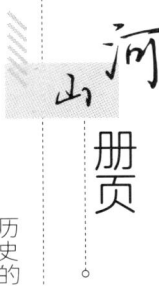

106	苏轼的吃与睡	/张佳玮
108	蒋捷漂泊在路上	/王这么
111	玫瑰即使不叫玫瑰	/张宗子
112	那一家，姓曹	/余秋雨
117	十万个秋天	/李修文
121	诗人与酒	/洛　夫
122	唐朝的驿站	/夏坚勇

目 录

等风起时

晚风吻尽荷花叶,任我醉倒在池边。

- 126 月中之树,天上之香 / 无穷小亮
- 128 不可战胜的夏天 / 严 明
- 131 桃之夭夭 / 格 致
- 132 小船上的信 / 沈从文
- 134 整个世界都白茫茫的 / 李 娟
- 136 迷路的故事 / 舒 婷
- 137 苏州城北 / 苏 童

惊鸿一瞥

那遥远的一瞬,总令我怦然心动

- 140 另一种时间 / 星野道夫
- 142 公园里的星期天 / 贝尔·考夫曼
- 144 女巫的面包 / 欧·亨利
- 146 三个旅行者 / 琼·艾肯
- 148 游戏 / 普塔·纳德
- 149 日内瓦湖在沉睡 / 蒲 宁
- 152 未婚妻 / 玛格丽特·奥杜

如期而至

苍狗又白云,身旁有了你

如果我是蝉 你是冬虫夏草

❋ 陈麒凌

大一新生自我介绍，柯义敏说："我来自广东阳江，太阳的阳，江海的江。"声音略微高昂了些，抑扬顿挫，有点诗朗诵的感觉。后面那个女生接着来，也好像诗朗诵地说："我来自黑龙江黑河，黑灯瞎火的黑，河东狮吼的河。"大家笑，柯义敏也笑，回头看那女生，睁着两颗黑眼睛，有点无辜又有点惊讶，一副"这有什么呀"的神情。后来再回头看，她低垂眉眼，抿着两点酒涡，到底还是笑了下。她就是卢梅。

柯义敏去图书馆看中国地图，一路向北找黑河，果然靠北，和俄罗斯仅差750米，又一路往南找自己的阳江，手指头划过淡蓝色的纬度线，穿越密密挤挤的山脉河流城市，落在南海边上渺渺一点，差不多跨了三十个纬度，比例尺估测四千多公里。他在心里轻轻地"哇"了一声。

"太远了。"卢梅说，从大一说到大四，真诚地替他着急，"你别对我太好，浪费。我跟你说我是委培生，毕业肯定得回去，我爸不在了，我妈一身病全得靠我呢，我就是我们家的天。"

柯义敏没见过雪，来上海念书这两年，最多几次雨夹雪，那不算。他喜欢那种银装素裹的大雪，天地一白，屋内火炉红红，温一瓶酒，翻一本书，对面坐着心爱的姑娘。他没去过真正的北方，从小在亚热带的阳光海浪中长大，对异质的风光总有些好奇和向往，他以为生命里得有些凛冽严寒粗犷，才算是历练，以后去东北生活也挺好。现实的问题他也考虑过，爸妈的身体还行，姐姐嫁得不远，照应起来还方便。家里人不怎么管他，老爸总说"仔大仔世界，男儿闯四方"，他想他这边没问题。

其实呢，去哪里都不重要，重要的是她在哪里。

他对卢梅说："我可以去东北。"

卢梅笑着说："你去东北干啥呀？你知道那边多冷吗，冬天早上在江边一站有50摄氏度，零下的，冻死你吧。你肯定受不了的,你去东北干啥呀!"

"我去东北干啥?"他有点生气了,"谁不想跟喜欢的人在一起啊!"

"太远了。"

"什么叫远!"他心潮涌动着,也不知怎么就说出一大篇话来,"如果我在地球你在仙女座大星云,如果我在2046你在魏晋南北朝,如果我是企鹅你是骆驼,如果我是蝉你是冬虫夏草,如果我是马路对面骑自行车的那个胖老头,你隔着条马路,却这辈子都不会往那边看一眼。那才叫远,那才可以算太远!"

卢梅就不笑了,说:"我怕你会后悔,我承认我挺自私的,将来有啥你别怨我,我受不住怨。"

他问:"那你到底是什么意思啊?"

卢梅说:"滚犊子,我要是对你没意思还跟你废话干啥啊。"

事情还算顺利,年后他就签了黑河热电厂,和卢梅一个单位。签了之后才对家里说,打电话说的,晚上看电视的时间。是老妈接的电话,电视的音响很嘈杂,他不得不提高了声音。老妈有点紧张,说:"你等等我叫你爸来听。"然后是小跑步的踢踏声,扯着脖子叫"老柯,老柯",电视也关了,那一瞬好静寂。他又把话对老爸说了一遍,老爸持重地嗯着,可以想象老花镜落到他鼻梁上,边听边点头的样子。老爸说:"嗯,那你决定去东北了,那你以后就不回来了,嗯。"柯义敏语气有点急地抢着说:"爸你怎么这样说话呢,我去东北又不是不回来了。我肯定经常回来看你们,那还不方便吗,有飞机有火车,以后买了小车,想回来随时回来,能有多远呢。"老爸说:"嗯。"

他很快就适应了东北的生活。当然,开始的时候也曾因为暖气太燥流过鼻血、嫌戴棉帽子麻烦把人耳朵冻成了猪的,老肠胃不肯接收新面食整天胀气。现在,他学会了穿羽绒裤套秋裤,只穿一条牛仔裤过冬下场是很惨的;他学会大杯大杯地喝酒,眼睛不眨地拿起生黄瓜蘸大酱咬得嘎嘣响;他学会打哈哈,对那些"你们广东人吃耗子吗、吃蚂蚁吗、吃黄鼠狼吗"的追问;他学会在上班的路上说又憋车了,举着油污的手说真埋汰,站在楼下让媳妇少嘚瑟麻溜儿地。

你也试过吧,因为爱了一个人,于是她那里的一切,也成了你的。

他在朋友圈晒玻璃窗上的霜花、冬天的第一场雪;他记着六月到大乌斯力村摘蘑菇茑、九月上卡伦山里采毛榛;他知道王肃电影院楼上的游戏厅,她小时候曾摔过一跤狠的;他知道中央街三小的林老师,曾送她一对漂亮的冰刀;他知道她小时候剪头发总去海华胡同的国营理发店;她人生首次坐电梯是在老一百,那个穿绿军装卖糯米切糕的男人总让她想起爸爸,下班他就给她买一大块回来,又热,又黏,又甜。

满大街都是她的故事,她的标识,看起来不起眼的一道招牌,一条巷子,一个名字,都能让她温柔亲切地看着说着。他也非常认真地听着看着想象着,或许是想努力地把自己植进去,植进那些故事的背景里。

可是为什么呢?他有时会走神。

卢梅高中的朋友聚会,他看着他们响亮地碰杯、突然地爆笑、搂着肩膀一起唱他从来没听过的歌,他微笑地坐在旁边,想的却是高三那年和文生、晓明还有国飞天没亮爬上望寮岭,扯着脖子吼课文,直吼出一轮火红的太阳;夏天卢梅带他去黑龙江游泳,江水平缓清澈,堤岸上有许多过来玩的俄罗斯人,他浸着清凉的江水,想的却是南海岸的十里银滩,细面粉一样干净柔软的白沙,遥遥的,望不到头,遥遥的无边际的蓝色的海,他和兄弟们游累了,摊开身体躺在沙滩上,任太阳下山,任晚来的浪潮一大卷一大卷地打在身上,任星星和渔火满天;卢梅从小到大最爱的点心是东市场早市的张记豆包,每次一买就是十个,说是为了弥补大学四年没吃着的馋和念想,他只好帮着她吃,烂熟的豆馅儿嚼至无味,他想起有好久没吃过猪肠碌了。

猪肠碌与猪肠无关,他总是一遍一遍地和卢梅解释。热油蒜子把河粉黄豆芽炒香了,再加点肉末虾皮和鸡蛋,用薄薄的滑滑的大张粉皮卷起来,刷一层花生油,撒一层白芝麻,淋一层牛腩汁,切段,蘸甜辣酱,太好吃了。他咂巴下嘴,神往着。他的城市到处都有这味吃食,一块钱一条,是美味又实惠的早点。小时候上学坐在老爸的摩托车后座,猪肠碌捧在塑料袋里吃,他小脸上沾着芝麻,舌头怎么也够不着;后来自己骑自行车,匆匆打包了去学校,早读的书声里他和文生把课本竖起来,低着头囫囵吃。班主任梁老师说:"你们中间有人在吃猪肠碌,不用看见,教室里全是味儿,我也没吃早餐呢同学,想想老师的感受。"

他在微信上和文生提起,文生说:"对啊,我们还说要请梁老师吃猪肠碌,后来就忘了。你这时候说吃的我又饿了,马上去河堤吃泥虫粥,再叫一碟猪肠碌,你要不要打包?"

临睡前他躺在床上看手机。文生打包了猪肠碌。一张图,他看了半天。

卢梅说:"你有那么馋吗?"

他说:"我三年没吃着了。"

大学毕业的第一个春节,说好了回阳江过,卢梅的妈妈住院,没回成。第二年春节厂里有台机组停机检修,年三十还要加班,又没回成。夏天里爸妈来玩了几天,卢梅说:"今年见着了咱爸咱妈那春节就不用回阳江了,过年票老贵老难买。"爸妈都同意,说就是嘛,这么远跑来跑去费事啦。

他每天都看看那张猪肠碌,馋,好像胃里面有个小手轻轻地挠。越挠,痒的地方越多。他想吃油黄滑嫩的白切鸡,想吃刚炊熟的黄鬃鹅,想吃淌着酱汁的串烧蚝,想吃洁白鲜美的鬼婆鱼汤。他的胃口越来越差,丈母娘特意给他煮米饭,买绿叶子菜,他说东北的珍珠米煮粥还行,米饭要南方的油粘十月米才香,青菜不能焖太久,得大火炒出来颜色才好。卢梅不高兴了,说:"看把你撑的,我妈做两样饭不累啊。"

到底还是心疼他,卢梅自己上网学粤菜。有天放假她在厨房鼓捣了半天,端出一盘子东西,让他吃。他问这是啥啊。卢梅说:"猪肠碌啊,我改良了,也包了豆芽肉末蛋皮,也洒了芝麻酱汁。"他拈起一块又扔下,笑道:"蒙谁啊,你这明明是东北卷大饼,还猪肠碌呢,差远去啦!"卢梅说不吃拉倒,抬手就把盘子砸了。他也来了脾气,走。

走到楼下卢梅追出来了:"你哪儿去啊,你能往哪儿去啊,谁都不认识。我错了行不,回家吧外头冷得够呛。"他心里苍凉起来,是啊,冰天雪地能往哪儿去啊,一个外乡人,他始终是个外乡人。

"我上哪儿给你找粉皮去啊。"卢梅拽着他的胳膊,哭了,"好了好了,今年春节咱一定一定回阳江,行了吧,跟我回家吧。"

腊月二十八晚柯义敏坐上从黑河到哈尔滨的火车,十二个小时正好一夜,飞机是次日上午的,直飞广州,四个半小时,他一个人。

卢梅怀孕了,情况有些不稳定,打了几天黄体酮,遵医嘱在家休息。他天天给她炖汤喝,打电话告诉爸妈春节不回去,订好的票也退了。腊月二十七那天卢梅却说:"你说我有毛病吧,刚把票退了又去买回来,白白多花了好几百块。"他没听明白。卢梅说:"你回去一趟吧,等以后生了孩子怕是更没时间。回去玩得高兴点儿,你不高兴我能高兴吗?"那晚出来,她站在门口笑着摇手,忽然又追了一句:"得回来啊。"

他一路想着她,隔两个小时一个电话,到了哈尔滨,竟然想买张车票折返黑河。卢梅的声音在电话里中气十足,"咱东北姑娘有那么娇气吗,赶紧坐飞机去"。

一路往南,从零下32摄氏度到零上23摄氏度,衣服一层层地脱,心也一层层地轻着。飞机晚点,高速路塞车,劳顿风尘中归乡,到家已是除夕晚上十点。街上灯火明亮,到处挤满大运的人,家里却寂静无声,爸妈已经早早睡了。

他的突然归来让他们手足无措,穿着睡衣站在客厅里,慌乱似乎多于惊喜。老妈赶紧热饭,掀开饭桌上的笼盖,他们的年夜饭简单得只有一盆冷掉的鹅肉和菜花,这离他热切的想象太远。"大过年的回家,就给我吃这些!"他拉长脸,重重地放下筷子。老妈说"两个老东西吃不了多少,就没买什么",老爸说"不知河堤的大排档还开不开,我去打包几个菜"。很久之后他想起那晚父母的歉疚,仍觉得心疼。是什么让自己那么不近人情,是委屈吗,近乎撒娇的委屈。委屈的孩子,只敢在父母面前发脾气。

他冲凉的时候,老妈就坐在浴室外的竹椅上等,他一出来,她就站起来,喜滋滋地跟在背后说话。老爸则过于敏感,听到他一个喷嚏、一声咳嗽,就要问一句"冷吗,喝水吗"。开了唱机,贺年的音乐绕在屋里,算是有了年味儿。他问怎么不看电视。老爸说机顶盒坏了,年初三小曾才能过来修。他问小曾是谁。老妈说是楼下便利店的打工仔,人很好,背米送油修水龙头常帮忙,上次他爸摔了腿也是小曾背下楼送去医院的。他问爸什么时候摔了腿,怎么都没跟他说。老爸说这种小事告诉他做什么,早就好了。他问那姐呢,不常回来吗。老妈说回来啊,都很有心,各人自有一头家,她带孩子也很辛苦。

除夕卢梅她们看电视守岁,他躺在自己的小床上也睡不着。他的房间一直给乡下的堂弟借住,上高三的男孩,床头床尾都是练习册,床底还有零食袋子和烟蒂。他找不到自己的痕迹。

他要在这几天很紧凑地见人。约了文生他们到龙品轩吃饭,文生说龙品轩早没有了,不如去广丰花园吧。他问广丰花园在哪儿啊。文生说高凉路和新江南路交接处。他没问下去,广丰花园没听过,新江南路也不知道,出租车会带他去的。这城市熟稔又生分,只不过三年没回来。吃饭的时候来了十多个人,朋友们携家带小,满满地围着大桌子坐。人多热闹,话题也碎,寒暄一阵胖了瘦了,解释了一通不是所有东北人都住火炕,不是所有地方都能见到东北虎。然后其他人开始讨论宝宝去哪个网站买奶粉,孩子寒假报英语班还是钢琴班,买房子是城南好还是阳东好,新年这几天去哪儿玩,是去卫国看梅花还是去北桂焗番薯。国飞忽然想起他来,说去年一中校庆搞了个校友杯足球赛,梁老师也回来给他们加油,他要在就好了,他们班肯定能拿冠军。他说我知道梁老师调到二中了,昨天特意去找他,谁知二中搬了。大家笑,都说二中前年就搬了,他不知道吗。

他不知道的事情好像还有很多,亲戚里多了不认识的新面孔,嫁过来两年的新媳妇,刚结婚的表姐夫,还有忽然发育成熟变了样的表弟表妹们。小外甥三岁了,第一次见,很有礼貌地叫他叔叔,姐姐说应该叫舅舅,孩子转身就忘。好不容易哄着会叫舅舅了,他又担心自己一走,会被孩子忘掉。他怅然地想,要是真有分身术就好了,一半带走,一半留下,那样便什么都不会错过。

大年初四寒潮来,下了雨。他觉得冷,屋里比屋外更冷,冷得坐不住。他把带绒的秋裤拿出来穿,老妈奇怪,说他以前都不肯穿两条裤子,去东北反而怕冷了。他哆哆嗦嗦地说东北比这里暖和多了。大家都不相信。要命的是他还觉得饿,这种饿不是那种没东西吃的饿,相反,回家这几天鱼肉鲜汤没断过,可填得再满仍觉得再多点儿才踏实,才算饱。那点儿是,一个纯碱的北方发面馒头。年初五那天他想吃饺子,觉得破五不吃点饺子似乎不大吉祥,卢梅打电话说包了三鲜馅的饺子,不过他那边美食吃不过来,肯定不稀罕。他没好意思跟她说,他刚刚去超市买了袋速冻饺子,猪肉大葱馅儿的。

他有点盼着离开的日子了。想卢梅,想她肚子里还是小胚芽的孩子,想他们的家。而这念头转瞬就让他惭愧,老爸老妈小心而不留痕迹地守着他,他从外面回来他们就站起来,好像等待很久的样子,端出一样一样好吃的,不管他是不是吃过了。像是要把他前几年没吃到的补上,又像是要把他后几年该吃的提前备好,一顿吃饱管一年。

大年初七他终于要走了。老爸大手一挥说:"你不用挂记家里,做好自己的事,我们会去看你。"老妈往他的背囊里塞一个保温盒,说:"是好姨店里打包的猪肠碌,你一直说好想吃,几次买回来你又说太饱吃不下。"他说不好带,不要了。到了车站,回头看她还捧着那个保温盒,他让步了,带就带吧。

告别必须草率,彼此才不太难受。他匆匆上车,隔着车窗看见他们还站在那儿,便拉上窗帘装看不见。车开出站,拉开窗帘回头看,看不见了。

上了高速,车越来越快,离那个家近了,又离这个家远了。

都是他的地方,又好像,都不是他的地方。他觉得这辈子,已经注定的一件事,就是在这相隔四千多公里的一南一北间,他的心已无法落地。

太远了,他终于承认。

在哈尔滨站候车室等待去黑河的火车,饿了,想起背囊里的保温盒。这么长的时间猪肠碌该冷了吧,他掀开盖子,看见隔层里的小钢叉子,细心分开的蒜蓉辣酱和甜辣酱,拈起一块放进嘴里,竟然还是温的。

他嚼着,满眼热泪。

旁边有人问:"大哥,你吃的那是啥玩意儿啊?"

她从海上来

✱ 吴晓乐

母亲的学历止于小学,这是外公的主意。外公很早就表明态度,母亲小学一毕业,就得外出打工以贴补家用。母亲的老师得知后,特意来访,试图说服外公,让母亲继续升学。母亲说,她远远见到老师的身影,就赶紧溜出家门,躲在邻近的巷口,她怕自己在场,大人不好说话。她一边躲着,一边忍受胸腔内那急速搏动的焦躁。母亲拼命祈祷,希望外公会回心转意,自己能够跟其他人一样,无忧无虑地坐在教室里学习。当老师青着脸踏出母亲家门时,母亲的心一沉。外公并不认为女儿坐在教室里,握着铅笔,朗读课文,能让他多买上一瓶酒,而在工厂的生产线上工作却可以。

升学路断,母亲疾奔上邻近的小山丘,望着大海。不能在父亲面前表达的幽怨,悉数化为泪水。几天后,她成为女工。那一年,她十二岁。

在工厂安顿好,母亲瞒着外公报了夜校,并请同事帮她圆谎。钟一响,母亲就奋力踩着向别人暂借的破"铁马",哐啷哐啷地去上课。平常浸泡在酒精中醉生梦死的外公,对于钱倒是很精明。没多久,外公算出母亲上呈的加班费有短缺,当下冲往工厂堵人,眼见纸包不住火,同事只得吐露实情——她去读书了。母亲下课返家,外公怒不可遏地将她一顿痛打。母亲退了学,之后几十年,她都没办法回到教室,听上哪怕一个钟头的课程。很有可能,她整个人的一部分,也被彻底地禁锢在那个挨揍的夜晚。母亲曾教我一个方法:如果很伤心,就对着海哭,想象痛苦随着海浪快速后退,离你远去。很多年之后,我来到三十年前承担母亲眼泪的海边,才认识到,母亲说对了一半,对着海哭,并无法恢复我们剥落淌血的知觉,只是让海涛取代了心声,只是不再留神倾听那发自内心深处的叹息。

十四岁时,母亲在外婆的建议下,独自踏上前往高雄的船。在高雄,母亲一口澎湖腔的闽南话,常遭人嘲笑。她跟一位同事交情甚笃,下班后,便从对方身上模仿"标准"的闽南话;其他闲暇时间,她继续学普通话,工厂内的报纸是她的免费教材。母亲是这样自修的:左手拿报,右手执笔,一旦出现生字,圈起,拿起字典查找,然后在报纸留白处反复抄写,直至完全记熟那个字的形、音、义。

从小到大,我眼中的母亲,认识很多字,说话也字正腔圆。后来,母亲揭晓个中隐情,我才恍然大悟,母亲无意识地调换着符号与象征,只想获得一种命运:不再被人霸凌。这段经历也滋养出母亲沉静的个性:她从不贸然评说一个人的好坏,也能忍耐别人对她的胡言乱语,心性平静,波澜不惊。

母亲以长女的身份守护着她的家庭。外公基本不捕鱼了,成天意兴阑珊地晒网。母亲把手足一个个地接到高雄,眼看这个家即将拨云见日,她却罹患重病,近一米七的个子,消瘦到三十八公斤。医生说,唯有台北的医院可以收治。母亲反过来安慰外婆,说她累了,这样就好,不用再治疗了。母亲算过了,交通费、住宿费和医药费会再次压垮这个家庭。母亲瞒着外婆,把大妹唤来榻前,嘱咐她撑起这个家。后来,她奇迹般地靠一帖中药渡过难关。母亲说,那时她觉得就这样子走了也无所谓。活着未曾感受到多少幸福,倒想再一次投胎,看看是不是能有更好的生活。

我问母亲:"为什么想要孩子?"母亲说,前半生,她最常有的情绪是孤独。长年在外拼凑家计,跟家人相处的时间很短暂。等到日子不再那样匮乏,手足一一成家后,她反而困惑了。母亲打了一个比方:"就像你把家布置得很理想,看了看,很满意,这么舒适,为什么不再邀请一些人来呢?我邀请的人,就是你们。"

我想,母亲之所以渴望孩子,也是想通过我们,让她朝思暮想却永远也得不到的某种家庭氛围得以再现,而这一次她能够不被辜负。孩童的存在,提醒我们,活在当下,也要活在未来。而孩童的未来,有时也能使母亲借由我们的童年,去弥补她儿时的遗憾。

我三岁多时,母亲把我们姐弟从奶奶身边接来同住。平日她把我们送入幼儿园,假日则带我们去博物馆。我们一同观看细胞分裂、恐龙灭绝、哺乳类动物幸存的影视资料,对猛犸象和噬菌体的外形赞赏不已。我对动植物萌发了浓厚的兴趣,必认读每一段介绍文字,母亲在我身后一行行朗读,不忘给我解释含义。我们也去书店,这其实是母亲最享受的时光。为了安抚我们,母亲允诺,我们离开时能带走一两本自己喜欢的书。我跟弟弟从母亲那犹疑为难的语气中,误以为书是贵得要死、别的小孩子拼命也要获取的奖励。之前进入安静场所而翻涌的躁动,瞬间转化为狩猎般的探险兴趣。

曾有一回,一本书的插图吸引了我。文字没附注音,有些段落我读得很吃力,我抱着那本书,请母亲念给我听,她从自己的书本中抬起头来,迟疑了几秒,说:"妈妈也在读书,你可不可以挑一本简单的自己读?"语毕,她的目光又落回书上。我至今仍忘不了那黯淡的心情。我以为母亲会放下书本,但她没有,她把书本抓得更牢,仿佛那是一张船票,她将乘上船,前往更丰饶的地方。也因为如此,我之后也把书抓得很牢靠,不太情愿放下。大学时期的课堂上,教授请我们留心周围的性别分工,包括电影中的情节呈现,若孩童惊扰了父亲的工作,必得有一名女性跳出来,把孩子给带走,但母亲被惊扰时,谁来把孩子给带走?这几年,我时常收到读者的信息。其中,有母亲身份的读者偶尔会以这种语句开场:在孩子不停的吵闹、打扰下,好不容易看完了您的文章……

我时常为着这份坦诚而深受触动,眼眶泛红。仿佛遇见二十年前的母亲。

伍尔芙说,一个人能使自己成为自己,比什么都重要。她也说过,女人若要写作,一定要有钱与自己的空间。再重新凝视我跟母亲在书店对话的场景,我关注的不再是那个碰了软钉子的小女孩,而是那名女性,阅读的时候,她快乐吗?我祝福她,多为自己停留一页的时光也好,更想为她祈祷,回归生活时觉得自己比看书前,又丰盛了一分。母亲给我示范,她没有为了我而放下实现自我的短暂时分。我以后也不要轻易为别人放下我的爱好,即使那个人我爱逾生命。

上小学时,母亲慎重地交给我一样物品:字典。自字典交到我手上的那一秒起,母亲就再也不帮我认读任何一个字——读不出招牌上的字,问她,她只要我记下,让我返家后查字典。

我当然讨厌母亲的做法。有时童话读得兴起,去问母亲,她也是狠心遥指家中摆放字典的矮柜。为着一个字,得在字典里翻寻,字字都在"此山中",对于幼小的我,也有"云深不知处"的无奈。我为了轻减日后的负担,若课文学到"雨",就连着部首一路读到"雪霞霜雾霾",也因为每个字都是我亲手掘出,便显得刻骨铭心。

上小学时,我是敬仰母亲的;升入初中后,这份敬仰日渐生变。

初中的第一堂英文课,老师问全班,有谁没办法按顺序念出所有的英文字母。我没有多想便举了手,环顾四周,却发现自己竟是少数。回家后,我把这份难堪与羞耻扔给母亲。母亲向我道歉,说:"我只读到小学,不清楚原来英文这么重要。你的学历比我高了,不然这样,我再带你去买一本英文字典,好吗?"我以沉默作答。这份复杂的情绪,到了高中愈加严重。升学考试不仅能筛选出成绩好的学生,也隐约淘洗出家世背景较好的同学。多数同学都有家学渊源,相比之下我的背景相当突兀。客观上我明白"万般皆是命",主观上却藏不住"半点不由人"的感伤。我的挚友,自小就受到父母的严加管教。我向往这种家庭,以为爱一个孩童不过如此,约束他、管教他,确保他没有辜负每分每秒,年年都百尺竿头,更进一步。我那时未能读出挚友的隐忍,隐忍自己得收下一份过于贵重又不能拒绝的礼物:在父母无微不至的关注下,你必须活成人上人,为父母争气。

我甚至谴责了母亲的"无为而治"。

高二时,我因胃酸倒流,每个星期有一天得去医院检查。我跟母亲坐在医院的长椅上等待显示屏上跳跃的号码,有时母亲会想到什么似的说"不要给自己太大压力";下一秒,她又陷入自我审查、修正,"算了,当我没说,我也没读过书,我懂什么"。对话便到此终止。又一个星期,我们坐在同一张长椅上,忍受同一份尴尬。相比之下,做胃镜真是太轻松了,一根细管,数次忍耐和几分疼痛就能看清楚病灶。也许那时候我与母亲之间也需要一根管子,去查看生活的酸液是如何将我们之间的关系腐蚀出窟窿的,为什么我们表达感情的方式只剩下沉默,沉默至少稀释了我们对彼此咆哮的欲望。我怨过她,怨她什么也不懂,填志愿的时候甚至不知道学校的排序。这反复纠缠的情结,直到我大学毕业,才有了释怀的契机。挚友与我吐露生命的负担,我也看到其他孩子的伤楚。他们被父母的期望压得喘不过气,而我的母亲从头到尾,不忘送给我最难能可贵的爱:自在。

我本该向母亲道歉,但我没有。我以为母亲能从我重新释出的依赖,理解到我对过往言行的懊悔。我低估了道歉这一举动的功效,对受伤的人而言,这是不容省略的仪式。道歉是,让对方感受到自己承受过的痛苦,也有被严肃对待的资格。道歉是,把你从别人身上掠取的物品、情感或尊严,谨慎地交还给对方,因为那本来就属于他们。道歉是,你请求原谅,对方不一定会原谅你,但若对方认识到他有原谅与不原谅你的选择,他生活的所有层面,将比一开始好很多很多。我竟以为我可以省略掉这个环节。

一场国外旅行,终于使我意识到自己错得有多离谱。那时,酒店的系统出了点纰漏,我们一行人准备就住时,酒店已是满房的状态。我用英文跟前台服务人员争执起来,母亲也很紧张,不时出声询问。工作人员请来经理,我得同时和两个人沟通,母亲的频频询问让我左支右绌。我转头,以不耐烦的语气说:"你先在旁边等好不好,我这里很忙。"几天后,在餐厅里,母亲突然开口说:"那日在前台,你让我很受伤。你让我觉得我英文不好,什么都不懂,是个累赘。"母亲似是再也承受不了,一把撕开我们多年以来绝不轻易碰触也从未结痂的伤口。她问:"命运怎么开了个玩笑,让鸭子生出天鹅呢?"闻言,我跌入时光的回廊:博物馆的标本、为我朗读介绍文字、手上字典的重量、我升入初中时既欣喜又心酸的祝福——"从今天起你就读得比我高了",也包括高中之后的片段回忆……在她认识的字比我多时,我们相互理解;而在我习得的知识比她多时,我却单方面地关闭频道,再也不让她收听。羞耻感淹没我的心房,我岂止红了眼眶,眼泪也扑簌簌直落。

"鸭子怎么会生出天鹅呢?"我生平见过最温柔、最友善的控诉,再也想不到还有其他表达方式,比这样的言说更委婉深沉。

我深知母亲苦于她的失学。终其一生,她在职业上的选择很少,也总是碍于学历而不得晋升。我深知母亲辛劳的一生与她长女的身份密切相关,她牺牲自己,换来手足上学的机会。我偶尔体谅,偶尔怨怼。仿佛她可以选择,其实她根本没有选择。

我向母亲道歉,我错了,我的书读得太差劲了,知识的存在是用来认识自己,而非否认来历。母亲也掉泪了。她原谅了我,她总是能谅解别人对她的误解。

到了三十岁,我看得更清晰。母亲没有给我指示,她给了我一盏明灯,我要往哪儿去,她极少干涉。很多孩子没有机会得到这种自由,他们的父母不仅给了地图,也决定了路线,连景点都精心安排,应该感到喜悦与幸福的时刻都列在表格上。

我跟弟弟对知识的恋慕,很大程度上来自模仿,模仿我们最重要的人对于知识的渴慕。她若得一秒钟清闲,就读一段文字,无论报纸还是杂志都好,而她的两个小孩跟在她的身后,陪她摇头晃脑,把整个世界都收纳于掌中开合的书页。母亲没有藏私,她并没有为我们精心规划出缜密的学习计划,也不曾给我们编排课程,她甚至从不评价我们成绩的好坏。她只是把我们引到水畔,我们见她泅水、拍浮,时而没入水中,时而浮出水面深吸一口气。我们从此以为,一个人能够不被惊扰地默默读完一本十万字的小说,跟舔食一大汤匙的奶粉、玩了一整个下午的游戏,一样快乐,一样值得百年追求。我们的一切成就,都来自一个十二岁时离开教室的小女孩。

再次回答那个问题:"丑小鸭怎么会变成天鹅?"因为丑小鸭的妈妈,本来就是天鹅啊!

半途

✽ 张秋寒

他们又来了几回,尽管没弄乱什么,但家里有这样一拨人往复进出,任谁都会不太舒服。人走后,下午三点半,在槿花的房间里,我从书架上抽出一本没看完的书接着阅读。风吹动窗帘的声音和光影并不会让我误以为是槿花回来了,虽然那就是槿花在我记忆中的感觉。

槿花背着一个几乎能把她自己装进去的登山包,信手拨了一把散落到面前的头发,像教徒般虔诚地鞠了一躬,叫我不知所措。我手搭凉棚也不曾在刺目的日光中看清她的容貌,只是一迭声地叫她进来说话。

"你只花一个小时就找到这里了,已经很聪明很有效率了。"我给她沏了盏鼠尾草茶,"去年有人来找我先生,我们等了一上午,他也没到,后来才知道他都把车开到苏州去了。"

槿花大概还想做个自我介绍,我说:"不用了,瞿教授在电话里说得很清楚。"我领她去看不久前刚刚腾出来的房间。床的样子有些落伍,但材质和做工很好,海棠木的,是我娘家的陪嫁。床畔有一面洁净的落地窗,正对着院子里蓬勃的绣球花丛。院子的另一侧我种了番茄、豇豆和一些青菜。"青菜是扬州青,非常好吃。想吃什么直接摘。"我领她到厨房逛了一圈,教她怎么使用消毒柜和厨余垃圾处理器,我还想带她参观一下楼上,也就是我留给自己的那一部分。她忽然说:"我可以在房间里放一个书架吗?"

"当然。它现在是你的了。"

她打电话联系人送书架过来。送货的人和她一样轻而易举地找到了我家。那书架随即堂而皇之地被抬了进来,比槿花本人的到来还要正式。

书架很容易就摆满了,并且内容一直

在流动。无数晚霞斑斓的黄昏，我都能在阳台上看到她召唤来的快递员带走她打包好的一箱箱书。它们将被寄往遥远的山区。我说："你看书可真快。"同时拾起纸箱中一本挪威作家的长篇小说信手翻了翻："这本写的什么？"

"一个船员，人到中年，依然碌碌无为，缺少财富和爱情，心中有许多无端的恨，预备在远航的途中和整船的人同归于尽。"

"后来呢，他得手了吗？大家都死了吗？"

"不知道。"

"不知道？这本你不是看完了都要寄出去了吗？"

"没有啊，我没有看完。"

"怎么了，后面不精彩了吗？"

"所有的书我都只看一半。"

不只看书，她做菜从来也都是半熟。西兰花烫一下就吃，豆腐在油锅里只拌两铲子就盛起来，煎牛排和鸡蛋更不用说。

她的妆也只化一半——白中带一点点绿的打底霜，拍在单薄如硫酸纸的微微泛着红血丝的皮肤上，顶多再扑一层粉，就结束了。我不是个爱指手画脚的人，我只是找了个适当的时机见缝插针地送了她一支口红，但此举并未对她缺乏血色的嘴唇奏效，想来口红已被她束之高阁。

瞿教授请客的那一晚，海参盅和黑松露汤还没上，槿花就吃好了，离席去中庭抽烟。瞿教授对她的举动熟视无睹。我说："你还没正式跟我说说她呢。"瞿教授一如既往地露出那种集大成者的微笑。他说："都是康东这家伙。"康东是我们共同的朋友，正在多伦多参加画展，缺席了本次集会。瞿教授就是和他一起在南方海边遇见槿花的。"她在卖香烟，就是抱着一个木盒子兜售那种，你见过吗？像在越南或者孤岛时期的上海才会见到的事。"瞿教授一向稳重自持，康东却是个活跃分子，买了包烟马上就和槿花展开了攀谈。

"那个盛烟的木盒子上有她自己画的一些小画。康东看她有点天分，就给她留了张名片。"这不过是康东做惯了的事，让他显得倜傥而有地位罢了，槿花却真的来找他了。之后，康东很快把槿花推到了他这里。就这样，槿花做了瞿教授的旁听生。

"那她没再去找康东吗？"

瞿教授扶了一下眼镜："也不知道是不是我的错觉，好像康东对她这样戛然而止，正合了她的心意。"他怕我不懂，还想再接着说点什么来阐释他这种"错觉"的由来，而我第一时间就领会了。目光挪开槿花在月下不远处的背影，我把话题岔到了这家园林餐厅的装修上。

中庭那晚的监控记录后来也成了警方调查的对象。记录显示，张野匀走到她身边和她搭话，二人聊了四十分钟，直到我们的晚餐结束。

张野匀卖按摩椅、种向日葵、拍婚纱照，工作内容毫无逻辑。我出差提前回来的那个下午，他正在槿花的房间里。晚间，我问槿花，这些天有没有人来找我。她摇摇头。我说："我先生喜爱社交，朋友很多，从前家中宾客络绎不绝。如今，他久驻非洲，门庭也跟着清冷了。你要是有朋友，不妨叫他们来玩。"她当时未作声，但我很快就吃到了张野匀带来的晚白柚。

"你男朋友是做什么的？"

"他不是我男朋友。"

"是吗？他说他是。"

"随便他怎么说了。"

吊眼、断眉、高颧骨，从面相看，张野匀不似善类。我和他说话时一直保持着见第一面的客气与友好，所幸他能以同样的语气回复我："我打算叫她搬到我那里去，她在这给你添了不少麻烦。"

我说："瞿教授介绍她来，也是知道我一个人寂寞，给我找一个伴儿，不存在什么麻烦。"这是我嘴上的话，我内心很难不赞成他的想法，倒不是因为怕麻烦，是因为她的冷淡。玉挂在胸前久了还会有点体温，我对槿花的关怀竟如石沉大海。她永远迟缓、漠然，眼睛里流动着狐疑。刚开始，她这样的态度叫我下意识地反思是我哪里有所怠慢，时间一长，我确定这只是她的常态。

情绪会过人，她要是搬走，我将免于被传染。我的丈夫经历漫长的差旅归来后也不用像我面对槿花那样，面对一个仿佛失灵的妻子。

"我不去,我怎么可能去跟他住。"

槿花说:"事情发展到这里就是最好的局面,再往下,将味同嚼蜡。"她态度强硬,还生生把我推到了挡箭牌的位置上。每次张野匀来找她,我都要稍稍回忆一下,上次是用了什么理由打发他走的,好有所创新,使尴尬不那么千篇一律。但张野匀的热情和他喝完酒上头的脸一样难以轻易消退,他造访的频率有增无减,我无能为力。"你真要躲他,恐怕只有搬家。"这不是什么旁敲侧击的话,槿花却无动于衷,仍旧在我这里安之若素。好在此后的两三个月,瞿教授在画室开夜课,槿花总是画到很晚才回来。这样一来,张野匀也不能平白无故地造访,略显紧张的局势有所缓和。

霜露渐浓的时节,槿花带了一幅她画的画回来。

画上有一方林间的池塘,池水碧绿,与周围浓酽的水杉树群融为一体。有一两只白鹭在梢头若隐若现。池边坐着一位垂钓的黄衣女子,近旁立着一个扎着羊角辫的女童。实话实说,构图、用色、笔触都乏善可陈,但看得出来,槿花很重视这幅画。她把书架顶端那些乱七八糟的摆件统统扔了,淘洗了好几次抹布来清理上面的灰尘,像呵护着一个刚从产房里接出来的婴儿那样安置了她的画。"好看吗?"她的声音里洋溢着难得的欢欣。

我点点头:"不过,是不是还没画完?"我一说完就反应过来,自己是多此一问。这是槿花的画啊,槿花怎么可能会画完一幅画呢。

"钓鱼的是我妈妈,旁边那个小孩是我。"在槿花的描摹中,她母亲是个非常美丽的女子,但她仅仅记得她美,却记不得她五官的轮廓,只能画她的背影。话说到这里,我预计这是一个不算幸福的故事,轻轻叹了一口气。槿花却越说越喜形于色:"我最喜欢和她一起去钓鱼了。我们从来没带过一条鱼回家,一直都是空桶去、空桶回。她钓鱼的时候,一旦知道鱼要上钩了,就飞快地把鱼竿提起来。不知道的人还以为她完全不会钓鱼呢。"

"为什么呢,这不是耽误时间吗?"

"她说,让这条鱼半路逃走,下次才会再遇见它啊,把它钓上来,带回去烧成菜,这辈子都不可能再见到它了。"

这是槿花对我说的最后一句话。次日清晨,我看到了她留在餐桌上的字条。她和张野匀一起去甘肃和青海旅行,半月后回来。我一下子很轻松,好像捡到了一个假期。槿花出游也发朋友圈,和别人的美食、风景、游客照不一样,她只发行车轨迹图,兰州到武威、武威到张掖、张掖到嘉峪关、嘉峪关到敦煌……这两个省份我都去过,这些地名我也都很熟悉,然而看着那些被她切割成一小段一小段的高速线路,我只是茫然,犹如当时看到无垠的戈壁和冷风中摇动的骆驼刺。我摘下墨镜,对我的丈夫说:"你看看,我们日夜兼程地逃离人群,到这没有人腥气的地方来,我却感到胆怯和寂寞。我讨厌人,但也离不开人。"

看样子,槿花被飞天或是月牙泉迷住了,敦煌之后,她的朋友圈停止了更新。那几日,我应邀给一位复出影坛的女演员设计礼服,每天忙着改稿,也没太在意此事。快递员的出现让我重新回过头去关注槿花。

"这箱书的地址不对,退回来了。"

替槿花支付了退回原址所产生的运费后,我点开她的朋友圈,距离上一条已过去五天了。旅行于我来说是放空,是和日常生活暂时断交的机会,我不喜欢在旅行的途中腾出空来应付他人。推己及人,她出发后,我就没联系过她。此时,我慎重思考了一下,发了一句"玩得怎么样"过去。十个小时后,她仍未回复。我果断给她打了电话,提示已关机。

没有张野匀的联系方式,我只能打给瞿教授。对此,他不以为意,说这孩子经常关机断联玩失踪。我又打给康东,问这些天槿花是否和他联系过。他大约都没听清我说了些什么,只说他正在开会,晚点打给我,就挂了。我向丈夫求助,他冷不丁浅浅地埋怨了我一声:"这种陌生女性我之前让你不要收留你不听。"

静默的空当儿,我听到了决堤的轰响。

他"喂"了两下试探信号,我一本正经地问他:"难道你要我收留陌生男性?"

除了我，没人对槿花的下落有兴趣，这是个不争的事实。但要不是槿花呢，要只是一个女子在新闻里去向不明，我会记挂这件事多久呢？倘使不久，那我和他们也没什么两样。伴随着我对自身的诘问，难挨的二十四小时终于告罄。我报警后没多久，张野匀出现在我家门口。他浑身是灰，好似被考古队刚挖出来："她回来了吗？"

"没有，我正在找她。"我语气平静，不代表我没有怀疑槿花被他肢解了藏在后备箱里。

他点点头，也许表示知道了，也许在告别。但我们很快又见面了，他已做完笔录，而我刚到，他还是点点头，也许表示问候，也许是说"行啊你"。我们各自都有警察陪同，擦肩而过，没有任何言语交流。我被带到一间看上去更专业的功能室里问话，屋顶的灯明明很亮，那屋子却还是暗沉沉的，我像在深不可测的水底，头上是被波涛搅碎的日光。

"现在没有确切的证据让我们对他采取更进一步的行动。关于他，你还有什么要补充的吗？"

"他是个二混子。他总像鞋底的口香糖一样，叫槿花不能摆脱他。他的控制欲有时会激怒槿花。"我说来说去就是这些话，和警方想要的那种有力的支撑还差得很远。

"他是怎么说的？"我问道。

"谁？"

"张野匀。张野匀是怎么跟你们说的？"

警察出去了一下，好像是在请示他的上级。我宁愿他们出于律法或保密条约而没有告知我张野匀的那套说辞——那么荒唐，但那么像属于槿花的真相。他们从敦煌出发前往格尔木，中途，毫无征兆地，槿花要求张野匀停车。彼时，他们位于柴达木盆地，道路两侧是进入就出不来的"鬼城"雅丹，千万年浩荡的野风磨蚀出的死亡之城，天尽头衔接着绵延起伏的昆仑山脉。我仿佛看见槿花，如一粒流沙，一意孤行，所向披靡。至于张野匀，他拦不住她，只能在车上等着，直至干粮耗尽。

警察来家里寻找蛛丝马迹，一趟、两趟……案子就这么没了下文，一如槿花被腰斩的人生。在这个有两千多万人常住的城市里，我和很多认识的人不期而遇过，包括张野匀。他在超市的生鲜区削芒果。我们只字未提槿花，这代表大家皆无她的消息。我请他帮我挑一个榴莲。他选得很准，打开来，肉多、色泽通透、气味成熟。走出超市，看着满大街来来往往的人，我不知道未来会不会像碰到张野匀这样，碰到槿花，她在柜台边收银，在发廊间洗头，在熟食铺子里切卤味。我想我总会忘掉她，渐渐地，连此类猜想都不会再有。

天气越来越冷，据说未来一周有雪。我准备了充足的物资，打算开启冬日漫长的蛰居生活。朔风停止呼啸的夜晚，我蜷在床头看书。卧室里的坐具、灯盏、挂画都静静地待在自己的位置上，除了钟的走针。我原以为窗外偶然的响声是邻家的孩子在踢石子，随即，门闩移动，铰链旋转，我才意识到那是我家院门的锁被打开了。我飞快地下床，推开窗子，在清冷的空气中唤道："槿花？"

人却已进屋了。

我趿趿拉拉地下了楼。

灯光如昼的客厅里站着我远道归来的丈夫。他瘦了，胡子没刮，身上穿的衣服我从没见过。突如其来的重逢里，他像一个全新的丈夫。

我冲上去抱住他。我不想问他怎么回来了，怎么没有提前告诉我。我只想抱住他。

他抚摸我的头发，我们一起朝楼梯走去。他看着一楼卧室紧闭的门，问我失踪女孩是不是就住这一间。我上前开门，亮灯，引他进来。房中陈设依旧，说人昨天还在这里住着也不是不可信。他环视一圈，发现了书架上槿花的那幅画。

"画得不错。"他说。

基于不同的温度、光线和心境，那幅画丝毫不像个半成品了，它充裕、有序、优美。"她还挺爱看书的。"他从退回来的那一箱书里随手拿出一本，"哦，这本。"

"你也看过？"

"看过，不过我看的是英文版，也不知道和国内的译本一样不一样。"

"是说他要和整船人同归于尽吗？"

"走吧，上楼，我泡个澡再慢慢讲给你听。"

母亲大人的亲笔信

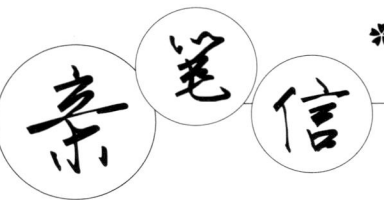

✤ 秦文君

我十四五岁时有些叛逆,不喜欢父母的唠叨和种种教导,和母亲说话也说不到一起。1971年,我被分配到离上海3 300公里之遥的黑龙江大兴安岭。一共8年的知青生涯,所做的工作是冬天伐木,夏天养路。历经孤独和人间冷暖,支撑我的有信念、友情,有从书籍里获得的天然的乐观,更大一部分来自亲情,特别是母亲给予我的情感支持。

在我人生最迷茫、无助的阶段,母亲给我写来很多亲笔信。说实在的,起初收到母亲来信,以为只是励志。没想到,她的来信和平时说话的口吻不同,我读的时候,感觉是在读一份家庭小报。母亲写的只是日常琐事,舒缓,不急躁,家庭里发生的事,事无巨细都要说一说:买到好看的挂历;阿姨会用缝纫机自制收音机套;北方的姑姑家寄来一筐自家果园种的苹果……那些切实温暖的快乐,让颠沛流离中的我,看到来自平安、牢固大后方的牵挂,每次看得思乡心切的我泪眼模糊。

最初,我给母亲的回信很短,属于报平安的那种,带着少年的矜持和没心没肺,觉得没什么可写,不愿敞开来写。一次,母亲在信里流露了她的不如意。处在中年危机里的她,因所在的机关被拆并,不得已放弃她所热爱的档案工作,她蒙了,无所适从,那是她第一次和我叙述内心烦恼,有意和我平起平坐。

我赶紧回信,一封信足足写下五页信纸,幼稚地论说乾坤大小。信寄出后,我天天盼她的回复。母亲在回信里说,她好多了,想通了,既然这一切变故不是人为所能改变的,不如坦然接受,她开始把从前因投入工作而冷落的众多业余爱好拾起来,醉心于收集邮票、徽章、藏书票。

后来几年,母亲感觉到我的成长、稳定,我们母女之间的通信不讲究仪式感,也无所谓书卷气了,而是不拘一格,吐露真情,话题益发松弛,变成闺蜜型的了。母亲会像小姑娘一样告诉我现在上海流行燕子领的两用衫。一次她在同事家聚餐，吃到花生肉丁，觉得美味，特意讨来了配方，寄了给我。还有几次在商店看到绣花枕头的图案好看，她心驰神往，买了两对，说以后给我做嫁妆。她也会告诉我同事之间出现问题了，想听听我那些最单纯、直接的处事方法。在那些信里，充溢着两代女性的忧思和纯粹的快乐，分享独特的生命经验。她的每封信，我会看很多遍，视为真正的心灵财富。而每次我回上海探亲，和母亲的交谈则会有点仓促，好像达不到写信那奇妙的从容和真切。

给母亲回很多信，让我逐渐成了一个写信爱好者。后来我就用当地一种皱皱的、毛毛的、散发树木的芬芳的原浆土纸，给远方的母亲和亲友们写信。母亲的字是家族里最漂亮的，自成一体，舒展，每个字有好看的笔锋，我有意无意地朝她的字体模仿。渐渐地，周围人知道我"喜欢看书，蛮会写"，而且"字写得有笔锋"。正因为这个小起点，我幸运地被选拔去林区学校教书，慢慢地接近最钟爱的儿童文学事业。

过了很多年，我成为一个女孩的母亲。萦袤渐自长大，发现她有烦恼、有伤心的时候，我也尝试给她写去一封封"妈妈大人的亲笔信"。

一次，萦袤参加学校的大型音乐会，在音乐会上她表演钢琴独奏。对于女孩，这是很大的事，她精心准备喜欢的曲目，穿上新的黑皮鞋，胸有成竹地上台表演。可是下舞台后她打电话告诉我说："大家都笑我，我想不通，凭什么嘲笑我呢？"

萦袤说一上舞台，听见掌声，她礼貌地给听众鞠一个躬，结果大家大笑起来，她不知所措，很是紧张，在台下练得好好的曲子，在台上演奏时弹错一个音，非常沮丧。

我正在外地学习，赶紧写信劝她放开眼量，她为这一场演奏，做精心准备，哪怕不完美，也大可心安，不要为弹错一个音而沮丧，更不要伤心。我相信她的审美，选的曲目优美，弹奏姿态优雅，并没什么可笑的。至于别人为什么笑，不归你负责，过去了就过去。快乐要有一颗自信的心，对自己满意是最基本的。不然的话，不但无济于事，还会陷入不必要的自我折磨。

萦袤回复我，说打算飞快地忘记这些烦恼，笑就笑呗，以后再有音乐会，她会准备得更充分。又过了不久，萦袤含笑地告诉我，好多同学见了她，纷纷称赞她的曲子弹得好，流畅优美。有一个邻班的女生，见她一次就说一次"真好听呀"。她起初以为同学在安慰她，后来干脆和大家挑明了说，才得知称赞是真诚的，那次音乐会的笑声只是个无伤大雅的小插曲——那天她穿得特别正式，戴了领结，舞台的灯光集聚在她的领结上，领结显得特别耀眼。她鞠躬时，耀眼的领结呼扇了一下，把大家逗乐了。

还有很多我给她写的"母亲大人的信"，并非去外地时寄回来的，往往是我们一起在家的时候完成的。我会在书房里给她写一封信，写好之后，装进信封，直接"递"往隔壁她住的小房间。

萦袤十岁生日、十一岁生日、十四岁生日，她离开上海去美国留学的当天、她出版第一本书的当天，还有一些平常的风和日丽的日子，过年和过节，只要心里有话，感觉要诉说流畅的那部分，我这母亲大人都给她写一封亲笔信。我在信里和女儿探讨生活里怎么种花，怎样把完善自己和造福社会相结合，怎么回报善意、抵御恶行。怎么勇敢做自己，怎么学会宽容，有时写着写着，我感觉自己逐步在成长为一个亲切、睿智的母亲大人。

住在一个屋檐底下，彼此亲密，许多絮絮叨叨的话，坦率的心境，母女之间都当面说过，但我总感觉写信能娓娓地道出心灵中摇曳的小花和小草，潺潺流水，比谈话郑重多了，留下白纸黑字，可以给孩子随时读，哪怕有几个词、半点建议、一句话，成了她弥足珍贵的记忆，对她的成长有帮助，足矣。

在长大的过程中，孩子遇到过无数"成长的烦恼"，许多烦恼曾经像过不去的坎，需要爱、勇气来应对。我母亲在我年少困顿时，给我写信，让我感觉处在爱的金色世界里，那份动力让我在伤痛中"不治自愈"。对于萦袤，我的一些亲笔信意味着什么？她陆续写过文章——她已成长为成绩斐然的青年作家。她和我年少时的境遇大不一样，但有一点是相同的，母亲大人的爱转几个弯，最后也在她内心驻扎。

八岁，一个人去旅行

❋ 吴念真

爸爸十五岁的时候就离家，从嘉义故乡跑到九份的矿区谋生。那年头从嘉义到九份光火车就要坐一天，下火车还要走半天。

或许爸爸一直觉得自己很神勇，所以，爸爸认为所有男孩子都应该这样独立和冒险，何况是他自己的儿子，特别是长子。

我八岁那年，他似乎觉得时候到了。

一个星期天的早上，我刚起床刷牙，爸爸忽然出现在我背后，跟我说：今天不用上课，等一下你坐火车去宜兰，到姨婆家，把祖母上次忘在那里的雨伞拿回来！

我嘴里含着牙刷，什么话也来不及说，他转身就走了。

十分钟后，八岁的我就在一家人的哭骂声、左右邻居的劝阻声，以及爸爸坚决的眼神中一个人出发去旅行。

爸爸说我身高还不够，不必买车票，根本用不到钱，所以，我比他当年更神勇，口袋里除了一盒已经用掉一半的万金油，什么也没有。爸爸说，如果想睡觉就拿万金油出来涂一涂，不然睡过了站，被火车载到太平洋去……

从我家到火车站必须先走一小时山路。一路上，我很仔细地搜寻记忆，复习着从上车的侯硐到目的地宜兰之间各个车站的顺序：三貂岭、牡丹、顶双溪、贡寮……宜兰，一次又一次。当然，过程中也有被打断的时候，因为路上只要碰到熟人，他们都会问我："去哪里啊？"

我说："去宜兰！"

他们很自然地看看我身后山路的远处，说："跟谁去啊？"

我假装很平常地说："自己去！"

然后，我就在他们难以置信的表情下，像一只骄傲的小公鸡一样，头也不回地往车站走去。

也许是因为星期日，那班八点五十分开往苏澳的普通车里人很少、很安静。车上，傍着窗口的两排直通通的绿色座位空荡荡的，空气里则残留着各种蔬菜、水果混合的味道。乘客大都是小贩，他们一大清早担着农产品到基隆市场去卖，散市之后带着空担子要回宜兰一带。我上车的时候他们几乎都在补眠，有的甚至就脱了鞋大大方方躺在座位上。只有一个老婆婆是醒着的，而且从我一上车她就一直看我，朝我笑。

我一直面对车窗，开心地想乱七八糟的歌曲。

她好像比我祖母还老，而且又瘦又干。最引人注意的是她那双从宽松的七分裤底下露出来的脚。她的脚掌又黑又大，像一支扇子。脚上穿着一双好像用汽车轮胎剪成的"凉鞋"，鞋带用的是麻绳。而脚掌以上的小腿却瘦得似乎只剩下骨头。

她一直看着我，凹瘪的嘴一直不停地嚼着什么，让我有点不自在、有点害怕起来。于是，我只好转身跪到椅子上，面对车窗假装看风景。可是火车一下子开进了三貂岭和牡丹之间那段超长的隧道，风景不见了，窗户上又反射出那个老婆婆的身影。也许是因为车厢里白白冷冷的灯光，她的脸显得有点吓人。在轰隆的车声中，我忽然听见她出声说："囝仔！"

我回过头去，看见她正向我招手。

刹那间，我真不知道该怎么办。

老婆婆好像察觉我的犹豫，伸手从空空的菜篓子底捡起两三个小小的、有点熟过了的番石榴说："来，这给你吃！"

我只好慢慢走了过去，低着头，慢慢地接过番石榴。

不过，就在那一瞬间，我却再也不怕了，因为她身上有着跟祖母一样的味道，那是擦在头发上的苦茶油的幽香。

她把我拉到她身旁坐下，一边说："这没人要的，你吃。"

一直到我咬下第一口番石榴之后，她才问我："啊你一个人要去哪？"

我说宜兰。

她似乎一点也不惊奇，笑笑地说："这样，阿嬷就有伴了！阿嬷要到罗东，你下车的时候刚好可以叫我一声。"然后，似乎很放心似的，她把手上半个吃剩的番石榴放进口袋里，又交代我一声："要记得叫阿嬷哦！"随即便轻轻地、舒服地靠向椅子，闭起眼睛睡了。

我有任务在身当然不敢睡，其实，也睡不着。因为我的心中，还有一个重要的期待。

我知道过了三貂岭的隧道，另一个更长的隧道就在石城附近。每当火车穿过这个隧道，天地仿佛就开阔明亮起来，无边的海洋会一下子蹦了出来，出现在车窗外，于是我将会看到湛蓝、起伏不停的海，看到船，看到远远的一个小岛，看到缓缓扇动着翅膀慢慢掠过海面的鸟群……

对一个山上的孩子来说，这是一幅令人期待的风景，一个始终眷恋的记忆，绝对没有放弃的理由。

那天，我便跪在座椅上，一口一口慢慢嚼着番石榴，一个人同时拥有好几扇毫无阻挡的车窗，满足而感动地重温那样的经历，要多久就多久，没有人会叫我下来坐好。阳光很强、很热，而且刺眼，但我一直面对车窗，拼命装载眼前的风景，开心地想乱七八糟的歌曲。

不知过了多久，忽然，我感觉好像有人慢慢靠近我,最后甚至整个人都重重地倒在我跪着的腿上。低头一看,是老婆婆!她歪倒在椅子上,头靠着我的腿,而全身却正滑向地面。我想拉住她的手臂,想把她往椅子上拖,可是拖不上来。她灰白夹杂的头发下的脸青白青白的,像夏天晚上常闯进屋子里的一种大蛾,连嘴唇也一样。

我忽然想到:她会不会死掉了?因为她的脸几乎是冰的。我想叫她,可是,却不知道怎么称呼她,可是就在这同时,我已经听见自己的声音叫着:"阿嬷!阿嬷!"

阿嬷没有反应。我用力摇晃她,她还是一动也不动。我急得想哭,忽然又想到村子里矿坑出事的时候,总会有人喊:救人啊!救人啊!然后全村人立刻像被水浇到的蚂蚁群一样冲过来的情形。于是,我深深吸了一口气,有些胆怯地喊道:"救人!救人啊!"

这一叫,有用了。一堆人全过来了,一边问说:"怎样啦?怎样啦?"

我说:"阿嬷好像死掉了!"

众人一阵大乱,我被挤到一旁去,听到他们七嘴八舌地说:"在流冷汗呢,可能中暑了!""没见过她呢,谁认识啊?""啊!这么老了,还带孙子出来做生意!"我真想跟他们说:"我不是,我不是她的孙子!"可是一点机会也没有。

有人在帮阿嬷抓痧,用力捏着她的肩膀和背脊。她始终闭着眼睛,被人家翻来翻去,像布袋戏偶一样……我忍不住哭了出来,只是背过身去,不敢出声。

人声依然嘈杂,有人说:"喂,谁有万金油或是白花油?"

我毫不迟疑地说:"我有!"立刻从口袋里掏出万金油,递给从人群里伸出来的一只手。

这时,有人发现我在流泪吧,有一个女人说:"不要哭,不要哭,阿嬷没事,傻囝仔!"她拉我到阿嬷面前。阿嬷眼睛睁开了,有人正用我的万金油在帮她擦额头和太阳穴。那女人跟她说:"阿婆,还好你带孙子出来,不然,你昏死到苏澳还没人知道!孙子这么聪明、孝顺,你很有福气呢!"

祖母的脸怎么变成火车上那个阿嬷的脸?

我又急着想跟他们说:"我不是她的孙子……"但还是没有机会,因为我看到阿嬷一边笑着频频点头,眼泪却一边从她眼角流了下来。

"阿嬷要照顾好哦!回去跟你爸爸妈妈说,阿嬷这么老了,不要让她挑太重、跑太远,记得哦!"人们叮咛着,我和阿嬷一样,流着泪,频频点头,静静地看着他们慢慢散去。

在火车规律的摇摆和咔嚓咔嚓声中,海,看不见了。

宜兰要到了哦。

我知道,下一站就是。

阿嬷没说话,一只手里捏着什么,另一只手把我的手拉过去。

我感觉到她塞给我好几个铜板。

"我不要,我妈妈说不能乱拿别人给的钱!"

"你真傻呢,妈妈问你,你就说是阿嬷给你的,阿嬷不是别人啊!"

后来,我拿了阿嬷的钱。一直捏在手里,一直到下车。然后,我站在月台上,看着火车关上了门,离去。最后一眼的阿嬷是笑着的。

当我走出火车站,向附近的姨婆家走去,一边把手上的铜板放进口袋的时候,才发现,我忘了把爸爸给我的万金油拿回来了!当姨婆惊讶地看到我一个人出现在她家门口,大声小声地骂起爸爸的时候,我还在想那半盒万金油的事。

想,它现在会在哪里呢?

回程的火车上虽然没有万金油,我还是没打瞌睡。

最后,当我背着雨伞和姨婆送的五斤青蒜回到已经昏暗的村子,远远地看到在路口不知道已经等候多久的祖母的身影时,忽然发现,她的脸,怎么变成了火车上那个阿嬷的脸?

怎么会?

我很急地跑向她,并且大声地叫着:"阿嬷!阿嬷!……"

黄油烙饼

✽ 汪曾祺

萧胜跟着爸爸到口外去。

萧胜满七岁,进八岁了。他这些年一直跟着奶奶过。爸妈的工作一直不固定,奶奶一个人在家乡,冷清得很。他三岁那年,就被送回老家来了。他在家乡吃了好些萝卜白菜,小米面饼子,长高了。他整天在外面玩。奶奶把饭做得了,就在门口嚷:"胜儿,回来吃饭咧!"

爸爸冬天回来看过奶奶。爸爸带回来半麻袋土豆,一串口蘑,还有两瓶黄油。爸爸说,土豆是他分的;口蘑是他自己采、自己晾的;黄油是"走后门"搞来的。爸爸说,黄油是牛奶炼的,很"营养",叫奶奶抹饼子吃。

土豆,奶奶借锅来蒸了,煮了,放在灶火里烤了,给萧胜吃了。口蘑过年时打了一次卤。黄油,奶奶叫爸爸拿回去:"你们吃吧。这么贵重的东西!"

爸爸一定要给奶奶留下。奶奶把黄油留下了,可是一直没有吃。奶奶把两瓶黄油放在躺柜上,时不时地拿抹布擦擦。黄油是个啥东西?牛奶炼的?隔着玻璃,看得见它的颜色是嫩黄嫩黄的。奶奶说,这是能吃的。萧胜不想吃。他没有吃过,不馋。

奶奶的身体越来越不好。她跟上了年纪的爷爷、奶奶们说:"只怕是过得了冬,过不得春呀。"萧胜知道这不是好话。

果然,春天不好过。村里的老头老太太接二连三地死了。村外添了好些新坟,好些白幡。奶奶不行了,她求人写信叫儿子回来。

爸爸赶回来,奶奶已经咽了气。萧胜第一次经历什么是"死"。他知道"死"就是"没有"了。他没有奶奶了。他躺在枕头上,枕头上还有奶奶头发的气味。他哭了。

爸爸拜望了村里的长辈,把家里的东西收拾收拾,把一些能用的锅碗瓢盆都装在一个大网篮里。把奶奶给萧胜做的两双鞋也装在网篮里。把两瓶动都没有动过的黄油也装在网篮里。锁了门,就带着萧胜上路了。

他们坐了汽车坐火车,后来又坐汽车。爸爸很好。爸爸老是引他说话,告诉他许多口外的事。他的话越来越多,问这问那。他对"口外"产生了很浓厚的兴趣。爸爸说"口外"就是张家口以外,又叫"坝上"。

敢情"坝"是一溜大山。山顶齐齐的,倒像个坝。汽车一个劲儿地往上爬。上了大山,嘿,一片大平地!汽车一上坝,就撒开欢儿了。"刷",一直往前开。一上了坝,气候忽然变了。坝下是夏天,一上坝就像秋天。忽然,就凉了。

远远有几个小山包,圆圆的。一棵树也没有。他的家乡有很多树。榆树,柳树,槐树。这是个什么地方!不长一棵树!地块有多大?爸爸告诉他:有一个农民牵了一头母牛去犁地,犁了一趟,回来时母牛带回来一个小牛犊,已经三岁了!

汽车到了一个叫沽源的县城,这是他们的最后一站。一辆牛车来接他们。牛车真慢,还没有他走得快。他有时下来掐两朵野花,走一截,又爬上车。

这地方的庄稼跟口里也不一样。莜麦干净得很,好像用水洗过梳过。胡麻打着把小蓝伞,秀秀气气,不像是庄稼,倒像是种着看的花。

牛车走着走着。爸爸说:到了!他坐起来一看,一大片马铃薯,都开着花,粉的、浅紫蓝的、白的,一眼望不到边,像是下了一场大雪。花雪随风摇摆着,他有点晕。不远有一排房子,土墙、玻璃窗。这就是爸爸工作的"马铃薯研究站"。土豆、山药蛋、马铃薯。马铃薯是学名,爸说的。

从房子里跑出来一个人。"妈妈!"他一眼就认出来了!妈妈跑上来,把他一把抱了起来。萧胜就要住在这里了,跟他的爸爸、妈妈住在一起了。

马铃薯研究站很清静,一共没有几个人。就是爸爸、妈妈,还有几个工人。工人都有家。站里就是萧胜一家。这地方,真安静。成天听不到声音,除了风吹莜麦穗子,沙沙的像下小雨;有时有小燕吱喳地叫。

爸爸每天戴个草帽下地跟工人一起去干活,锄山药。有时查资料,看书。妈一早起来到地里掐一大把山药花,一大把叶子,回来插在瓶子里,聚精会神地对着它看,一笔一笔地画。画的花和真的花一样!萧胜每天跟妈一同下地去,回来鞋和裤脚沾的都是露水。奶奶做的两双新鞋还没有上脚,妈把鞋和两瓶黄油都锁在柜子里。

白天没有事,他就到处去玩,去瞎跑。这地方大得很,没遮没挡,跑多远,一回头还能看到研究站的那排房子,迷不了路。他到草地里去看牛、看马、看羊。

他学会了采蘑菇。下了雨,太阳一晒,空气潮乎乎的,闷闷的,蘑菇就出来了。蘑菇这玩意儿很怪,都长在"蘑菇圈"里。哪里有蘑菇圈,老乡们都知道。有一个蘑菇圈发了疯。它不停地长蘑菇,呼呼地长,附近七八家都来采,用线穿起来,挂在房檐底下。家家都挂了三四串,挺老长的三四串。

萧胜也采了好些。他兴奋极了,心里直跳。"好家伙!这么多!"他发了财了。他为什么这样兴奋?蘑菇是可以吃的呀!他一边用线穿蘑菇,一边流出了眼泪。他想起奶奶,他要给奶奶送两串蘑菇去。

食堂的红高粱饼子越来越不好吃,因为掺了糠。甜菜叶子汤也越来越不好喝,因为一点油也不放了。他恨这种掺糠的红高粱饼子,恨这种不放油的甜菜叶子汤!他还是到处去玩,去瞎跑。

大队食堂外面忽然热闹起来。起先是拉了一牛车的羊砖来。他问爸爸这是什么,爸爸说:"羊砖。""干啥用?""烧。好烧着呢!火顶旺。"后来盘了个大灶,杀了十来只羊。萧胜站在旁边看杀羊。他还没有见过杀羊。嘿,一点血都流不到外面,完完整整就把一张羊皮剥下来了!

这是要干啥呢?爸爸说,要开三级干部会。"啥叫三级干部会?""等你长大了就知道了!"

三级干部会就是三级干部吃饭。大队原来有两个食堂,南食堂,北食堂,当中隔一个院子,院子里还搭了个小棚,下雨天也可以两个食堂来回串。原来"社员"们分在两个食堂吃饭。开三级干部会,就都挤到北食堂来。南食堂空出来给开会干部用。

三级干部会开了三天,吃了三天饭。头一天中午,羊肉口蘑臊子蘸莜面。第二天炖肉大米饭。第三天,黄油烙饼。

"社员"和"干部"同时开饭。社员在北食堂,干部在南食堂。北食堂还是红高粱饼子,甜菜叶子汤。北食堂的人闻到南食堂里飘过来的香味,就说:"羊肉口蘑臊子蘸莜面,好香好香!""炖肉大米饭,好香好香!""黄油烙饼,好香好香!"

萧胜每天去打饭,也闻到南食堂的香味。羊肉、米饭,他倒不稀罕:他见过,也吃过。黄油烙饼他连闻都没闻过。是香,闻着这种香味,真想吃一口。

回家,吃着红高粱饼子,他问爸爸:"他们为什么吃黄油烙饼?"

"他们开会。""开会干吗吃黄油烙饼?""哎呀!你问得太多了!吃你的红高粱饼子吧!"

正在咽着红饼子的萧胜的妈妈忽然站起来,把缸里的一点白面倒出来,又从柜子里取出一瓶奶奶没有动过的黄油,挖了一大块,擀了两张黄油发面饼,烙熟了。黄油烙饼发出香味,和南食堂里的一样。妈妈把黄油烙饼放在萧胜面前,说:"吃吧,儿子,别问了。"

萧胜吃了两口,真好吃。他忽然咧开嘴痛哭起来,高叫了一声:"奶奶!"妈妈的眼睛里都是泪。

爸爸说:"别哭了,吃吧。"萧胜一边流着一串一串的眼泪,一边吃黄油烙饼。他的眼泪流进了嘴里。黄油烙饼是甜的,眼泪是咸的。

哪里去了？放风筝的姑娘

*张洁

逢到春天，我就格外地怀念家乡。这大约总是它和我童年时代的许多回忆联系在一起的缘故。其实，关于童年时代的那些回忆，并不见得总是愉快的。相反，却往往充满苦涩。但它仍然使我感到无限的亲切，引动着我无限的怀恋。不，我留恋的并不是那种生活。我留恋的是那单一而天真的心境。

在那个时候，一个人刚刚开始接触人生，开始体会到种种复杂的情绪，从蒙昧无知游向知识的大海……而对那些第一次领会到的东西会分外地认真，往往留在心里，一生也不会忘记。以后经历得多了，反倒不大记得了。这是为什么呢？或许是不如孩提时代那么认真了吧？

那些被贫困的物质生活剥夺了书籍、音乐、花朵的孩子，却在丰富的、朴素的、恬静的大自然里，补充着自己的精神。

在童年那些幼稚而又有着无穷乐趣的游戏里，最使我神往的，莫过于春天放风筝。

那时，太阳照在黄土岗子上，照在刚刚泛青的树枝上，照在长着麦苗的田野上，也照在孩子们的黑黝黝的脸蛋上……淡蓝的、蓝得几乎透明的天空中，悠悠地飘着孩子们的风筝。那些风筝，牵萦着孩子们的欢乐、苦恼和幻想。有时，偶尔断了线的风筝，会使那小小的，本来是充满了欢乐的心，立刻变得无限怅惘。仿佛自己的魂魄也随着那断了线的风筝飘走了。而留在地上的，不过是自己的一个躯壳。

想到风筝，自然会想到兰英姐姐。

小的时候，我是一个十分笨拙的孩子，常常成为其他孩子的笑柄。一切事对我都要显得比别的孩子困难得多。比方我扎的风筝，要么飞不起来，要么刚飞起来，就像中了枪弹的鸟儿，一个倒栽葱似的跌落下来，然后，立刻引起其他孩子的哄然大笑。那些笑声，往往伴着我的泪水。我好生气，好伤心，好害羞啊。

兰英姐姐常常责备那些讪笑我的孩子，并且自告奋勇地为我扎着我所喜爱的、任何一种样式的风筝。我坐在她身旁的小凳子上，一边看她扎风筝，一边听她轻轻地唱着。那轻曼的歌声，就像母亲轻柔的手，抚爱着我那受了委屈的心。我是多么地依恋她哟！

她扎的那些个风筝，不但比任何一个孩子的风筝都好看，而且也比任何一个孩子的风筝都飞得更高、更平稳。且不说那放风筝的游戏有着多么大的乐趣,单只看着兰英姐姐挺着苗条的身子,一根长长的辫子在柔韧的后腰上甩来甩去,不时地抖动着手里的绳索,在旷野里随着不大的风势,跑来跑去地操纵着飘在天上的那个风筝,就足够让我心醉的了。

后来,兰英姐姐出嫁了。

在乡下,穷人家出嫁姑娘,讲究卖了几担麦子。姑娘越好,卖的价钱越高。我记得村子里的姑娘,还没有一个超过兰英的价钱。

等到迎亲的那一天,做父亲的、做母亲的、大伯子、二姨子、亲戚朋友们那个高兴劲儿就别提了。就好像到了年根,人们脱手了一头牲口,拿到了一笔好价钱似的那么知足。人们吃着、喝着,一直喝到连他们自己也忘记了他们为什么聚到一块来吃、来喝的了。他们谁也不去想一下,兰英姐姐要嫁的那个男人好不好,会不会疼她……

那个男人长了一脸的胡子。一双眼睛长得那么野。他也像那些参加婚礼的人们一样放肆地吃着、喝着、笑着。一点儿也不知道害臊。他的笑声又大又刺耳。逢到他笑的时候,就像放出一阵震耳欲聋的排炮,总是吓得我心惊肉跳。

兰英姐姐就要走了。她骑在那匹小毛驴上,小毛驴儿的脖子上挂着的小铜铃擦得真亮。铜铃上还挂着红缨,鞍子上还铺着红毡子。兰英姐姐的发辫梳成了髻子,插着满头的红绒花儿,耳朵上摇曳着长长的银耳环,穿着红袄、绿裤子,脸蛋那么丰满,嘴唇是那么鲜红。一个多么漂亮,多么有生气的新媳妇呀!我伤心地想到,她再也不是我的兰英姐姐了,她已经变成那个男人的新媳妇喽。我好嫉妒、好悲哀哟!我巴不得那个男人一个失脚跌到地狱里去才好!

迎亲的唢呐吹起来了。好火热的唢呐哟!兰英姐姐却哀哀地哭起来了。我明明知道村子里的姑娘们出嫁的时候都是要哭的,这大约也是一种传统的程式吧!但是兰英姐姐的啼哭,使我气闷!她哭的是什么呢?是惋惜自己将要一去不复返的少女时代吗?是舍不得自己的爹娘兄弟吗?是害怕以后将要陪着那个陌生而可怕的男人过着漫长而凄清的岁月吗?那日子真长啊,长得让人看不见头。

唉,那纯粹是对于命运的无可奈何的哀叹哟!她甚至连挣扎一下也没有想过吧?!

这以后,我就很少看见兰英姐姐了。偶尔她回娘家住上几天,也总是躲在屋子里不肯出来。人们慢慢地忘记了曾经有过那么一个愉快而美丽的姑娘在这里出生、长大、出嫁……人们更忘记了在那个姑娘的婚礼上,吃过、喝过用卖她得的麦子所换来的美酒佳肴,换来的他们的欢乐……

过了几年,我听说那个男人得了一场暴病,死了。我暗暗地为兰英姐姐松了一口气。现在回想起来,我当时的这个想法该有多么傻气,多么天真啊!

以后,兰英姐姐常常住在娘家了。

仿佛她曾经游过地狱。那可怕的生活不论在她的肉体上或是精神上都留下了明显的痕迹。那曾经丰满的脸蛋像给刀一边削下去了一块似的,总是蜡黄、蜡黄。闪亮闪亮的眼睛,变得又黑、又深、又暗。让人想到村后头,那孔塌陷了的、挂满了蛛网的、久已无人居住的废窑。她老是紧紧地抿着变得薄薄的嘴唇——那嘴唇曾是那样的鲜红。

她锄地,她割麦,她碾场,她推磨。逢到冬天农闲有太阳的时候,她就靠着场边上的麦秸垛纳鞋底。一双,又一双,没完没了。那鞋有西家铁蛋的,鞋面上做个老虎头;有东家黑妞的,鞋面上绣朵红牡丹。但是,她再也不给我扎风筝了。我呢,也长大了。我的生活有了更多的内容,放风筝的游戏也不再像从前那么吸引我了。而且,不知为什么,我害怕看见她,她的眼神让我看了之后,总是感到心口堵得慌,觉得喘不上气来。而在那样的年龄,我本能地逃避着阴暗。为了这个,我又觉得有点儿对不起她,倒好像是我把她一个人丢在那悲凄里了。

直到后来,我才明白:她的悲哀是广阔的——因为它是社会性的;也是狭窄的——比起更深重的灾难。但是,旧的生活摧残和扼杀着一切美好的东西,也摧残和扼杀着不知多少个曾经是那么美丽的、可爱的少女。

生活像一条湍急的河流,它把我带到这里,又带到那里。

光阴似箭,日月如梭。三十多年的岁月转眼之间过去了。在这三十多年里,我常常想起她,想起那个给过我许多安慰和快乐的、美丽而善良的姑娘。

如今,她在哪里呢?

今年春上,有那么一天,我骑车到西苑去。刚过白石桥不久,忽然,远远地、远远地我看见天空中飘着几个风筝。我简直说不出那一刹那间它们在我心里引起了多少感触,唤醒了多少被遗忘了的往事。太阳依然那样地照着,风也依然那样地吹着,而这当中,有多少年月、多少经历、多少灾难、多少愁苦过去了……

公共汽车上的乘客都在引颈眺望,骑自行车的人们停下了蹬车,过路的行人放慢了脚步。

只有我,干脆下了车,推着车子,绕过坑坑洼洼的田间小道,向田野里那几个放风筝的孩子走去。仿佛他们是我儿时的那些小伙伴,还在那里等待着我;仿佛我并没有长大、变老;仿佛这当中也没有隔着三十多年的岁月。

我看见一个扁鼻子的小姑娘,一边焦急而气恼地扯着线拐上纠结在一起的绳索,一边眼巴巴地、无可奈何地望着她那个因为线绳的故障眼看就要落下来的风筝。我还看见她的眼睛里闪着泪花,鼻尖儿上渗满了汗珠。她这时的心绪,我有多么熟悉啊!微笑不由得浮上我的嘴角。当我正要上前帮助她的时候,跑过来了一个大一点的女孩子,俊俏、大方。她熟练地扯开那些纠结在一起的绳索,敏捷地把它们从手里放了出去。往下降落的风筝停住了,好像停在那里思索了一会儿,又飘飘摇摇地往那蔚蓝色的天空上飞去。引人遐想的,蔚蓝色的天空啊……我巴不得自己也变成一只风筝,乘着轻风,沐着阳光,悠然自得地飘在蓝天之上。

那扁鼻子的小姑娘,带着晶莹的泪花,微笑了。而我那微笑着的眼睛里,却涌上了泪水。从她们的身上,我看见了三十多年前的我和兰英姐姐。

我的泪水与其说是由于温柔而伤感的回忆,还不如说是由于无穷的感慨和懊悔——尽管这懊悔并不是由我们自己造成的。感慨着在这个平平常常的风筝上,我看见了两个不同的时代;懊悔着我们为什么不出生在她们现在的这个时代,那我们将会免去多少蹂躏、践踏、摧残……

我冥想着二十多年以后,当这个世纪结束的时候,她们的命运将会是怎样的呢?生活,在她们的面前展开了多么广阔的幅度啊!

那个扁鼻子的小丑妞,将会变得像蝴蝶一样的美丽;那个俊俏的女孩子也会随着自己的心意爱上一个可爱的小伙子。她们也许会成为宇宙飞行员,从同温层外向我们这个渺小的星球发出联络的信号:星星!星星!我是风筝!我是风筝!她们也许会成为天文学家,在浩瀚的宇宙中,会发现在另一个银河系里,也有一个有人类生存的星球,也许她们会带上自己的孩子,到那个星球上去做这个古老而又永远新鲜有趣的游戏——放风筝……

当我这样冥想着的时候,有一种幻觉突然向我袭来,我感到兰英姐姐好像就在我的身旁站着,我甚至感到了她那轻微的呼吸,甚至听到了她的心和我的心按着同样的节奏在跳动着……我不禁猛然地掉过头去——啊,什么也没有!我有点怅惘。后悔着还不如不掉过头去,就让那个幻觉长留在我的心上。

我总是充满着这样的信心:总有一天,我会找到她的,找到我那亲爱的、受尽苦难的兰英姐姐。

就在我写这篇文章的时候,我甚至还在想:没准有那么一天,她或许会在哪里看到这篇文章。那时,她准会给编辑部打个电话,或是写封信的……

别笑我的痴心吧!也别怀疑这茫茫的人海会把她湮没。既然这伟大而奇迹般的生活,曾把新的生命重又给予了被旧生活摧残和扼杀过的人——那么,它也就一定会把一个更优美、更动人的新生命重又给予我那兰英姐姐!

万千微尘

风属于天的，却吹起人间烟火

猫婆婆

※ 冯骥才

我那小阁楼的后墙外，居高临下是一条又长又深的胡同，我称它为猫胡同。每日夜半，这里是猫们无法无天的世界。它们戏耍、求偶、追逐、打架，叫得厉害时有如小孩扯着嗓子嚎哭。吵得人无法入睡时，便常有人推开窗大吼一声"去——"，或者扔块石头瓦片轰赶它们。我在忍无可忍时也这样怒气冲冲地干过不少次。每每把它们赶跑，静不多时，它们又换个什么地方接着闹，通宵不绝。为了逃避这群讨厌的家伙，我真想换房子搬家。奇怪，哪来这么多猫，为什么偏偏都跑到这胡同里来聚会闹事？

一天，我到一位朋友家去串门，聊天，他养猫，而且视猫如命。

我说："我挺讨厌猫的。"

他一怔，扭身从墙角纸箱里掏出个白色的东西放在我手上。呀，一只毛线球大小雪白的小猫！大概它有点怕，缩成个团儿，小耳朵紧紧贴在脑袋上，一双纯蓝色亮亮的圆眼睛柔和又胆怯地望着我。我情不自禁赶快把它捧在怀里，拿下巴爱抚地蹭它毛茸茸的小脸，竟然对这朋友说："太可爱了，把它送给我吧！"

我这朋友笑了，笑得挺得意，仿佛他用一种爱战胜了我不该有的一种怨恨。他家大猫这次一窝生了一对小猫——一只一双金黄眼儿，一只一双天蓝色眼儿。尽管他不舍得送人，对我却例外地割爱了。似乎为了要在我身上培养出一种与他同样的爱心来；真正的爱总希望大家共享，尤其对我这个厌猫者。

小猫一入我家，便成了我全家人的情感中心。起初它小，趴在我手掌上打盹睡觉，我儿子拿手绢当被子盖在它身上，我妻子拿眼药瓶吸牛奶喂它。它呢，喜欢像婴儿那样仰面躺着吃奶，吃得高兴时便用四只小毛腿抱着你的手，伸出柔软的、细砂纸似的小红舌头亲昵地舔你的手指尖……这样，它长大了，成为我家中的一员，并有着为所欲为的权利——睡觉可以钻进任何人的被窝儿，吃饭可以跳到桌上，蹲在桌角，想吃什么就朝什么叫，哪怕最美味的一块鱼肚或鹅肝，我们都会毫不犹豫地让给它。嘿，它夺去我儿子受宠的位置，我儿子却毫不妒忌它，反给它起了个顶漂亮、顶漂亮的名字，叫蓝眼睛。这名字起得真好！每当蓝眼睛闯祸——砸了杯子或摔了花瓶，我发火了，要打它，但只要一瞅它那纯净光澈、惊慌失措的蓝眼睛，心中的火气顿时全消，反而会把它拥在怀里，用手捂着它那双因惊恐瞪大的蓝眼睛，不叫它看，怕它被自己的冒失吓着……

我也是视猫如命了。

入秋，天一黑，不断有些大野猫出现在我家的房顶上，大概都是从后面猫胡同爬上来的吧。它们个个很丑，神头鬼脸向屋里张望。它们一来，蓝眼睛立即冲出去,从晾台蹿上屋顶,和它们对吼、厮打,互相穷追不舍。我担心蓝眼睛被这些大野猫咬死,关紧通向晾台的门,蓝眼睛便发疯似的抓门,还哀哀地向我乞求。后来我知道蓝眼睛是小母猫,它在发狂地爱,我便打开门不再阻拦。它天天夜出晨归,归来时,浑身滚满尘土,两眼却分外兴奋明亮,像蓝宝石。就这样,它在很冷的一天夜里出去了,没再回来。我妻子站在晾台上拿根竹筷子"当当"敲着它的小饭盆,叫它,一连三天,期待落空。意想不到的灾难降临——蓝眼睛丢了!

情感的中心突然失去,家中每个人全空了。

我不忍着妻子和儿子噙泪的红眼圈,便房前房后去找。黑猫、白猫、黄猫、花猫,大猫、小猫,各种模样的猫从我眼前跑过,唯独没有蓝眼睛……懊丧中,一个孩子告诉我,猫胡同顶里边一座楼的后门里,住着一个老婆子,养了一二十只猫,人称猫婆,蓝眼睛多半是叫她的猫勾去的。这话点亮了我的希望。

当夜,我钻进猫胡同,在没有灯光的黑暗里寻到猫婆家的门,正想察看情形,忽听墙头有动静,抬头吓一跳,几只硕大的猫影黑黑地蹲在墙上。我轻声一唤"蓝眼睛",猫影全都微动,眼睛处灯光似的一闪一闪,并不怕人。我细看,没有蓝眼睛,就守在墙根下等候。不时一只走开,跳进院里;不时又从院里爬上一只来,一直没等到蓝眼睛。但这院里似乎是个大猫洞,我那可怜的宝贝多半就在里边猫婆的魔掌之中了。我冒冒失失地拍门,非要进去看个究竟不可。

门打开,一个高高的老婆子出现——这就是猫婆了。里边亮灯,她背光,看不清面孔,只是一条墨黑墨黑神秘的身影。

我说我找猫,她非但没拦我,反倒立刻请我进屋去。我随她穿过小院,又低头穿过一道小门,是间阴冷的地下室。一股浓重噎人的猫味马上扑鼻而来。屋顶很低,正中吊下一个很脏的小灯泡,把屋内照得昏黄。一个柜子,一座生铁炉子,一张大床,地上几只放猫食的破瓷碗,再没别的,连一把椅子也没有。

猫婆上床盘腿而坐,她叫我也坐在床上。我忽见一团灰沉沉的棉被上,东一只西一只横躺竖卧着几只猫。我扫一眼这些猫,还是没有蓝眼睛。猫婆问我:"你丢那猫什么样儿?"我描述一遍,她立即叫道:"那大白波斯猫吧?长毛?大尾巴?蓝眼睛?见过见过,常从房上下来找我们玩儿,还在我们这儿吃过东西呢,多疼人的宝贝!丢几天了?"我盯住她那略显浮肿、苍白无光的老脸看,只有焦急,却无半点装假的神气。我说:"五六天了。"她的脸顿时阴沉下来,停了片刻才说:"您甭找了,回不来了!"我很疑心这话为了骗我,目光搜寻可能藏匿蓝眼睛的地方。这时,猫婆的手忽向上一指,呀,迎面横着的铁烟囱上,竟然还趴着好一大长排各种各样的猫!有的眼睛看我,有的闭眼睡觉,它们是在借着烟囱的热气取暖。

猫婆说:"您瞧瞧吧,这都是叫人打残的猫!从高楼上摔坏的猫!我把它们拾回来养活的。您瞧那只小黄猫,那天在胡同口叫孩子们按着批斗,还要烧死它,我急了,一把从孩子们手里抢出来的!您想想,您那宝贝丢了这么多天,哪还有好?现在乡下常来一伙人,下笼子逮猫吃,造孽呀!他们在笼里放了鸟儿,把猫引进去,笼门就关上……前几天我的一只三花猫就没了。我的猫个个喂得饱饱的,不用鸟儿绝对引不走,那些狼心狗肺的家伙,吃猫肉,叫他们吃!吃得烂嘴、烂舌头、浑身烂、长疮、烂死!"

她说得脸抖,手也抖,点烟时,烟卷抖落在地。烟囱上那小黄猫,瘦瘦的,尖脸,很灵,立刻跳下来,叼起烟,仰起嘴,递给她。猫婆笑脸开花,咧着嘴不住地说:"瞧,您瞧,这小东西多懂事!"像在夸赞她的一个小孙子。

我还有什么理由怀疑她?面对这天下受难猫

儿们的救护神，告别出来时，我不觉带着一点惭愧和狼狈的感觉。

蓝眼睛的丢失虽使我伤心很久，但从此不知不觉我竟开始关切所有猫儿的命运。猫胡同再吵再闹也不再打扰我的睡眠，似乎有一只猫叫，就说明有一只猫活着，反而令我心安。猫叫成了我的安眠曲……

转过一年，到了猫儿们求偶时节，猫胡同却忽然安静下来。

我妻子无意间从邻居那里听到一个不幸的消息：猫婆死了。同时（在她死后）才知道关于她在世时的一点点经历。

据说，猫婆本是先前一个开米铺老板的小婆，被老板的大婆赶出家门，住在猫胡同那座楼第一层的两间房子里。后又被当作资本家老婆，轰到地下室。她无亲无故，孑然一身，拾纸为生，以猫为伴，但她所养的猫没有一个良种好猫，都是拾来的弃猫、病猫和残猫。她天天从水产店捡些臭鱼烂虾煮了，放在院里喂猫，也就招引一些无家可归的野猫来填肚充饥，有的干脆在她家落脚。她有猫必留，谁也不知道她家到底有多少只猫。

"文革"前，曾有人为她找个伴儿，是个卖肉的老汉。结婚不过两个月，老汉忍受不了这些猫闹、猫叫、猫味儿，就搬出去住了。人们劝她扔掉这些猫，接回老汉，她执意不肯，坚持与这些猫共享着无人能解的快乐。

前两个月，猫婆急病猝死，老汉搬回来，第一件事便是把这些猫统统轰走。被赶跑的猫儿依恋故人故土，每每回来，必遭老汉一顿死打，这就是猫胡同忽然不明不白静下来的根由了。

这消息使我的心一揪。那些猫，那些在猫婆床上、被上、烟囱上的猫，那些残的、病的、瞎的猫儿们呢？那只尖脸的、瘦瘦的、为猫婆叼烟卷的小黄猫呢？如今漂泊街头、饿死他乡、被孩子弄死，还是叫人用笼子捉去吃掉了？一种伤感与担忧从我心里漫无边际地散开，散出去，随后留下的是一片沉重的空茫。这夜，我推开后窗向猫胡同望下去，只见月光下，猫婆家四周的房顶墙头趴着一只只猫影，大约有七八只，黑黑的，全都默不作声。这都是猫婆那些生死相依的伙伴，它们等待着什么呀？

从这天起，我常常把吃剩下的一些东西，一块馒头、一个鱼头或一片饼扔进猫胡同，这是我仅能做到的了。但这一年里，我也不断听到一些猫这样或那样死去的消息，即使街上一只猫被轧死，我都认定必是那些从猫婆家里被驱赶出来的流浪儿。入冬后，我听到一个令人震栗的故事——

我家对面一座破楼修理瓦顶。白天里瓦工们换瓦时活没干完，留下个洞，一只猫为了御寒，钻了进去；第二天瓦工们盖上瓦走了，这只猫无法出来，急得在里边叫。住在这楼顶层的五六户人家都听到猫叫，还有在顶棚上跑来跑去的声音，但谁家也不肯将自家的顶棚捅坏，放它出来。这猫叫了三整天，开头声音很大，很惨，瘆人，但声音一天比一天微弱下来，直至消失！

听到这故事，我彻夜难眠。

更深夜半，天降大雪，猫胡同里一片死寂，这寂静化为一股寒气透进我的肌骨。忽然，后墙下传来一声猫叫，在大雪涂白了的胡同深处，猫婆故居那墙头上，孤零零趴着一只猫影，在凛冽中蜷缩一团，时不时哀叫一声，甚是凄婉。我心一动，是那尖脸小黄猫吗？忙叫声："咪咪！"想下楼去把它抱上来，谁知一声唤，将它惊动，它起身慌张跑掉。

猫胡同里便空无一物。只剩下一片夜的漆黑和雪的惨白，还有奇冷的风在这又长又深的空间里呼啸。

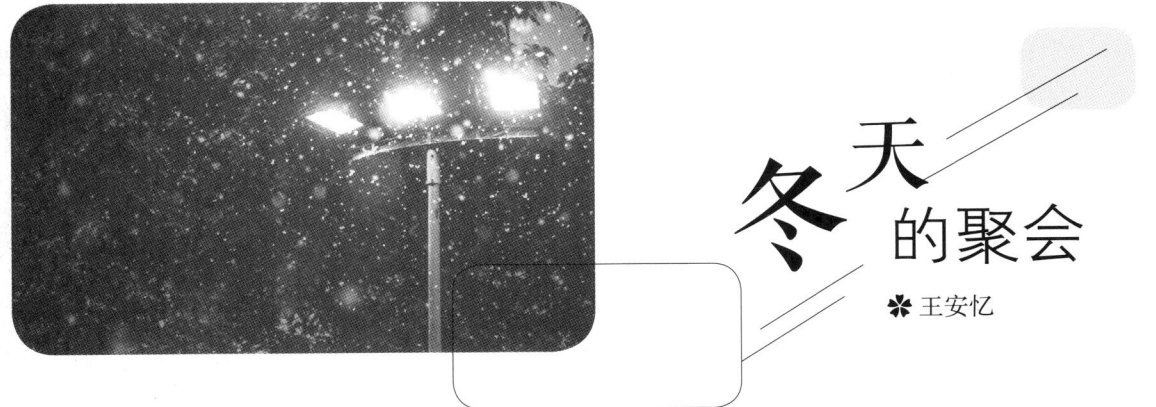

冬天的聚会

※ 王安忆

那时候,冬天里,洗澡是件大事情。地处长江以南,按规定不供暖。可是,气温虽然大都在零上,却因湿度大感觉寒冷。许多北方人来到这里,都患上感冒和手足冻疮。比较起来,倒是这地方的人更耐寒一些。人们在阴冷的气候里,安度冬天。不过,洗澡真是个大事情。

我们家有一门特别要好的朋友。冬天的聚会就要从这一家的爸爸讲起。这一年的冬天,他来了,在军内的招待所里订了一个房间。说是招待所,其实是宾馆,有着中央系统的供暖,温暖如春,带洗澡间。于是,我们便一起去这房间里洗澡。

我们去洗澡是在一天晚上。全家的换洗衣服,毛巾,还有零食和我们的玩具,装成好几个包。然后要了两辆三轮车,往招待所去了。马路的路面,在路灯的映照下十分光滑,不过不是镜面那样的光滑,而是布着细细的柏油的颗粒,好像起着绒头,将光吸进去。所以很柔和。不知是不是因为地球形状的缘故,当然,更可能是雨天防止积水的缘故,路面呈现出弧度。在灯光下,看得最清,因为光顺着受光面的弧度,均匀地稀薄下来。行道树虽然落了叶,可因为悬铃木树干比较浑圆的形状,以及树干上图案式的花斑,所以并不显得肃杀,而是简洁和视野开阔。

冬天的马路,也比较少人,但也并不因此寥落,反是安宁得很。我们这两辆三轮车驶过马路,三轮车上载得满满的。路灯照耀着,大人和孩子的脸上都罩着暖色调的光和影,偏黄,对比柔和。风,自然有些料峭,可江南的风,究竟又能料峭到哪里去呢?倒是使空气干爽了,驱走了一部分的潮气。不过,我们孩子的表情,多少是严肃的,脸绷着。夜间出行,总使我们感到不太寻常。车夫稍稍压下的双肩,由于用力,一耸一耸地起伏。到拐弯的时候,便直起上身,伸出一只手臂示意着,慢慢地拐过去。这姿势有一种优雅。我们驶过了一些马路,在一座大院跟前停住了。

这是一座方形的建筑,样式有些接近北京的人民大会堂。它显然是在新中国成立以后造的,和这座城市的殖民风格的建筑,还有那种生活气息浓厚的民居很不一致。在这些姿态旖旎的旧建筑中间,它显得格外严肃,难免有一些乏味,但也包含有一种北地风范,"质"的风范。它的院子大而且平坦,使得周围的路灯照耀不到中间,就变得暗了。这也是有一股威势的。我们这一伙携儿带女,大包裹小行李的人,在这里蹰行,看上去多么拖拉呀!

我们终于走过院子,走进大厅。大厅也是广阔的,却很明亮,而且非常暖和。周围都是军人,穿着军装,个个精神。不像我们,穿得那样臃肿,身后还跟着一个梳髻,穿斜襟棉袄的苏北女人,我们的保姆。人们都在说话,同时大声地笑。可是声音在高大的穹顶底下消散了。而到了新环境里的我们,又都有些发傻,回不过神来。人们就好像是在一部没有放映好的电影里,只有动作,没有声音。但画面却是如此清晰,人们的表情相当鲜明。他们笑起来,眼角处的褶子,还有嘴角一弯一弯荡开的笑纹,都丝丝可辨。有一个军人,走过我们,在我头顶上胡噜了一下,我都没有回过神来。转眼间,我们已经进了电梯。然后,在走廊中间的一扇门前停下了。

门开了,我们看见了我们熟悉的人。顿时,一切就都有了声音，活了起来。我们从方才一路陌生的窘境中摆脱出来，恢复了知觉，甚至比平时更要活跃。大人们也很兴奋，七嘴八舌的，顾不上管我们。那两个保姆呢，她们会心地不出声笑，互递眼色，一边却忘不了她们的职责，替我们脱衣服。房间里更热，简直成了一个蒸笼。因为内外冷暖相差，便积起雾状的水汽。人看上去，都有些模糊。我们很快就被脱得只剩一件衬里绒衫，可底下却还保守地穿着棉裤。这就使我们的样子十分奇怪，就像一只只钻出蛹子一半的蛾子。可这已经够解放我们的了，我们身手矫健极了。我们捂了许多日子的身体上，散发出一种酸乳的腥甜的气味。小孩子的体味其实是比大人更重，他们的分泌系统还没有受损伤，所以很卖力地工作着，分泌出旺盛的腺液。同时，他们又是被捂得特别严实。那气味呀，简直翻江倒海。

这是一个套房，但并不大，我们就在外间活动。为了谈话方便，大人们将两张书桌摆在房间中央，拼成一个大桌子，放上吃的东西，喝的东西，玩的东西。地上铺着地毯，所以，我们孩子又在地上摆开一摊。我们在地毯上打滚，爬行，追逐，上蹿下跳。我姐姐和这家的男孩，由于是同班，就有了许多共同语言。他们甚至不用语言，也能互相了解，沆瀣一气。他们一对一地，具有暗示性地笑，很快就笑得倒抽气。而我被他们排除在外，心情变得激愤起来。于是，在他们笑得最热烈的时候，便哭了起来。这样，就招来了大人们。他们一致认为是那两个大的不好，分别斥责了他们，使他们转笑为哭，以泪还泪。如此这般，我们三个一人哭了一场，势态均衡，这才归于平静。

两个阿姨在洗澡间里擦洗澡缸，同时叽叽哝哝，不晓得有多少知心话。我们几个则伏在窗台，看外边的夜景。不远处的中苏友好大厦，顶上的那一颗红星，在夜空里发亮。大厦的轮廓就像童话里的宫殿，宽阔的底座上，一排罗马廊柱。第二层，收进去一周，壁上环着拱形的巨窗。再上去一层，再收小一周。逐渐形成巍峨的塔状。大厦底下，有喷泉，虽然在平常日子里不开，但喷泉周围宽大的大理石护栏，看上去就已经相当华丽。有了这座宫殿，四周都变得不平常了，有一股伟大而神奇的气息笼罩在上空。

街道上，静静地驶过车辆，在方才说的，弧度的街面上，灯光聚集的带子里行驶，车身发亮。我们感受到静谧的气氛，也因为刚才都哭过，心底格外的安宁。这一刻，大人们没注意到我们，他们热烈地谈着他们的。这时候，他们要比我们吵闹得多，也挺放肆的。

楼下院子里有时会进来一辆车，缓缓停在大厅门前。其余大多时候没有动静。院子门口那两个持枪的哨兵，好像两座雕像，一动不动。有两辆自行车从前边的马路上骑过，骑车人压低了身体，猛蹬车的样子，表示外面起着大风，气温相当寒冷。而我们这三个，热得涨红了脸蛋，汗把头发都濡湿了，一绺一绺粘在脑门上。大人们终于想起我们来了，于是，一个接着一个，被捉进去洗澡。每一个人被捉的时候，都尖声叫着，同时，疯狂地笑着。我们家的这个阿姨，是个对孩子有办法的女人，她一下子就逮住一个，三下五除二地剥去衣服，摁在澡缸里。她做什么都干净利落，且不动声色，很得我们父母的欢心。可我们都怕她，只有在父母跟前，晓得她不敢拿我们怎么样，才敢同她闹一闹。她的名字叫葛素英，长了一张鹅蛋脸型，照理说是妩媚的，可她却不，而是有些凶相。她的男人有时从乡下上来看她，她也不给一个笑脸，尽是骂他，尤其在他吃饭的时候骂他。葛素英和我们一同吃，却不让他上桌，而是让他在灶间里吃。这个嗜赌的男人，坐一张小板凳，捧一个大碗，头埋在碗里，耳边是女人毒辣的骂声，匆匆地咽着。他住了几天，葛素英就骂了几天。最后，要走了，葛素英从贴身衣袋里摸出手绢包，打开，数出几张钱递给他。这时候，她的眼泪流下来了，可是，一点没使她变得软弱。现在，澡缸里的蒸汽熏着她，她的脸也红了，用刨花水抿得又光又紧的头发起了毛，松下几丝散发，贴在脸颊上。而且，她笑着对付我们。这到底使她温柔了一点。

我们终于一个一个地洗了出来，好像剥了一层皮。经过肥皂水的浸泡、用力的揉搓和清水冲洗，全身发红。而我们的喉咙，也都因为尖叫和狂笑，变得嘶哑了。洗干净的我们，被大人揿在椅子上，再不许下地了。他们让出桌子的一角给我们，让我们玩些文雅的游戏。于是，我们便打牌。

这副扑克牌是事先就准备好的，是一副旧牌。纸牌的边上，都起了毛，但一张也不缺损。我们只会打一种牌，抽乌龟。这副牌，在我们手里抽来抽去，不知道抽了有几百遍，就是这么抽毛的。"抽乌龟"的玩法，是这样的：先要剔去大怪和小怪，这两张不成对的牌。再在桌底下抽走一张牌，倒压着，谁也不许看。如此，牌里就有了一张落单的牌，这就是"乌龟"。然后，发牌，各自理牌，成双的牌都扔掉，只剩单的。这样，游戏就开始了。打牌的人依顺时针方向，从对方牌中抽牌。抽到的牌倘若能与手中的某张牌对上，便扔掉，反之，则留下。周而复始，最终就剩下那张落单的牌。握住此牌的人，就做了乌龟。这是一种完全凭运气来决定胜负的游戏，可正因为此，就很刺激。我们一打上手，就打个没够。而且，越打越认真。

　　大人们也先后洗了澡，两个保姆再接着洗。她们很神秘地，把卧室通向外屋的门关上。于是，无论洗澡间里的水声，还是她们的私语声，全都听不见了。大人们的谈话也进入一个比较平静的阶段，轻声细语的。总之，这时候，房间里很静。中间来过一次服务员，送来开水，还问需要不需要什么别的。然后轻轻带上门走了。就这样，他们大人在那半张桌上说话，我们小孩子在这半张桌上抽乌龟。我们三个，每人都做过几轮乌龟。牌局渐渐有些紧张，便也沉默了。

　　现在，我姐姐又脱手了。比较起来，她当乌龟更少一些。也可能只是看起来这样，她比较不那么在乎当不当乌龟，就显得比我们轻松。她甩出最后一对牌，就走开去，又吃又喝，不再关心结局。于是，就剩我和男孩较着劲。我们一来一去地抽着牌，这时候，"乌龟"不是在他手上，就是在我手上。可是，这一回，我的运气很好，抽到的总是成双成对的牌。看起来，"乌龟"很可能在他手上。很快，事情就要见分晓了。轮到我抽牌了。我手上只剩下一张牌，他呢，有两张。谁做乌龟，就看这一抽了！两位保姆已经出了浴室，卧室的门重又打开。她们穿戴整齐，洗好的头发重又紧紧地盘了髻，双手相交地放在膝上，坐着，就像两个淑女。除了脸色更加红润，就和洗澡以前没什么两样。

　　这个男孩是个多病的家伙，他奇怪地对一切事物过敏。有一回，他吃了几口酒酿，竟也醉倒了，身体软得像面条。而我宁可相信这是他在装疯，因为他也是很会来事的。可是这时候，他变得严肃了。像他这样一个机敏的人，总是有办法化险为夷。这一次，却难说来了。事情就在眼前，也不由他做主，只能听凭命运的摆布。他的两只手握着这两张牌，毕恭毕敬地端坐着，等着我抽牌。他全神贯注地看着牌，尽可能做到面无表情，让我很难猜测到左边的这张是乌龟，还是右边的那张是。这对我也是一个困难的时刻，非此即彼，我必须做出决定。大人们在柔声细语地说话，保姆们竖起耳朵听着，也不管听懂还是不懂。姐姐悠闲地坐在椅上。她的坐姿很不好，上半身完全瘫在椅面上，好像不是用屁股坐，而是用腰坐。可是没有人去管她。

　　我的手伸向他去，试探地摸着其中的一张。这时候，他抬起眼睛看了我一眼。简直是福至心灵，我捏住那张牌就抽。可是，却抽不动，他双手紧紧地握住牌。我再抽，他还不放。他的眼睛始终看着牌，脸上做出若无其事的表情，可就是不松手。他握牌的手指关节微微发白。谁也没有看见这一幕，都在忙自己的事。我们相持了很久，这张牌终于禁不住了，拦腰断成两截。一截在他手里，一截在我手里。我"哇"一声大哭起来，惊动了大人。他们围拢过来，看见的是两截断牌，便以为我是因为犯过失才内疚和害怕地大哭。他们纷纷安慰我，没关系，不要紧，不怪你，诸如此类的话。而我又怎么能说得清个中原委？无尽的冤屈哽得我气也喘不上来，只有更大声地哭，踢腿，蹬脚。几个大人上来一起按我。而我竟还能透过泪眼注意到，就在这一片混乱之中，男孩将手中剩下的那张"乌龟"混入牌中，一下子无影无踪。

　　这一个晚上，是在睡眠中结束的。这场大哭之后，聚会达到高潮。洗澡，受热，疯玩，笑和哭，耗尽了最后一点力气。于是，我立即睡熟了，终于没能坚持到底。后来，他们又玩了些什么，玩到什么时候，又是如何回家，一概不知。至于那张牌，因为没有人提起，我便也没有机会辩解，事情不了了之。那时候，有很多次这样的聚会，都是在不知觉中结束了。

吃茶

※ 凌叔华

当太阳拥着朝霞出来后,小鸟吱喳地闹了两个钟头,花影渐渐地被描在一间闺房的窗上。那鸟雀的啼歌跟着不相识的春风,直冲进芳影小姐闺帷,把她吵醒了。

"几点钟了?"芳影搓搓眼睛低声地问。

"很早呢,才打九点。小姐还歇会儿吧。"一个女仆赔笑回答,接着提着水壶走了出去。

芳影仍旧闭目养神,但耳际一阵一阵的鸟声和街外小贩的叫号,使她不能再睡了,她沉思道:"其实昨晚看完电影已经十一点半了,睡时已经一点,怎么再也不困了?呀,昨晚见的淑贞的哥哥,相貌真是不俗,举止很是文雅……他很用神和我谈话……他给我倒茶,拿戏单,捡掉在地上的手帕,临出戏院时,又帮我穿大氅……唔,真殷勤……出戏院时,他搀扶我上车后,还摘下帽子,紧紧地望了我一会儿呢。

"我起先同他坐近,觉得很不舒服,后来他仔细地和我翻译那幕上英文,不多工夫我就不觉得不舒服了……对呢,他特别用心地翻译那几句'爱能胜一切,爱是不死的'——那幕少年与他情人分手时的话。他还恐怕我不懂,告诉我说:外国所说的爱字,比中国的爱字稍差,情字似乎比较切实一点,但还不十分合适。他说时我的脸立刻热起来。幸亏电影院是漆黑的,没有人看见。

"哦,淑贞说他们今天要去公园听音乐,很好的音乐,邀我务必同去。

"她又说今天下午接我。那么我应当早些起来收拾收拾,但是我睡得太少,脸色又要发黄,眼睛也发红,人家看了多难看,还是多躺会儿养养神再起吧……

"这换洋取灯的老婆儿真讨厌!大清早起,谁换取灯儿呢?只这样喊,叫人睡不了。还是早点起来收拾收拾吧。"

芳影起来慢慢地踱到妆台前坐在椅上。此时女仆进来倒洗脸水,擦镜子,摆香粉和梳头的用具,忙成一片。

她默默地对着镜子出神。镜里的她,一双惺忪的眼,腮上的轻红直连上眼皮,最是那一头乌油油的发,此时正蓬松着,衬出很细小的脸盘。一时诗情画意都奔向她的心头和眼底……末了想到"水晶帘下看梳头",她连镜子都不好意思看了。

她洗漱完便梳头,一会想到自己正当芳菲时候,空在"幽闺自怜",年华像水一般流去了,眼便蓄着一眶泪;一会儿想起昨晚看电影时,喁喁细语的光景,脸上便立刻有些发热,心里跳起来。

不多时把头发梳好,又重施一回粉,后来才把发抿齐。打扮完,对着镜子又出了回神。

"他今天来见我,不知……"她脸一热不好意思往下想了。

午饭后,她在闺房,看着窗上花影因日光忽明忽暗,花枝因微风摇曳婀娜生姿,只觉得心里有一种说不出的滋味。正在怅惘,忽见仆人进来回:

"王先生和王小姐来了。"

"请到客厅吧。"她说完又走到镜台前,重扑粉,抿一回发,然后走入客厅。

她心内怯怯的,因为她向来不大与青年男子来往,平常偶然碰到表兄弟,还要脸红红地回避呢。近年她见社会潮流变了,男女都可以做朋友,觉得这风气也得学学。

她来到客厅,淑贞和她哥哥立刻站起来招呼。

"昨晚你回来就睡了吗?"淑贞坐下说。

"我回来和娘谈了一会儿就睡了。"芳影答。

仆人递上茶来,她让了回茶,仍和淑贞说了些闲话。

"你已经和伯母说了我们去听音乐吧。我们去好吗?"淑贞说。

"说了。请用了点心再去,令兄第一次来,一点吃的东西也没有,太寒碜了。"芳影说完,见淑贞的哥哥坐在一旁用茶,很是恭谨,很想和他说几句话,但想不起说什么好,还是淑贞先开口:"哥哥,芳影姐姐吟诗作对都会,她晚上吹起箫来,邻居都不愿意睡呢。"

"我早就听说了,不知芳影女士什么时候可以赏我一曲听听?"淑贞的哥哥赔笑地问。

芳影立刻红晕了两腮微笑答:

"王先生在外国什么好音乐没听过,我不来献丑。"

他们又静默了一会儿,淑贞说:

"我哥哥近来想找些中国词曲本看看,芳影姐姐,您一定知道不少。哥哥,你请教请教她吧!"淑贞的哥哥还未答话,芳影立刻抢着说:

"我哪里懂得什么词曲,淑贞!"

"我不管你讲不讲,等他请教你吧。咱们多找两个人去公园有兴味。等我去街口找周家的两个小弟弟一同去好吗?"她说着站起来,"我去去就回来,哥哥,你在这里等会儿。"她的话说完了就走出去,芳影伴她到门口,回到客厅时,淑贞的哥哥正开门迎她,等她进去才关了门分宾主坐下。

此时客室中很是静寂,主客都默默地装作看墙上字画,一会儿淑贞的哥哥问道:

"淑贞告诉我说,芳影女士不但诗词作得很好,字还写得很美呢。几时求您写些东西可以吗?"

"我实在不会写字,不要笑话吧。现在听说不时兴写字了。"她答。

"哪有这话。我知道有许多留学生还一回中国便关起门学字呢。"

他们又默然了一会儿,他说:

"我回国以后很想找人学习些本国音乐,您的箫是哪位先生教的?"

"家婶娘教的。学得不多,吹得又不好。"她含笑地答。

"淑贞说,您吹得好极啦。我盼望我有耳福可以听到。"

她笑了笑,不知说什么好,耳畔听到理想的青年一句一句恭维话,想到今早醒来的胡思,不觉心里微微迷惘,脸上有些发热,举止极不自然起来。

正在沉默的时候,淑贞跑回来嚷道:

"白跑了一趟。周家弟弟,一个出了门,一个发烧,咱们三个人去走走吧。哥哥,方才又打了一个电话给梅先家,他们说她明天准回来。"

他们三人坐汽车去了。

她觉得淑贞的哥哥处处都对她用心,上车又扶她上去,下车又搀她下来,走山石或过桥的时候,他都要上前搀扶她,唯恐她遇了不测的危险;且提了她的手袋及大衣紧紧相随,丫头使仆都没有他那样谨慎小心。

还有两样,令她不能不动疑的,就是他每逢芳影和他答话，他便很留心地听，笑微微地望着她；她遗落手袋在车上，她只提一声，他便从公园后边独自走回公园前面，走不少道，去替她拿回来。

太阳快落下的时候，他们送她回到家来。临行时，他说今天下午一同游玩得很快乐，他又很诚恳地叮嘱她三十号务必请去北京饭馆吃茶。

从那回同游公园以后，芳影整天都觉得心口满满的，行也不安，坐又不宁，最厌同人说话，早上怕起来，晚上很迟都不觉得困，白天父亲买了一大盆玫瑰花给她，她并不觉得高兴，却不住地对它长吁短叹，晚上月亮出来，母亲催她睡觉，她只倚着窗台发愣。

她妈也有点猜到她女儿犯心事烦恼，所以请了几个女伴来陪她解闷。可是她近来却是最怕和人家周旋，他们说的话，她都听不进耳，好似有个耳套蒙上一样，除非有时候人家提到淑贞的家，她才像把蒙耳的套子摘去。

她不知不觉地与许多素日亲近的人疏远，只有那妆台上一方镜子，她不但不想疏远，还时时刻刻想去看看。她本就好修饰，但每回妆罢对镜时，每念到"如此年华如此貌，为谁修饰为谁容"时，她就觉得悯然寡兴，现在她对镜时想到这两句话，每每抿嘴微笑，翻过身去不迭地照后身及左右。

这样过了一个星期。一天早晨她妆罢后倚在窗栏看着暖和的太阳照着廊下一盆粉色玫瑰花，那些花浸在日光里特别鲜艳，她正在赞叹，忽见仆人递给她一封信，上写"西四王缄"，她腮上立刻热起来，心里亦跳，急走到内房，才把信拆开，一看乃是一个请帖：

张梅先女士与王斌先生订于本月三十日下午二时在北京饭店行结婚礼，恭请光临。

这请帖好似一大缸冷水，直从她头上倾泼下来。起先昏懵冰冷，后来又有些发暖，不多会儿仍旧发凉，她一阵一阵说不出的难受。请帖已经掉在地上，她捡起再看，依旧和方才的一样。随着甩了它，往大椅里很重地坐下，咳了一声，眼泪不禁滴滴点点地流下来。

她正在很懊丧地垂泪，淑贞在窗外一边走进来嚷道：

"芳影姐姐在家吗？我哥哥三十号便行结婚礼，我来找你搀新娘子。本来约好小梅表姊的，姑母昨晚有电报来叫她回去了。我跑了一早上找人当替身，一个找不着，其实她们也不衬，不是太胖就是高。姐姐，你的身材和新娘子的配起来很好，你答应了吧。我求你。"

芳影神色已经够灰淡，只好有声无气地答道：

"我从来没做过搀亲的，恐怕做下来。近来又很不舒服，也许要生病，你还是另找他人吧……请坐，淑贞。"她拉淑贞坐下。

"那……我可找不出别的合适人来了。你替我找一个行吗？"

她想了一想说："回头我的堂妹妹回来，问问她吧。她过一会儿就下学了。"

淑贞喜欢地跳起来说："对了，她也很好，我坐在你这里多谈谈等等她。"

幸亏淑贞是很能说笑的，她会说许多事，女子都觉得有趣的。她谈了许多有趣的新闻，芳影虽不完全听见，倒也减去不少懊恼寂寞。末了一段话最使芳影不能不听的就是她谈到一个拐脚的小姐，她说：

"真好笑，中国人吃饱了饭便想到婚嫁的事。自从我哥哥回国后就有许多人请茶请饭，有一天黄家（就是石坊桥的黄家）请哥哥到今雨轩吃饭，我也去了。他们的二小姐，跛了一只脚的，你大约亦看见过，坐着倒看不出来，走起来，才觉出。她在园里走动时上山下山，过桥或是开门，我哥哥就搀扶她，她手里拿的东西，哥哥也替她拿着。这不打紧，黄家忽然托人示意，叫哥哥去求婚。我哥哥很是好笑，不用说他已经在外国和张小姐订了婚，就是没有，我家哪里肯说一个跛小姐呢？但是过后黄家的人都说既然他不属意他家的小姐，为什么搀扶她，服侍她，那样卖小心呢？我哥哥知道了又是生气，又是好笑，他说男子服侍女子，是外国最平常的规矩。芳影姐姐，你说好笑不好笑？"

芳影此时觉得有说不出的一种情绪，她嘴边微微显露一弧冷冷的笑容，她的眼望着窗上的花影，依旧是因风摇曳，日光却一阵阵的浅淡。她迟迟地说："外国……规矩……"

人间

※ 史铁生

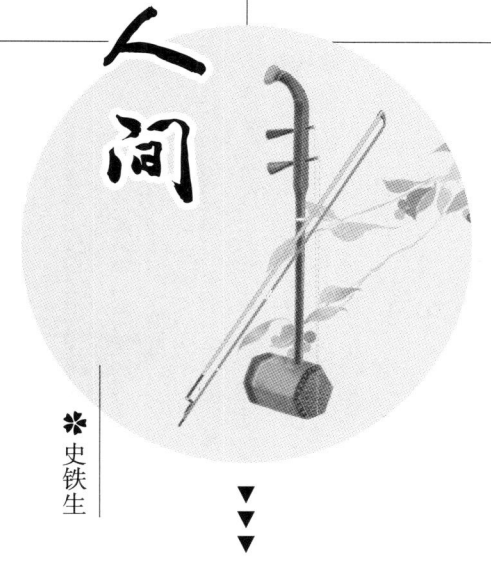

"瘫痪后你是怎么……譬如说,你是——"记者一时不知怎么说好,双手像是比画着一个圆球。

我懂了他的意思,说:"那时我只想快点死。"

"哪里哪里,你太谦虚。"他微笑着,望着我。

可我那时是真想死,不记得怎么谦虚过。

"你是不是觉得不能再为人民……所以才……"

我摇摇头,想起了我那时写过的一首诗:轻推小窗看春色,漏入人间一斜阳……

"那你为什么没有……"记者像是有些失望了。

我说,我是命运的宠儿。他奇怪地瞪着我。

"您看我这手摇车,是十几个老同学凑钱给我买的……看这弹簧床,是个街坊给我做的……这棉裤,是邻居朱奶奶做的……还有这毛衣——那个女孩子也在我们街道生产组干过……生产组的门窄,手摇车进不去,一个小伙子天天背我……"

记者飞快地记着。"最好说件具体的。"他说。

我想了一会儿,找出了那张粮票(很破,中间贴了一条白纸)。

"前些年,您知道它对一个陕北的农民来说等于什么吗?"我说,"也许等于一辆汽车,也许等于一所别墅。当然,要看和谁比。不过,它比汽车和别墅可重要多了,为了舍不得这么张小纸片,有时会耽误了一条人命。"

记者看看那粮票,说:"是陕西省通用的?"

"是。可他不懂。我寄还给他,说这在北京不能用。他又给我寄了回来,说这是他卖了留着过年用的十斤好黄米才得来的,凭什么不能用?噢,他是我插队时的房东老汉,喂牛的……"

有些事我不想对记者说。其实,队里早不让他喂牛了,有一回,他偷吃了喂牛的黑豆……

"他说,这十斤粮票,我看病时用得着。"

"看病?用粮票?"记者问。看来他没插过队。

"比送什么都管用,他以为北京也是那样。后来我才知道,他儿子的病是怎么耽误的。我没见过他的儿子,那时他只带个小孙女一块过。"

我和记者都沉默着,看着那张汗污的粮票。

"现在怎么样?"记者问我,"你们还有联系吗?"

"现在有现在的难处,要是把满街贴广告的力气用来多生产点像样的缝纫机就好了。"

记者没明白。

"前些日子他寄钱来。想给他孙女买台缝纫机,他自己想要把二胡。可惜,我只帮他买到了二胡。他说,缝纫机一定得买最好的,要不他孙女该生气了。简直算得上是忘本了吧?"

记者笑了,吹去笔记本上的烟灰:"还是回到正题上来吧。你是怎么战胜了……譬如说……"

"还有医院的大夫,常来家看我……还有生产组的大妈们,冬天总在火炉上烤热两块砖,给我垫在脚下……还有……唉!我说不好,也说不完。"

懒猫百态

❋ 颜元叔

乱世之人不如狗；治世之人，却也不如猫。此话怎讲，有猫为证。

大概两三年前，我推开侧门，踏入后院（所谓后院，不过是厨房与厕所挤剩的小过道而已），骇然发现垃圾桶里，死了一头大猫，后半身挂在桶外，头及前躯完全栽入垃圾里。是谁胆敢把死猫抛入我家后院，而且武功如此，竟准确投入一尺见方的垃圾桶里！我正在诧异，却见死猫的后脚爪在桶壁上抓爬了几下。还没有死？赶快营救，否则要给垃圾闷死！我拾起脚边半截晒衣竹竿，往猫儿的胯下一拨，想把它从垃圾桶里拨出来；说时迟，那时快，霎时死猫变活猫，活猫变凶猫：但见虎头蛇腰，连带各式垃圾，从桶内一喷而出，转眼便上了墙头，上了屋顶，上了屋脊；回过头来，它凶狠俯瞰着我，而后，"喵呜"一声，以鄙夷的虎步没入千檐万瓦的苍茫世界。

原来它不是死猫，是活猫，不但是活猫，更是野猫，乘人不备，溜进我家后院，单凭自己的本事，单凭自己的机智，"荒野求生"，果腹充饥。我有些歉意，难道垃圾也不分它一杯羹？台湾富庶，有的是垃圾！我虽不富庶，养活一头猫的垃圾还不缺。欢迎你随时光临：我向消失在苍茫世界的"瓦上飞"，无声地喃喃着；却也无法忘记它临去时那一眼凶光，那挑战性的一声"喵呜"。后来，太太也到了后院，大概发现我仰望云天，一副憨态，问我是怎么搞的。我说："我刚才赶走了一头野猫，它好凶啊！"我是憎恶还是赞美呢？连自己也莫名其妙。想象那千檐万瓦的苍茫世界，想象那矫健的活力，想象那无声的跳跃，想象那坚强的求生意志，想象那独来独往的凌厉骨气。……怎么啦，我大概是武侠片看得太多了吧。

倒不是标准丈夫，不过假日我喜欢陪太太上菜市场。我们上的菜市场，不是什么"顶呱呱"之类的不太超级的市场——上超级市场，必须先住进超级公寓。我们住的公教宿舍，二十平有余，三十平不足，充其量只能上南门市场，大多数时节，只在附近的小摊贩上，买点什么变色的排骨，眼睛泛白的鱼，阴沟水泡过的青菜，皮厚肉少包开不包退的西瓜，等等。我喜欢浏览菜市场的风光，熙熙攘攘的人，层层叠叠的菜，剥虾壳的敏捷手指，手起刀落的砍肉技术……此外，在菜篮逐渐加重之际，也替太太分担一点。上菜场是件愉快的事：目击台湾的富庶，甚至走到三、四流的市场，心中也觉得结实。然而，唯一不太愉快的事，便是每当人吃的菜买齐，太太总不忘记踅至鱼摊，为猫儿买一条臭黄鱼，或者讨一小袋免费的鱼内脏。因为，那头当年的野猫，已经登堂入室变成家猫，家猫变成驯猫，驯猫变成懒猫，懒猫变成贪猫，它已经到了非鱼不食的境界：若无鱼，你可在它"喵，喵，喵"的抗议声中，依稀听出："长铗归来乎，食无鱼？"

究竟那头野猫，经由何种进化过程，终至演变成舍下的座上宾，我也不甚了了。反正，如今每当饭菜上桌，它若在室外，必定双爪抓住纱门，拍得门框砰砰作响；它若已在室内，礼貌的时候，它在桌下左盘右旋，不耐烦的时候，孟尝君尚未上桌，它已高踞一椅，前爪往桌沿一搭，睁开那难得睁开的眼睛，向菜碗视察一通，若是发现鱼虾缺货，则颓然落席而去。当然，好心的主妇，必定另为懒猫准备一碗"鱼腥饭"（此饭似乎尚未列入粤菜馆的"群饭"之中，可惜）让它闲逸、安全、尽情地吃了；然后，它就去躺在榕树的浓荫之中，整条背摊平在凉爽的水门汀上，整个肚皮摊开在微微的风里；你走过去，用鞋底或脚底轻轻蹂躏它的腹部，它连眼皮也懒得一提，只是轻哼着："妙呀，妙呀，妙呀。"台湾的冬天虽不称其为冬天，要冷的时候也令你渴求冬天里的太阳。冬天一屋之内，何处最暖？最暖之处，当数电视机上。为何电视机上最暖？电视机若不最暖，为何懒猫老是蜷睡其上？只要我们一开电视机，它就往电视机上一跳，我们看电视，它蜷成一团，睡得甜，睡得久，睡得超然。任你中东大战，任你水门事件，它合眼长眠，不抖动一根睫毛——有时，你自己也想到电视机之上，超然睡他一睡。一头猫的睡劲，真如长江大河，气势磅礴。猫白天睡觉，理所当然；可是，这只懒猫之贪睡，白日与黑夜不分。人未上床，它已就寝；人已起床，它尚昏睡未醒；人们忙于谋生，它在睡眠中消化食物。除非肚里唱空城计，被诸葛亮的琴音唤醒，否则它是一径滞留梦乡，了无归意。人在饱餐之后，得散散步消化消化，可是它是兽，哪懂得人间道理："饭后百步走，活到九十九。"它的卧榻随季节而更换地点——正如王公将相之有春宫、夏宫、秋宫、冬宫。冬天，懒猫的寝宫是在电视机上，故不待言；春天，它便移榻藤椅；秋天，沙发是它的龙床；如今盛夏当头，它的寝宫移到磨石地上。人之睡眠，春夏秋冬，只是一张床，就算冬天加毛毯，夏天铺草席，比较懒猫之擅于调设，相去千里。

至于猫的睡姿，更是多样，稀奇古怪，无所不有。我曾经仔细观察过这头懒猫的睡眠方式，不下百余种。现举几种最特殊者，以为例证。夏春之交，懒猫睡在沙发上，正好我的西服上装也放在沙发，那懒猫既以沙发为床，复以我的上装为褥，最荒唐的是它把整个头部，塞入上装的口袋里！究竟它是嫌我家空气不好，以口袋为防毒面具？还是以口袋为眼罩，以免强光刺眼，骚扰它的好梦？我没有来得及问清楚，

但觉一时气笑不得，一声吆喝，它四腿爬起就奔，结果头部更插进口袋，几乎被口袋闷死。月前初夏小施威力，太阳晒得头皮细胞跳舞；中午我自校返家午餐，发现懒猫躺在墙脚下，那地方晒不到太阳，由于浇花之故，地上经常阴湿，当然是避暑的好地方。但最令人赞叹的是，那懒猫把背脊全部嵌入墙与地的直角中，于是，左边两只腿贴在墙上，右边两只腿贴在地上，头部上仰，颈毛全露，连尾巴也平镶在墙地之间。这种因地制宜，把自然条件利用到了极致。我看得发了呆，一时忘了自己的全身大汗，移情作用令我也分享了猫的凉爽。

猫原是捉老鼠的，猫鼠之间，本有天生敌意。然而，江山易改，本性亦不难移。曾几何时，豢养之下，懒猫已经懒得与鼠类为敌。它不仅不捉老鼠，甚至见了老鼠就逃。一天晚上，厨房里出现一只老鼠，中等大小，并不可怕。我把厨房门窗先关上，请太太把懒猫从电视机上抱下来，往厨房一丢，立即关上门，站在外面静静等着。等了半天，里面毫无动静，我开门一看，懒猫已经睡在瓷砖的灶台，头搁在煤气炉上。一气之下，我冲了进去，拿起棒子先将猫打起，又向柜下罐后乱戳一阵，终于把老鼠赶了出来，乱跳乱闯；这时，那懒猫若还有一点猫性，应该趁机跳扑过去，替我把老鼠捉住。谁知它竟然狗急跳墙，跳上碗柜，然后在那上面，虎虎喷气，做防卫态势；待我把鼠赶上柜顶，懒猫从柜顶一跃而下，钻入柜底，依旧虎虎喷气，做防卫态势。我一气之下，不打老鼠，反过头来打猫，太太在门外大概听到猫悲鸣，推门进来劝架；于是，猫鼠联袂趁隙闯出，落荒而逃。所谓养猫千日，用猫一时；养得太久，居然不堪一用。

然而，在太太的仁慈之下，懒猫又回到我们的家。它的体重继续增加，皮毛油光闪闪，我怕它有一天会长得大如猛虎——只怕是没有猛虎的牙齿，咬不碎一根骨头，只能吃太太手中的"鱼腥饭"而已，无论我多愤怒或欢欣回家，无论我是仰天长啸或埋头沉思，那懒猫总是一径睡在树荫下，睡得那么超然，睡得那么宁谧！也许，它已成佛作祖，置身攘攘红尘之中。也许它已获得浮生要诀：那便是"多吃多睡"，因此"无忧无虑"。

冬夜记

* 李娟

小时候的富蕴县,冬天真冷啊。睡到天亮,脚都是冰凉的。我和我妈睡一个被窝,被子那么厚,那么沉,却是个大冰箱,把我浑身的冰冷牢牢保存。我俩睡在杂货店的货架后面。炉火烧到前半夜就熄透了,冷却后的铁皮炉和铁皮火墙比一切的寒冷都冷。那时,我还是个八九岁的孩子,就已经开始失眠了。我总是静静躺在黑暗中,相峙于四面八方的坚固寒意。不只是冷,潜伏于白昼中的许多细碎恍惚的疑惑也在这寒冷中渐渐清晰、膨胀、迸裂,枝繁叶茂。我睡不着,又不敢翻身。若惊醒我妈,她有时会温柔地哄我,有时却烦躁地打骂我。我不知道哪一个是真实的她。我活了不到十年,对所处的世界还不太熟悉、不太理解。好在不到十年我就已经攒存了许多记忆,便一桩桩一件件细细回想。黑暗无限大。我一面为寒冷而痛苦,一面又为成长而激动。

就在这时,有一个姑娘远远走来了。

我特别清晰地感觉到她浑身披戴着月光前来的模样。她独自穿过长长的、铺满冰雪的街道,坚定地越来越近。

我倾听许久,终于响起了敲门声。我惊醒般翻身坐起。听到我妈大喊:"谁?"

仿佛几经辗转,我俩在这世上的联系仍存一线细细微光。仿佛再无路可走,她沿光而来。在门的另一边轻盈停止,仿佛全新。

她的声音清晰响起:"我要一个宝葫芦。雪青色的。"

我妈披衣起身,持手电筒走向柜台。我裹着被子,看到手电筒的光芒在黑暗中晃动,看到一张纸币从门缝里递进来,又看到我妈把那个小小的玻璃饰品从门缝塞出去。这时,我才真正醒来。

小时候的富蕴县真远啊,也真小。就四五条街道,高大的杨树和白桦树长满街道两侧,低矮的房屋深深躲藏在树荫里。如果突然有一天,县里所有的年轻姑娘都穿着白色"朱丽纹"衬衫、黑色大摆裙及黑色长筒袜,或者突然一天,所有人不停哼唱同一个磁带专辑的歌——那一定是我家的小店刚进了新货。在小而遥远的富蕴县,我家小店是一个可看到外面世界些微繁华的小小窗口。

又有一天,所有年轻人颈间都挂着一枚葫芦形状的玻璃吊坠,花生大小,五颜六色,晶莹可爱。"宝葫芦"是我妈随口取的名字,一旦叫开了,又觉得这是唯一适合它的名字。我知道它的畅销,却从不曾另眼相看。还有"雪青色",也从不觉得有什么特别。然而我在一夜之间突然开窍。从此一种颜色美于另一种颜色,一个人比另一个人更令人记挂。原来世上所有美丽的情感不过源于偏见罢了。我偏就喜欢"雪青色",

偏要迷恋前排左侧那个目光平静的男生。盲目任性,披荆斩棘。我在路上走着走着,总是不由自主跟上冬夜里前来的那个姑娘的脚步。我千万遍模仿她独自前行的样子,千万遍想象她黑暗中的美貌。又想象她已回到家中,怀揣宝葫芦推开房间门。想象那房间里一切细节和一切寂静。我非要跟她一样不可。仿佛只有紧随着她才能历经真正的女性的青春。

我总是反复想她只为一枚小小饰品冒夜前来的种种缘由。想啊想啊,最后剩下的那个解释最合我心意:她期待着第二日的约会,将新衣试了又试,难以入睡。这时,突然想起最近年轻人间很流行的一种饰品,觉得自己缺的正是它,便立刻起身,穿上外套,系紧围巾,推开门,怀着巨大热情投入黑暗和寒冷之中。

我见过许多在冬日的白天里现身的年轻姑娘,她们几乎长得一模一样。穿一样的外套,梳一样的辫子,佩戴一样的雪青色宝葫芦。她们拉开门,掀起厚重的门帘走进我家小店,冰冷而尖锐的香气迎面扑来。她们解开围巾,那香气猛烈浓郁而滚烫。她们手指绯红,长长的睫毛上凝结着白色的冰霜,双眼如蓄满泪水般波光潋滟。她们拍打双肩的积雪,晃晃头发,那香气迅速生根发芽,在狭小而昏暗的杂货铺里开花结果。

我站在柜台后的阴影处,是唯一的观众,仰望着眼前青春盛况。我已经上三年级了,但过于瘦弱矮小,所有人都以为我只是幼儿园的孩子。说什么话都不避讳我。我默默听在耳里,记在心里,不动声色。晚上睡不着时,一遍又一遍回想。一时焦灼一时狂喜。眼前无数的门,一扇也打不开。无数的门缝,人影幢幢,嘈嘈切切。无数的路,无穷的远方。我压抑着无穷的渴望,急切又烦躁。这时敲门声响起。"雪青色"的宝葫芦在无尽暗夜中微微闪光。霎时所有的门都开了,所有的路都光明万里。心中雪亮,稳稳进入梦乡……然而仍那么冷。

这世上那么多关于青春的比喻:春天般的,火焰般的,江河湖海般的……在我看来都模糊而虚张声势。然而我也说不清何为青春。只知其中的一种,它敏感,孤独,光滑,冰凉。它是雪青色的,晶莹剔透。它存放于最冷的一个冬天里的最深的一个夜里,静置在黑暗的柜台中。它只有花生大小。后来它挂在年轻的胸脯上,终日裹在香气里。

青春还有一个小小的整洁的房间,一床一桌,墙壁雪白,唯一的新衣叠放枕旁。是我终生渴望亲近的角落。小时候的自己常被年轻女性带去那样的空间。简朴的,芬芳的,强烈独立的。我坚信所有成长的秘密都藏在其中。我还坚信自己之所以总是长不大,正是缺少这样一个房间。我夜夜躺在杂货铺里睡不着,满货架的陈年商品一天比一天沉重,一夜比一夜冷。白天我缩在深暗的柜台后,永远只是青春的旁观者。

那时的富蕴县,少女约会时总会带个小电灯泡同去,以防人口舌。我常常扮演那个角色,一边在附近若无其事地玩耍,一边观察情意葳蕤的年轻男女。他们大部分时候窃窃私语,有时执手静默。还有时会突然争吵起来。后来一个扭头就走,一个失声大哭。

她大哭着冲向铺满冰雪的河面,扑进深深的积雪,泪水汹涌,浑身颤抖。很久后渐渐平复情绪,她翻身平躺雪中,怔怔望着上方深渊般的蓝天。脸颊潮红,嘴唇青白。冬天的额尔齐斯河真美啊!我陪在她旁边,默默感知这眼前永恒存在的美景和永不消失的痛苦。就算心中已透知一切,也无力付诸言语。想安慰她,更是张口结舌。真恨自己的年幼。我与她静止在美景之中,在无边巨大的冬天里。

有时候我觉得,一切的困境全都出于自己缺了一枚宝葫芦。又有些时候,半夜起身,无处可去。富蕴县越来越远。可一到夜里我还是睡在货架后面。假如我翻身起床,向右走,走到墙边再左转,一直走到尽头,就是小店的大门。假如我拔掉别在门扣上的铁棍,拉开门,掀起沉重的棉被做的门帘,门帘后还有一道门,拨开最后一道门栓我就能离开这里了。可是没有敲门声,也没有宝葫芦。似乎一切远未开始又似乎早已结束。我困于冰冷的被窝,与富蕴县有关的那么多那么庞大沉重的记忆都温暖不了的一个被窝。躺在那里,缩身薄脆的茧壳中,侧耳倾听。似乎一生都处在即将长大又什么都没准备好的状态中。突然又为感觉到衰老而惊骇。

父亲归来那一天

※ 明前茶

我小时候,父亲归来的那一天,就如彗星降临的那一天一样不可思议。父亲是天文望远镜工程师,二十世纪八九十年代,中国科学院下属的国家级天文台中,许多用于观测星系的望远镜是他设计的。组装好的望远镜,被小心翼翼地运往各地的天文台安装完毕,还需要父亲前往调试,以确保望远镜的运行达到设计标准。通常,他一出差就在一个月左右。

为了避免城市的灯光干扰,各地的天文台都建在市郊的高山上。父亲去调试望远镜,业余时间会跟当地天文台的工作人员一起种蔬菜、种西瓜,用以改善生活。那年头,人们都讲奉献精神,调试好精密度极高的望远镜,就能开启天文台的观测圆顶室,观察浩瀚星空,研究宇宙的演变与奥秘。这是让人无比欣喜的事情,所以父亲对出差毫无怨言,我们全家也毫无怨言。我和母亲都发现,当父亲出差归来时,那个木讷、谨慎,甚至有点儿刻板和忧郁的工程师会忽然变得浪漫起来。

我记得,父亲到陕西天文台调试望远镜,工作结束时正值临潼的石榴丰收,他带回了6个硕大的石榴。那是物流极不发达的年代,我们这些江南小孩,从来没有见过那么大的石榴。父亲按照临潼小贩教他的方法,在石榴顶上找到一个下刀处,在外皮上轻划了一圈,用力掰开。里面的石榴籽紧紧抱团,晶莹剔透,红润发亮。我们用勺子挖着石榴籽,细细品尝,它的甜是多维的、立体的、丰富的,有些许醇厚甜蜜,还有些许酸爽。我终于明白古诗中为何说:"榴枝婀娜榴实繁,榴膜轻明榴子鲜。"繁密的石榴籽,是被怎样的土地孕育着,才有如此滋味?那时候,我就立誓要到北方去,看一看与南方红壤完全不一样的土地。父亲说,只有生长在排水性良好的沙质土壤中,石榴树才能结出如此硕大的果实。

父亲还去过新疆天文台调试望远镜,当时绿皮火车要走56个小时。在漫长的旅程中,父亲带足了榨菜、方便面,还有自己做的紫菜饭卷。等他归来时,他居然带了一个大纸箱,难道父亲带回了新疆的冬不拉?打开纸箱,全家人都笑了,父亲居然带的是新疆的棉花,它们是生长在棉枝上的一朵一朵的棉花哦。

父亲说,调试完望远镜,他去城里办事,搭乘老乡的拖拉机,路过浩瀚无边的棉田,被一望无际的丰收场景震撼,他便用口袋里的清凉油,向棉农换了几枝棉花。棉农困惑地问他:"要做一副棉手套,或者一顶厚棉帽,这点棉花不够,要不要多送你一点?"父亲笑着说:"够了,千万别把棉花从棉枝上扯下来,我要让两个女儿看一看,真正的棉花是什么样子。"记得那天,我们把家中腌萝卜干的空坛子反复刷洗,接着,这干燥的棉枝被父亲插入坛中,成了家中别致的装饰品。掉落的小棉枝,父亲让我从中扯出棉花来,摸摸里面的棉籽儿。他说:"在新疆,许多地方有这样的棉花。那里的棉花质量很好,做一床棉胎,可以用20年都不会扁塌。"

父亲还去过云南天文台。那次他去调试望远镜,我正上高三。母亲觉得在这节骨眼儿上,家里的顶梁柱不应该再出长差。但是,父亲说,云南天文台的这架望远镜,对研究星系的形成和变化有着特殊意义,只有把它装成了,人们对宇宙大尺度结构的研究才能更进一步,所以,他必须去。父亲承诺,等他归来时,会带给我们惊喜。

父亲去了40天,回来时带着从花卉市场批发的一箱子白玫瑰花。我们都吃了一惊——这是他人生中第一次给母亲买花。家里没有这么多花瓶,母亲不仅动用了没有来得及扔掉的白醋瓶、腌腊八蒜的坛子,还抱着余下的玫瑰,送给邻居。令人疑惑的是,在一大捆白玫瑰花的上面,父亲还放了一把蔫掉的硕大花苞,也是洁白的。看上去已经枯萎的花,为什么还要带回来?父亲说:"你们不懂,这就是成语'昙花一现'中的昙花呀!昙花是仙人掌科植物,在夜间开花,两三个小时后,这些花朵就枯萎了,必须从花枝上掰下来,否则下一轮花朵就没有力量盛放。"昆明人喜欢用昙花做甜汤,父亲买了8朵昙花,想让我们尝一尝昙花汤的味道。

他将昙花的花萼轻轻去掉,把那些柔弱无骨的花瓣用清水反复冲洗,待将莲子等配料熬够40分钟后,在起锅前加入昙花的花瓣。昙花的花瓣,口感又滑又嫩,带着云贵高原上的清香气。父亲的背包里,还装着昙花的小苗。花农对他说:"昙花其实很好养,只是栽种后需要三四年才会开花。你要学会耐心等待。"

这次昆明之行,给父亲带来喜悦的,不仅是望远镜调试成功,还有他归来时,我已经出炉的高考成绩。高过一本线41分的成绩,令他十分满意。他送了我一份礼物作为奖励,那是一架迷你天文望远镜,镜片是父亲跟着云南天文台的磨镜师傅学习并磨制的。满月时,用这台小望远镜可以清清楚楚地看到月亮上的环形山,看到清辉四溢的月亮上,有山地,有凹坑,也有被宇宙风暴吹袭后形成的暗影。

父亲归来那天所带回来的,是外面那个浩瀚无垠的世界。他曾经说,女孩子成长中最要紧的事,就是不局限于眼前的鸡毛蒜皮、些微得失,要看到地球上的千山万水、春华秋实,看到在宇宙星际之间,自己是一粒多么幸运的尘埃。如果你的视野之内都是乌云,那肯定是因为你站得不够高,眺望得还不够远。归来的那一天,作为父亲,他想给予我的教益,就是如何跳出个人的狭窄视野,去看待这个世界的别致角度,小到一个石榴、一枝棉花,大到一架望远镜。他做到了。

胃的回忆

✽ 盛 慧

外公和外婆在县城住了十年,过了七十岁,就搬回了乡下。外公和外婆在乡下住了十来年,又搬了一次家,这一次,搬去了青草底下。每当想起他们,我想到的竟然不是那些悲痛欲绝的生离死别,而是一个平常得不能再平常的日子。

具体是哪一年,我已经记不住了,只记得那是大年初一的傍晚,雪铺了厚厚的一层,走在上面,发出吱吱吱的声音。天地之间,一片苍茫,村庄就像是世界上最后一个村庄,我们像村庄里唯一一户人家。

我和两个表姐在看电视剧《红楼梦》,电视机是黑白的,上面贴了一张彩色的塑料纸。电视里也正下着大雪,一帮人正围着炉子,吃着烤肉。我的口水开了河,边看边咽。外婆推门进来,带来一阵凛冽的风和细细的雪末。

不知何时,雪又下了起来。她叫我们吃饭,我们却赖着不肯走。过年是不能骂小孩,更不能打小孩的,我们一点也不怕她。外婆叫不动我们,只好去叫外公。外公答应多给我们一份压岁钱,我们却得寸进尺,要外公背我们。外公没办法,便背着大表姐,左手抱着我,右手抱着小表姐,像一只大熊背着三只小熊,摇摇晃晃来到堂前。

桌子上放了满满的一桌菜,看一眼,肚子就饱了。凉拌海蜇、风鸡、咸鸭、白切羊肉、卤牛肉、红烧狮子头、红烧团鱼、肉皮冻、白芹炒肉丝,中间的大海碗里是咸肉煨笋。

这其中,最值得一说的是咸肉煨笋。咸肉是腊月做的,品尝过白雪的气息,吸收了阳光的气味,像是清瘦的修道高人,肉质结实紧致,充满甘香。笋是冬笋,又白又嫩,像少女的足。冬笋是有小脾气的,如果清炒,刚进嘴的时候,舌头会有些发麻,但如果和咸肉放在一起炖,它的那点小脾气就荡然无存了。

我刚坐下来,外婆就往我碗里夹了一块风鸡腿。每个人都要喝酒,外公喝的是烧酒,我们喝的则是封缸酒,是糯米做的,很甜,好像把我的嘴唇粘住了一样。我不停地和外公碰杯。外公笑着问:"长大了,你会不会买酒给我喝?"我抹了抹嘴说:"到时候,我给你开个酒厂,你随便喝。"众人都笑了。

吃过夜饭,大家喝茶聊天,桌子上放着瓜子、花生、酥糖、玉带糕。因为是过年,大家说的都是开心的事情。外婆问我说:"你长大了会不会养我?""当然养,"我顿了顿又说,"每一个都养,我每天给你们发压岁钱。"

喝了一会儿茶,小表姐拿出扑克,提议打牌。我们玩得很开心。天很冷,我们的脚都冻僵了,仍然不肯收档。外婆给我点了一只脚炉,两个表姐都说她偏心。一直到十一点半,眼皮打起了架,我们才肯回房睡觉。

第二天早上,外婆叫我起床,一连叫了三遍,我仍舍不得离开热乎乎的被窝。外婆只好将绿苎头的团子焐热,一口一口地喂我。

她笑着说:"你昨夜在梦中打牌了吧!"我吃惊不已,外婆怎么连我做什么梦都知道。"这不算好笑,好笑的是,你和小阿姐两个一起打,"她又接着说,"你在梦里说红桃五,她马上就说黑桃七。"两个人在梦里还会打牌,这样的事情,我闻所未闻,笑得嘴都歪了……

时光如尘,日夜堆积。如今,外公和外婆已经成了黑夜的一部分,寂静的一部分。他们消失于时间深处,就像风消失于街道的拐角。那间充满欢乐的房子,蓄满了回忆与忧伤。一把生锈的铁锁绑架了房子,昏暗的光线,像丛生的杂草。

而那个平常得不能再平常的日子,在多年以后回想起来,竟然如此美好、温暖,让人眼角湿润。那时,外公和外婆都在,我可以尽情地撒娇。时间的流逝如此缓慢,几近停滞,让我以为一切都是永恒不变的,我们永远不会长大,他们也永远不会老去……或许,那就是最好的时光。

从透明到灰烬

* 张天翼

衰老像夜晚一样徐徐降临，光并不是一下子就散尽，死神有惊人的耐心，有时他喜欢一钱一钱地凌迟。壮年时的余晖犹在，八十岁时，姥姥的食量仍是全家之最。她独自住在老房子里，自己摆弄一个蜂窝煤炉子，自己买菜做饭，虽颠着一双小脚，行如风摆杨柳，但还是利索得很。她对大家都很有用，儿女的孩子尚小，都得靠姥姥帮忙看管。孙女、外孙、外孙女共六个，都经她的手抚养长大。所以，她是有威信的，说话一句算一句，小辈们都不敢不认真听，稍有点儿嬉皮笑脸，姥姥脸色一沉，扬起一只大手，喊一声："打你！"她喉咙里冒出不大不小的一个霹雳，威风凛凛。不听话者难免心头一颤，立刻收敛起嬉皮笑脸的神情，承认错误。

后来她越来越老了，城池一座又一座失守，守军一舍又一舍败退，退至膏肓之中。她不能再为家人提供帮助，只能彻底地索取，因此，她逐渐透明下去,世界渐渐看不见她了。她的威严熄灭了,儿女们上门的身影逐渐少了,孙儿辈异口同声地说工作忙,好像都在同一家公司上班。春节团聚的时候,大家敷衍地拎一箱牛奶,进来叫一声姥姥或奶奶,就算交差了。她的记忆已经被侵蚀得很严重了,一个孙女站在眼前,她要把所有孙女的名字都叫一遍,才牵带得出正确的那个。

除了行动能力,在生命的最后十年中,她也渐渐失掉正常交流谈话的智力。与人说话,一句起,一句应,一句止,她就很满足了,慢慢点着头,像回味这次对话似的,眼睛若有所思地转向别处。

有时,她想主动与人沟通,就拿手去碰触身边的人,叫着:"哎,哎,哎。"她脸上带着巴结的笑,郑重地问出一个问题,比如:"我有点儿不记得,想了半天了——你今年多大?"

这当然是可笑的。被问的人和旁边的人对此都有默契的认识。他们面面相觑,嬉笑着,拿不认真的嗓音说:"您看我多大了?"

她却仍是认真地回答:"我想你是十九岁,还是二十岁?"

被问的人哈哈大笑:"姥姥,我都三十五岁啦。"

然后,人们继续各自说话,不再看她。剩她独自咂摸那一点儿愕然,并陷入喃喃地慨叹:"哎呀,我外孙都三十五岁了?当初我带你的时候,你整天哭,搁不下,我只能一只手抱你,一只手捅炉子、炒菜……"人们都同意跟她说话只要敷衍过去即可,谁让她活到这样老,老得跟世界文不对题。"衰老不是一场战争,而是一场屠杀。"美国作家菲利普·罗斯说。除非你幸运地蒙召早退,逃出这环链条。

后来她的听力不太好了,人间又把她推远了一步。有时她会陷入沉思状态,陷得很深。她盘腿坐着,小脚放在膝盖折叠处,手撑着额角,眼睛盯着墙,浑浊的眼珠停滞了,犹如哲学家在整理胸中的哲思。大家围坐在她旁边的沙发上,以这个行动表示孝敬。所有人当着她的面议论她,毫不避讳,也不用压低声音,就像她是一具标本。

生命和岁月交给她的能力,她最终按原本的顺序一样一样还回去了。五年前,她很难再自己出门了,坐在轮椅上被推到外面花园里,还能挽着别人的手走两步,走到池子边看人用碎馒头喂金鱼。后来,她不再出家门,不过还能从这间屋走到那间屋。再后来,尽管她彻底不能行走,但还能勉强站立。最后,她不能站起来了,三年里整日倚枕坐着。她的食量逐渐减少,食谱逐渐缩短,需要多费牙齿之力与肠胃之力的美味一项一项与她道别。本来她还能喝几口黄酒,后来终至一喝酒就腹泻。

筛子眼越来越细,兴致、乐趣都被筛出去了,日子唯余越来越纯粹的萧索。

最后半年,她就像个婴儿那样,只吃粥、牛奶和一点点肉糜。

临终前两个月,粥和牛奶亦被肠胃拒绝了,只剩下饮水——蜂蜜调制的水、糖水。如果早上让她喝两口牛奶,她下午就能泻一床。仅余的生命力,在拼命抵抗,又把这座孤城苦守了两个月,直至弹尽粮绝。

我最后一次回家看她,她的精神已不够把眼皮撑开。她眯缝着眼看我,仍笑着,喊我的乳名,声音又小又虚弱,像一张被揉烂的纸条。阳光照着她,仿佛能透过去。

我拉起她的手,攥一攥,又放下,然后做了一次从没对她做过的动作:握着她硬邦邦硌手的肩膀,嘴唇碰着她的颧骨,轻轻一吻。那皮肤薄得像一层膜。

她眼皮下闪出一丝欣慰和快活,低声说:"哟。"然后问:"你回来待几天啊?"

我说:"明天就走,你等着我,我再来看你。"

她在半迷蒙的状态下一笑,代替回答。

她还会的倒数第二样能力,是吞咽。除了每天几口水,她无力吞咽更多东西,再多就累着了。

人到世上来学会的第一样本领以及丢掉的最后一样本领,都是:呼吸。

初夏的某天上午,她咽下最后一口气。

夏花绚烂

你是一种感觉,写在夏夜晚风里面

××××××

游向深海

* 聿 刀

一

一小时前,气象台发布了大风蓝色预警信号。

许映西迟迟没有走,直到第一滴雨水砸在他的额头上,他才收起画具和尚未完成的油画,撑开伞,拎着折叠画箱离开了海滩。风大,雨没有要停的迹象,等他从海滨栈道走回民宿,两条裤腿已经湿透。

他在廊下收起长柄伞,还没推门进去,就听见自家民宿的前台小姑娘正与人争执着什么。

前台小姑娘看见他如同看见救星:"老板,我们的房间上上个月就被订光了,这位小姐开口就要租两个月,我劝她去岛里的居民区找找,可她非要住在海边的景区……"

那个背对着他趴在接待台上的女孩,穿明黄色的连衣裙,栗色的长发从肩头铺泻而下,垂至腰间。听到前台喊老板,她转过头来看他,眼神懒洋洋的,对一切都满不在乎的表情。

外面风雨交加,小女孩拖着半人高的行李箱,她脚上那双凉鞋的系带已把她的脚后跟磨出了血痕。

"登记一下,让她住三楼东边那间。"男人的语气轻描淡写,说完也没有再耽搁,提起脚边的画箱踏上了楼梯。

二

池雾里被前台小姑娘领进他口中所说的那间房间,进门一开灯,饶是有点心理准备的她,也被眼前的景象震慑住。

这是一间少女心满满的粉红色卧室,从花苞形的吊灯到四面墙的壁纸,再到所有家居摆设,皆是娇嫩的粉色。前台事先透露这是老板妹妹的房间,从不对外出租。

房间很干净,应该是天天都有人打扫。池雾里收拾完行李,走过去拉开了遮住一整面墙的雪尼尔窗帘,窗帘另一边是整扇的落地窗和宽敞的开放式阳台。阳台围栏是大理石的,约一掌宽,池雾里两手一撑,原地起跳,很轻巧地坐在了围栏上,不远处那片汹涌翻滚的墨色海水尽收眼底。

白鹭岛是中国南端的一座岛屿,从卫星地图看,岛的形状似一只展翅的白鹭,它由此得名。岛上最出名的景点是沿着海岸线一路向北延伸的粉红沙滩,受当地特有的一种微生物影响,这里的沙砾呈现出罕见的粉色,因此也被称为"玫瑰海岸"。

不过夜里也看不清楚什么,反倒衬得海浪拍打礁石的声音格外震耳。池雾里晃着悬在半空中的两条腿,闭着眼睛,张开双臂,拥抱自海上呼啸而来的大风。

一个不留神，身后突然有人搂住她的腰把她从围栏上抱了下来。

那人力气极大，勒在她腰间的手臂像铁打的。女孩吃痛，一落地就挣脱开，充满敌意地瞪向背后的不速之客。

屋里暖黄的灯光透过玻璃照出来，照亮他的眉目，男人唇角紧抿，脸色无端有些严肃。池雾里放下紧握的拳头："你属猫的？走过来怎么都没声音？"

按照前台小姐姐所介绍的，三楼本不对外开放，三楼的三间房，一间是老板自己的卧室，隔壁是他的画室，再隔壁就是她现在住的房间。三间房的阳台是打通的，可以来去自如。

"你知不知道这样很危险？"男人皱着眉，想到刚才令他心惊的一幕。坐在阳台边缘的女孩那么瘦，是已经不能算作健康范畴里的瘦，简直能被风吹跑似的，海风扬起了她的长发和明黄色裙摆，裙子蓬起来，像一只摇摇欲坠的降落伞。

"三楼而已，"她撇开脸，不甚在意，"摔不死人。"她挥挥手，打断他即将说出口的说教，眸子里即刻泛上了倦意，打着呵欠跟他道晚安。

借着月亮幽微莹洁的光芒，他摊开手，掌心里是之前拦腰抱她下来时，手表不小心从她的裙腰上刮下来的一枚小小的桃木纽扣。

许映西经营的这家叫"蔚莱"的民宿不算大，他雇了打扫的阿姨，还有伶俐能干的前台小姑娘，自己则安心做甩手掌柜，每天提着油画箱在岛上各处写生。

有一次颜料没带够，他回来得早，刚巧在大堂听见阿姨和前台小赵聊天。阿姨正拖地，空气里弥漫着清洁剂那种浓烈的柠檬香："哎，三楼那个小姑娘，成天闷在房间里不出门，怪不怪？"

前台小赵一边涂指甲油一边说："失恋了呗。一看她那魂不守舍的样子，十有八九是来疗情伤的。这个年纪的小女生嘛，把失恋看得比天还大。"

阿姨表示认同，继续埋头拖地，连一旁的许映西也觉得这个说法说得通。他去画室找没开封的新颜料，路过自己房间，隔着门听见里面传出模糊的水声。

怎么会？他满心疑问地打开房门，发现居然有人在他的浴室里洗澡。白蒙蒙的水汽凝结在浴室的磨砂玻璃上，映出毛毛的人影。里面的人是谁，他不用猜也知道。

落地窗没锁，她一定是从阳台上偷偷溜过来的。

过了好一会儿，水声才停，裹着浴巾的池雾里从浴室里出来，冷不丁与他打个照面也丝毫没有惊慌，她赢就赢在这种理不直气也壮的坦然态度："我房间的淋浴头坏了，洗到一半不出水，借你的浴室用一下。"

男人靠在门框上低头看她，从门后的鞋柜里拿了双拖鞋，弯腰放在她脚边："别光着脚到处跑，容易着凉。"

下午四五点钟的光景，他听见阳台上的她"砰砰砰"拍打画室的落地玻璃窗想吸引他的注意。他走过去拉开窗帘，看到她兴奋得微微涨红的脸，眉眼间是满满的孩子气。女孩指着西边的天空给他看："看，好漂亮！"

是很漂亮。民宿的地理位置好，在阳台上能远眺海岸边的山崖，举目望去，是茫茫无际的碧蓝海水，太阳从西边落下去，绚丽的晚霞像是油彩，一笔笔描绘在海蓝色的绒幕上。

可是他有些费解："天气好的时候，每天傍晚都能看见这样的景色。这么多天，你是第一次看到吗？"

"我平时都拉着窗帘，看不到外面。有光的话睡不着。"

所以她这半个月里都足不出户，躺在房间里就是为了睡觉。许映西难以置信地看着她。

他不是爱管闲事的性子，知道每个人有每个人的生活方式，旁人没有资格干涉。可看着她此刻天真快乐的脸，便忍不住要做她的思想工作："池小姐，人的一生是很长的，遇到困难或者什么自以为过不去的坎，放眼未来，打开眼界，其实都只是暂时的。凡事要想开一点，多出去走走，心里便不会那么压抑……"

看他眉头紧锁,一本正经说教的样子,池雾里有心逗他:"你觉得我遇到什么困难了?"

"比如……"他盯着她微妙的神色变化,谨慎地探问,"失恋?"

她的唇角忽然微微抿起,煞有介事地点点头:"猜得真准。我遇到了一个超级无敌渣的渣男,不仅骗我的钱,还骗我的感情。"说到这里,她转过身去,不让他看见自己的表情,彼此陷入沉默的几分钟。而后,背对着他的女孩很小声地问了一句:"许老板,你真的相信这个世界上没有过不去的坎吗?"

她的声音听起来小而胆怯,如肥皂水刚浮起一个泡泡,还没升空,就已经破碎。

海岛的黄昏很短暂,天空的颜色像浸了水一般渐渐变得深沉。在温柔而暗淡的暮色里,许映西没有回答,只是安抚性地将手轻轻覆在了她小幅度颤抖着的肩膀上。

那个傍晚发生在阳台上的简短对话,似乎并没有改变什么。

她完全过着日夜颠倒的生活,像某种离群索居的夜行动物,不过倒是再也没有像入住的第一晚那般,做出让人提心吊胆的危险举动。

他悄悄关上自己卧室的玻璃门,打消了吹吹海风的念头,退回室内,刻意不去打扰她。

十月底,台风高发期已经过去,白鹭岛一周没下过雨了,民宿院子里的花圃暴晒在热带强烈的紫外线下,草木萎靡。每天午后,许映西都会给走廊前的花圃浇一遍水,这天,他刚拧开园艺水枪的喷嘴,有个东西突然从天上掉了下来,正好砸在他面前的花丛里。

他还没看清这个从天而降、差点砸得他脑袋开花的黑色不明物是什么,一道清脆的声音在他的头顶响起。"是我的。"

许映西循声望去,只见三楼东边的阳台上探出一只手:"是我的。"意思挺明显,还要麻烦他跑一趟腿把东西物归原主。

许映西丢下浇花的水枪,爬到三楼,敲她的门,

看着她一身颓废的宅家打扮,他叹了口气,还是放不下心,旁敲侧击地引导她不要终日待在房间里:"那你为什么不干脆带着无人机去海边调试呢?"

"懒。"

来到白鹭岛的第三十七天,池雾里总算被住在民宿二楼的一个小女孩强行拖下了楼。小女孩的小名叫宁宁,她的爸爸妈妈热情邀请所有住户参加宁宁的沙滩生日派对。

民宿在景区内,从这里沿着海滨栈道一路到沙滩,不过步行十分钟的距离。夜幕降临海岸,派对现场的布置很有氛围感,到处是气球装饰物,霓虹灯串在铁架上缠出"Happy Birthday"的明亮轨迹,海鲜烧烤的香气四溢。来自五湖四海的穿着清凉的男男女女们,热络地攀谈着,池雾里则认真地坐在桌边剥一盘烤好的海虾,剥一只吃一只。

许映西握着两瓶冰汽水走过来,跟她搭话:"偶尔参加一下集体活动,也没什么不好,不是吗?"

大家围着宁宁给她唱生日歌,小女孩飘扬的公主裙像粉红色的花朵在海风中绽放,稚嫩的脸上是无忧无虑的笑容,宁宁的妈妈在旁边温柔地注视着快乐的女儿。这应该是一个家庭最幸福美满的模样了。

她心里突然有种异样的难受。派对的气氛推至高潮,陆续有人来邀请他们加入这场狂欢中。池雾里一一婉拒。在许映西长久凝视、饱含深意的目光中,她起身端起那盘虾壳,走到了烧烤架附近:"不过我可以帮忙烧烤……"

"小心!"男人眼疾手快地握住她的小臂把她的手拉回来,但还是慢了一步,她左手的虎口碰到了烧烤架上正在冒烟的铁网,烫得她倒吸一口凉气。

房间里,他拿来药箱,半跪在沙发前帮她处理伤口。暖融融的光如温柔的纱笼罩下来,他眼窝很深,鼻梁高挺,像美术室里那种供人临摹的石膏像。他问她疼不疼,池雾里只顾望着他的脸出神。许映西没听到回答,抬起眼看她。

池雾里这才反应过来,慌忙移开眼,狼狈地找了

个新话题:"你送宁宁礼物了吗?"

"一幅速写肖像画。"闻言,她的视线越过他的肩膀,落到了他身后某处,没说话,若有所思地点了点头。

等帮她包扎好左手,许映西回屋整理药箱,原以为今晚就到此为止了,没想到一转头,走廊壁灯幽暗的光照下,女孩靠着门,不知道在那站了多久,见他看过来,冲他扬了扬手中的无人机,双眼弯成月牙,露出一个甜甜的笑脸。

"走啊。派对还没结束,既然答应宁宁了,做人要说话算话。"

宁宁一家离开前,池雾里交给宁宁的妈妈一支视频,说是补给宁宁的生日礼物。

视频拍摄的是生日派对的后半夜,她从房间里取来无人机,将那一晚温柔的景致——绵延曲折的海岸线、随风飘动的气球、颜色缤纷的霓虹灯、沙滩上尽情舞动的人群,都封存在了不会随着时间淡化的影像里。

"别这么惊讶,我是学传媒的,学校的名字说出来吓死你。"她拍了拍凑在宁宁妈妈手机前观看视频的许映西,说完,猛地低下头,打了个响亮的喷嚏。

大概那一夜吹海风受了凉,她回到民宿就开始发烧,还要熬夜剪视频,导致感冒加重。对于她的感冒,许映西自觉有一份责任,不顾她的反对,把她塞进车里押去医院。

到了医院,他把车停在门口,自己却不陪她进去:"你一个人可以的吧?"

她做完检查,拿了医生开的药出来,看到明澈的日光下,他背靠车门,凝神想着什么的模样,树荫的阴影在他英俊的面孔上分出明暗。

他笑了笑,帮她打开车门:"现在想去哪里?回去继续闭关睡觉,还是……"

当池雾里坐在车里,感受着扑面而来的海风,风吹过来的滨海绿植的清香,她体会到肾上腺素飙升的感觉。来到岛上一月有余,她几乎哪儿都没去,此刻风驰电掣般地行驶在淡季无人的环岛路上,蓝天、白云、椰子树,她张开双臂,在空旷的道路上发泄似的呐喊,觉得自己抱住了满怀的风,即将与万里晴空融为一体。

海上呼啸的大风,在这短暂如幻梦的午后,吹掉了世间的一切烦忧。

她最开始看到许映西把汽车顶篷降下来时,才惊讶地发现这是一辆敞篷跑车,啧了一声:"看不出来,你还是个富豪,开民宿这么赚钱?"

"旺季赚钱,淡季倒贴。"他神色淡淡,"幸亏还有老本可以啃。"

他载着她沿环岛的高速路兜了一圈风,下车时,她的小腿还热热的,有些发麻,整个人沉浸在兴奋中。他把她忘在车座上的药拿给她:"怎么样?有没有开心一点?"

她眼睛明亮,目光灼灼:"超级开心!我觉得我这辈子都不会有比这更开心的时刻了。"

"你才多大啊。"他垂着眼看她,笑了起来,"现在就说一辈子。"

池雾里的白鹭岛之行,其实只有一个目的,为了亲眼看一次"火星潮"。

"火星潮"是一种生物发光现象,据海洋生物学家的解释,无数散发着幽蓝光芒的浮游生物随着浪花冲到海滩上,当受到海浪拍打等外力压迫时,便会像萤火虫一样亮起成片的蓝色光斑。这样可遇而不可求的奇景,近年来只有白鹭岛的玫瑰海岸出现过,并且被新闻报道过。

因此,她才选定了离海滩最近、地理位置最佳的蔚莱民宿,站在三楼阳台上,一眼就能眺望到悬崖下壮阔的海湾。池雾里满打满算要在白鹭岛住两个月,可惜在此期间,"火星潮"现象一次都没出现过。

直到她离开前的最后一晚,两个人并肩坐在岸边一块巨大的礁石上,池雾里百无聊赖地将一颗小石子投到海里,妄想看到闪闪发亮的荧光海湾,可黑色的海水吞噬了一切。

今天她身上是第一天抵达白鹭岛时穿的那条明黄色连衣裙,裙摆上印满了郁金香,胸前少了一枚装饰的桃木纽扣。

许映西把第一天晚上抱她下阳台时不小心拽下来的纽扣还给她。她的手指摸过那处小小的空缺："你有没有听说过衣服上第二颗纽扣的意义？"

他摇摇头，虚心请教："是什么？"是离心脏最近的纽扣。在她读高中时，学校里曾流行过一阵这样的小游戏——互相有好感的男生女生会在毕业季来临时，将校服衬衫上的第二颗纽扣送给对方，是属于青春期孩子们幼稚而浪漫的小小仪式感。不过眼下她什么都没说，大大咧咧地挥了下手："算了，给我也没用，我懒得把它缝回去。"

月光落在海天一线，非常恬淡而温柔的光，笼罩着绵绵无尽的幽蓝色海面，像蓝墨水洇开在白宣纸上那般混沌的蓝。

"今晚怎么不说话？都没有点临别祝福送给我？"她伸出手指头戳了戳旁边安静的许映西。

他想了想，叮嘱道："回学校后要好好学习，不要动不动就请假跑出来玩，也别总是在宿舍里窝着睡觉。多吃一点，还有，我看你体质太差，要多运动。"

她长长的睫毛忽闪忽闪："就这些啊？我答应你，你也要答应我一件事，重新开始画画。"什么？他以为自己听错了，望着她的眼神微微有些诧异。

"我说的重新开始不是你现在这种状态，老实说，你已经很久没有画完一幅完整的油画了吧。"

她的头发被风吹乱，发丝轻飘飘地拂到他的脸上，像春天的柳絮一样柔软。许映西沉默下去，在此起彼伏的澎湃浪声中，听她慢慢说出自己这些日子的推断。

"你画室的窗帘一直都拉得紧紧的，我浴室淋浴头坏掉那天，在阳台上叫你出来看夕阳，你出来的时候忘了把窗帘拉好，我看到了。你画室里那么多的油画，没有一幅是完成的。

"那天你送我去医院，我就觉得有点奇怪，你好像……很排斥医院的样子。而且，我住的房间很干净，是从来没有人住过的那种干净。我猜，蔚莱这个名字，是原本应该住在那个房间的人的名字吧。"

池雾里停了几秒，因为怕伤害到他，所以小心翼翼、轻声细语："你曾经跟我说，这个世界上没有过不去的坎，但是许映西，你心里的坎，你跨过去了吗？"她一语中的。

在池雾里这个年纪时，许映西是摘获美术专业国家级最高学术奖项的最年轻的新锐画家，备受瞩目，在他即将开办第一场个人画展的时候，妹妹许蔚莱被诊断出了急性白血病。

父母意外早逝，兄妹俩是彼此在这世间唯一的亲人。为了逃避现实，他陷进了一个怪圈。蔚莱病情恶化的那段日子，身为哥哥的他把自己关在画室里，不分昼夜，一幅接一幅地画画。那个时候，他满脑子只想着赚钱——再画一幅，可以负担高昂的治疗费用；再画一幅，可以送蔚莱去医疗水准顶尖的医院；再画一幅，可以请到国内最专业的医疗团队。

再画一幅，再画一幅就好了。他没有精力筹办画展，在那短短的一年里，他似乎透支了今生全部的灵感和才气，卖出的油画皆被炒至高价。彼时他的脑海被一种奇怪的思想牢牢占据——好像只要攒够了钱，蔚莱的病就能好起来。

"等把病治好，无论你想去什么地方，想看什么样的风景，哥哥都会陪你去。"

年仅七岁的蔚莱不堪忍受一次次化疗后因骨髓抑制引发的感染等副作用，哭着请求他："哥哥，我疼，我不想再住在医院里了，我想回家。"他强迫自己硬下心肠，安慰妹妹乖乖听医生的话，自她确诊后，他一次，一次也没有带她回过家。

多年以后，他在池雾里身上看到了某种和当初的自己很相像的气质，一种不愿接受现实而极力逃避的胆怯，让他想起了一直以来他试图遮掩的创面，想起了对蔚莱永远无法弥补的亏欠，想起最后那段时光，他年幼的妹妹该是多么孤独而伤心地守着自己生命的沙漏，一点一点，漏到了尽头。

在医院整理遗物时，他从病床的枕头下翻出了蔚莱的日记本。她还小，笔触稚嫩，画面中有蔚蓝色的大海、粉红色的沙滩，岸边是一座红屋顶的三层小洋房，栅栏围着花圃，有大大的阳台和明亮的落地窗。

是只有童话书里才会出现的插画一般的场景。然而在那栋小房子旁边空白的地方，有她写下的小小的、歪歪扭扭一个字：家。

许映西把这幅画收起来,他花了很长时间,终于在温暖的南方海域,找到了一座有粉红沙滩和夜光海湾的岛屿,他也终于不再流浪,定居在岛上,开了一家名为"蔚莱"的民宿。

他们坐在海边,从深夜到凌晨,看着寥寥几颗晚星在夜空中淡去,黎明前的海上流转着潋滟的波光,浪花细细翻卷。等到太阳彻底升起来,金色的晨曦暖洋洋地洒在他们的身上。池雾里从一场长梦中醒来,发现肩上披着他的外套,她不记得自己是何时睡着的,他又用这样一个给她依靠的姿势维持了多久。她动了动嘴唇,却发不出声音。

许映西看透了她的欲言又止:"你不是下午的飞机吗?看你睡得熟,就没叫醒你。"

他率先跳下礁岩,因为半边身体被她当作枕头枕了一个晚上,已然僵硬,身形晃了几下才勉强稳住。然后他向她伸出手,示意扶她下来,他把她脸上那种复杂难辨的神情误认为是没能看到"火星潮"的不甘心,微笑着宽慰道:"没关系,还有下次。"

三楼走廊最东边那间病房,住着一个奇怪的病人。

当时我为了写一本临终关怀题材的小说一筹莫展,于是去医院做义工寻找素材和灵感。我遇见她时,恶性淋巴瘤将她折磨得骨瘦如柴,持续的发热令她苍白的脸上泛起诡异的红。

即便是这般不容乐观的病况,她还是打起精神同我聊了一会儿天。她真是个古灵精怪的小姑娘,居然会把患癌比喻成遇到渣男。她住在价格不菲的单人病房,我却从未见过有人来探视她。她说她的运气一直不算好,她的父母各自组建了新的家庭,她自小就在两个家庭的夹缝中安静长大,哪边都不是她的归宿。

她努力念书,考上国内最好的高校,是为了在不久的将来可以把命运掌握在自己手里,结果入学一年,她在体检中便查出了恶性淋巴瘤。她说,她是想过破罐子破摔的,申请休学,放弃治疗,买了飞往白鹭岛的机票。但她没能在白鹭岛等来火星潮。

在很久很久以前,她也曾像无数普通的少女一样,幻想过要谈一次轰轰烈烈的恋爱,要豁出全部心力、无所顾忌地去爱一个人。我问她有没有遇到过这样一个人,她没回答,眼睛里却分明闪动着甜蜜的光芒,看来是有的,只不过她的爱情,在还没来得及开始的时候,就过早地被宣判了死刑。

她没能在白鹭岛目睹到火星潮,也没能将自己的心意诉之于口。

在即将离开他的那个清晨,她是想过要不管不顾地说出一切真相的,但彼时晨光熹微,男人的眉眼蒙上了淡淡的金色,他笑得那么温柔又好看,那个笑容里,似乎世间的一切伤痕都荡然无存。池雾里在那一瞬清醒了过来。她知道,有些话她再也不会说出口了。

最后一次见到她,是在六月份初夏的天气。她抱着膝盖坐在窗前,一头秀丽的长发早已在一次接一次的化疗中掉光,可是日光如金色绸缎般覆在她身上,莫名令我想到了小美人鱼。漂亮的小美人鱼,奋力向深海游去,而一望无际的蔚蓝色水波下,是幽深的、不再有一丝光明照进来的无底旋涡。

两年后,我受邀出席一场画展。看见那幅作为主展品的油画时,我的心怦然一动。

画作是一个年轻女孩侧面的肖像画,闪烁的阳光和微妙的阴影在她洁白的脸庞上交叠,她如瀑的栗色长发有着沙砾般的颗粒感。她的背后是一片波澜壮阔、星潮辉映的荧光海湾,整幅画色彩浓烈,旖旎无限,画中的海,却是我从未见过的纯净模样。

或许是我在这幅画前站了太久,画展主办人来同我打招呼。我问及这幅画的创作灵感,他只是神秘地微笑,说来自他的缪斯。天气炎热,男人衬衫最上面的两颗扣子被解开,露出脖颈间一根细细的红绳,红绳穿过了一枚小小的桃木纽扣中间的孔洞。

在这纷纷扰扰的世间,我想他们两个人都不约而同地错判了对方,一个笃定另一个会遗忘,一个坚信另一个会回来。

他们之间的结局,我已能预见。小美人鱼化作了海上的泡沫,而他一直在等,等一个再也不会出现的人。

锦鲤与安眠曲

❋ 水生烟

1

四年了,每到十月,就会有人给她送来成筐的稻田蟹,两个保温箱里则分别装着新鲜和晒干的银鱼。赵幼清从来不与那人见面,蟹和鱼就放在电视台的门卫处,等到下班出门时,门卫师傅就会跑出来叫住她。

赵幼清的神情很平静,她笑着跟师傅说:"您拿回去吃吧,或者送人也行。"

稻田蟹和银鱼都来自芦苇湖。那里的稻田蟹有着最坚硬的螯足和最鲜美的蟹黄,刚捕捞上来的银鱼白白亮亮的,柔若无骨、挤挤挨挨地在网里翻腾着。

和周牧归在一起时,他最会分辨蒸熟的蟹子哪只是最肥美的了。他去蟹爪、掀蟹壳、撕蟹脐,然后才将收拾好的蟹子放在她的碟子里。

他还很会做那种油炸小银鱼,用鸡蛋和淀粉挂糊,小银鱼入油锅一会儿,就变得香酥鲜美。初到芦苇湖时,赵幼清简直可以拿它当零食吃。

是啊,周牧归。梦里,赵幼清无数次回到芦苇湖。那里湖面碧波荡漾,芦苇摇荡间,辽阔而幽深的水道如泪痕一般时隐时现。他也总在她的梦里,他总是笑着的,身影却越退越远,他像一株秋天的芦苇,像守护稻田的稻草人,任凭她呼喊和追赶,他却在梦的迷雾里渐渐远去。

岁月里,故人缺席,往事已千年。

2

七年前,赵幼清第一次见到周牧归。那是她进入电视台工作的第二年,台里准备做一部关于自然风光的纪录片,她是编导助理。

四月份,摄制组来到了芦苇湖湿地。彼时万物复苏,芦苇和菖蒲抽出新芽,各种候鸟回归,一时收拢了翅膀落地觅食,一时又大群惊起。

周牧归是当地林湿局专做鸟类调查与保护的工作人员,赵幼清联系他做一些采访拍摄前的细节沟通。

已经是下午两点多,赵幼清把见面地点定在了度假村的一家茶吧,电话里周牧归迟疑片刻,而后直爽地说:"可以改在餐馆吗?我还没吃午饭。"

周牧归穿着墨绿色冲锋衣,就像一根盛夏时节的芦苇,携着风匆匆而来。赵幼清正低头看手机,他目光扫视之下,便径直向她走过来。他把手里的相机和本子放在餐桌上,笑着对赵幼清伸出手:"你好,赵老师。"

因为常在户外的缘故,周牧归的皮肤是古铜色的,他爱笑,眼仁深黑,牙齿很白,笑容里似乎有着阳光的味道。

赵幼清站起身来。她留着短发，整齐地掖在耳后，发尾在耳垂处微微翘起，显出了几分跳脱和俏皮。

她莫名其妙地有些脸红，和他握手："别客气，我不是老师的，我叫赵幼清。"

后来，他们熟悉之后，她问他，当时餐馆里还有别的单身女客，为什么他会径直来到她面前，连一字半句的问询都不曾有过？

周牧归停顿了一下，似在回想当时情景，而后笑着说："我也不知道，就觉得那个人是你。"

那天下午，赵幼清说她吃过了，周牧归也就没再客气，不见外地给自己点了鸡丝拌面和两碟小菜。不过鸡丝拌面端上来的时候，她闻见了新炸辣椒油的香气和黄瓜丝的清香，还是忍不住咽了咽口水。

周牧归笑起来，眼睛里透露着深深的笑意，他把面碗推到她面前："我一个人吃饭怪不好意思的，咱们边吃边聊。"

他又将一碟炸得金黄的小菜朝她面前推了推："特别好吃，你尝尝。"

油炸小银鱼，一看就很酥嫩，闻着已经很香很香。赵幼清食指大动，并在后来的三年里，实力演绎了什么是欲罢不能——当然，不止是对小银鱼。

两人面对面吸溜凉水的时候，赵幼清觉得面前这个人已经像个熟人了，准备好的采访大纲也显得有些多余，因为只需要简单的对答，就可以看出他的专业和敬业。

他说："每年的这个季节，我们这里包括候鸟、留鸟和旅鸟的话，会有三百多种鸟，其中还有一些珍稀品种，总有人贪利偷捕，我们只能多加巡视。"

他给她讲白枕鹤、中华秋沙鸭、遗鸥，还有东方白鹳、大鸨等等，许多名字她连听都没有听说过。他说着说着就笑了，她也听着听着就笑了。

有时候喜欢一个人，真的只是一瞬间的事。

3

摄制组在芦苇湖湿地待了十八天，周牧归也和工作人员们成了朋友。

赵幼清贪看风景，不工作的时候恨不能一个人跑遍湿地沿线，奈何时间有限，可以自由活动的空间基本限于离住处不远的芦苇湖。

春天的芦苇湖，湖面净澈得就像一面镜子，偶有飞鸟踩水、游鱼跃动，甚至长着长脚的飞虫颤颤掠过，扰乱了湖水的平静。黄昏时有风，夕阳坠坠下沉，将红云铺了半天，又倒映在粼粼水面上，像是水底纷纷聚集而来的锦鲤。

那天傍晚，赵幼清正举着相机拍照，一叶木舟自芦苇掩映处分水而出。湖光漾漾，舟行水上，像是被数不清的锦鲤托举而来。

是周牧归。那一瞬间，赵幼清心里生出了诸多情绪，她不好意思一直盯着他的方向，却又忍不住举起相机连连按下了快门。

小船渐渐近了，周牧归先开了口，问她："芦苇湖很美，是吗？"

她笑着点头，他又说："一个人出来要小心些，别被蛇虫之类的吓到了。"

赵幼清跺了跺穿着高筒登山靴的脚："不怕！"

周牧归笑起来。赵幼清看着他从小木舟上起身，心里跃跃地也想到湖面上、到锦鲤群里去周游一遭——按照偶像剧里的套路，周牧归不是应该主动邀请的吗？

可是他没有。他跳上岸，将小木舟拴好，问她："你有没有见过清晨的芦苇湖？"

"没有。"赵幼清跟上了他的脚步，"你下班了吗？"

"还要等一会儿。你知道的，上游有两家小工厂，我担心他们趁着夜色排放污水，要过去看一眼。"

这条路的两旁都生长着及腰的菖蒲，让原本不宽的道路显得愈发窄了。两个人并排走的话会显得过于亲密，他想让她在前，她也想让他在前，这一来他们就立定当地，站成了并排。四目相对，两个人都笑了。

他迈开脚步走在前面，他说："芦苇湖的早晨，雾气轻薄的时候特别美。"

她发出了邀约，却又显得含混："明早，好吗？"

他头也不回地答了："好。"

泥路潮湿，她踩着他的脚印，有的深一些，有的浅一些,心里也轻飘飘地快活,她又问:"可以带我划船吗?"

他回过头来,似有诧异,步子也跟着停一停。多亏她停步及时,否则险些撞在他身上。他问:"那个小破船,你敢坐吗?"

赵幼清笑起来:"有什么不敢的?你敢载我,我就敢坐!"

他也笑,眼睛里有星辰一样的光,他说:"下次,一定!"

几只灰色大鸟被惊动了,从芦苇丛里扑簌簌地起飞,周牧归指着半空中的鸟影告诉她:"那是苍鹭,认得吗?"

见赵幼清诚实地摇着头,他就又笑了——喜欢和欢喜都是藏不住的,在眼底眉梢,也在唇齿之间,总忍不住想说、想笑。

4

第二天早上下雨,他们没有去湖边。摄制组的工作也被迫停下,各自窝在房间里难得地睡了个懒觉。

赵幼清醒来时,先就被灌了一耳朵的风声雨声,她掀开窗帘看了看外面的白色雨幕,拿过手机时,看到了周牧归十分钟前发来的消息:"下雨了,下次再一起去湖边吧。"

她给他打电话,他没有接听,于是她恹恹地躺回床上听着雨声,不知不觉又睡着了。

赵幼清这一觉睡到了八点多,醒来时雨已经停了。走出房间时在走廊里遇见导演,导演说素材差不多了,大家也都累坏了,今儿正好歇一天。

赵幼清跑回房间换好了衣服出门。周牧归的电话还是打不通,她知道他住在湖区的一位大叔家里,并不算远,索性沿着木栈道找了过去。

房东的院子里散养着几只绿头鸭和大白鹅,不时鸣唱着和声。赵幼清刚觉得有趣,哪知大鹅越走越快,一边大声叫着,一边抻着脖子想要啄过来。她惊叫一声,转身就往外跑,刚跑出两步就撞在一个人身上。

周牧归的雨衣还穿在身上,触手有热烘烘的湿气。他将她护在身后,用一只脚将大鹅轻轻踢开,他的声音里带着笑意:"它还不认识你,等你再来的时候就好了。这家伙又能下蛋又能看家护院,是五叔的宝贝。"

"你给我打电话了?"他说,"对不起,我当时穿着雨衣不好接,想着回来再打给你的。"

"没关系。"她笑起来,"这大鹅,吓我一跳……"

他们一起往屋里走,大鹅斜着脖子直盯着赵幼清,大概怕她会对它的朋友造成威胁,就扭着屁股、抻着脖子,"嘎嘎嘎"地一路护送着。一位穿着灰色衬衫的精瘦老人笑着说:"我听见大鹅直叫,就知道小周来客人了。"

赵幼清反应过来,问道:"您是五叔吧?"

"是我。"五叔笑着将手里的柳条篮子递给她,山竹、火龙果、铁皮柿子,最上面一层摆着红亮亮的草莓,他说:"一点心意,小周难得有客人。"

这是一幢装修风格简约却很实用的新式平房,除了周牧归之外,只住着五叔一个人。房子是五叔在外面做生意的儿子出资建造的,在湖区很是显眼。遇到有人打听房子的事情,五叔一律拒绝,他黑着脸说:"不卖也不租,我又不差钱!"

五叔的房子只给真心爱护芦苇湖的人住。他说那些来旅游的人只是贪慕这里的风景,拍拍照片就走了。而因为有了周牧归他们,这里才会年复一年的洁净茂盛,成了飞鸟的天堂。

周牧归告诉赵幼清,他太喜欢这个地方了,也喜欢像五叔这样淳朴直爽的人们。

"我可能一辈子都离不开这个地方了。"他说着,就又笑了,"等到三四十年后,我就老成了五叔的样子。"

"那也很好。"赵幼清诚心诚意地说,不知道为什么,眼底忽然有了一点儿滚烫的东西,她说,"真的很好。"

5

那天中午,赵幼清第一次吃到了周牧归亲手做的油炸小银鱼,比餐馆里的味道还要好,让她感受到了心灵和味觉的双重愉悦。

饭后,她坐在餐桌旁托着下巴看着洗碗的周牧归,想到即将结束的芦苇湖之行,不由得心生焦灼——只是,大家都是成年人了,对抗焦灼的最好方法就是付诸行动,对不对?

她说:"再过两三天,摄制组可能就要离开芦苇湖了。"

他没有回头,只应了一声:"嗯。"

赵幼清失笑:"这就是你的全部表达吗?"

他转过身来,斜倚着料理台,一下一下地用纸巾擦着手上的水渍:"可我还能说什么?"

"你真没有想说的?"

这一次,他看着她,语气平稳地开口:"我想告诉你这段时间我很快乐,每天早晨冲出门的时候都像是被打了鸡血,因为可以见到你;我想问你什么时候可以再见,你还会不会回来,而我可不可以去看你;我想告诉你,被你穿过的冲锋衣我再也没舍得穿过,我以为好好放着它,你的气息就不会消失……可是这些说了又有什么用? 你不可能留下来,我也不会跟你走。"

他的这番话给赵幼清造成的心理冲击不可谓不大,她愣怔的时候,他又说:"对于你,我放在心里的东西远比说出来的要多得多。我第一次见你,就喜欢你了。当时你坐在桌子旁,扭过脸来看我的那一瞬间,我忽然就想到了芦苇湖六月清早初绽的第一朵荷花……"

他自嘲地笑了:"你看,我不想说,你非要让我说,我这是说了些什么啊……"

赵幼清伸出双臂,轻轻地环住了他的腰。

他说:"我是一个死了以后都要埋在芦苇湖畔的人。异地恋太苦了,我受不起,也不想让你承受。清清,你那么优秀,一定会遇见比我更好的人。"

他挣脱了她的手:"对不起。"

从周牧归那里出来,站在木栈桥上吹着雨后沁凉的风,赵幼清才渐渐平静下来——可是,就是在这样平静的情绪里,她才更能看清自己的心啊。

那夜星光满天,倒映在芦苇湖里碎银一般好看。赵幼清坐在湖边,拿着一根芦苇,一下一下地拍打着水面,看着湖里天光阵阵荡漾。

不知道什么时候,周牧归站在了她的身后,他问:"你还想划船吗?"

"现在吗?"

他点点头:"现在。"

这一夜月亮即将圆满,照得四野生辉,舟行湖上,如同泛舟银河。小木船刚刚离岸的时候,赵幼清有些忐忑,双手抓紧了船舷,不敢坐也不敢站,她的样子把周牧归看笑了,他说:"你放心,有我在,小破船一定很听话。"

两个人很久都没再说话,只看着月色水光,听着四周的鸟叫虫鸣和木浆划水的声音。

后来,他轻声说:"我不该又来找你的。可我心里不是滋味,还是想要见到你。"

赵幼清笑了,她的眼睛亮晶晶的,比星光璀璨,她说:"我不放弃。"

6

第二天上午,赵幼清和编导一起提前离开了芦苇湖,去往下一个拍摄地。时间过得很快,一转眼就过完了整个夏天,有些事似乎没有被提起,却也不曾被忘记。

中秋节前,赵幼清收到了两箱快递,她最爱的银鱼,和芦苇湖当地的稻田蟹。她当然知道是谁。她倚着办公室的落地窗,给他发了条微信:"收到了,谢谢。"客气不过三秒,她连编辑的文字里也带了三分幽怨:"你还记得我啊?"

他拍照片给她看:尚且青绿的芦苇,举着轻盈的白色芦苇花,向云里舒展,在风里俯身。这天蓝云白、热气腾腾的人间啊。

立冬后,他显然没那么忙了。她休了年假,也没和他商量,就坐上了去往芦苇湖的高铁。当然,高铁到站后,她还是给他打了个电话,撒谎说:"过来出个差,可以一起吃个饭吗?"

赵幼清在芦苇湖住了四天,每天陪着周牧归走很远的路,一起吃饭、聊天,除了回宾馆睡觉,他们几乎整天在一起。他们很少提及情感与未来,却无时无刻不在摩挲着同一种情绪。

冬季的芦苇湖湿地,芦苇生霜,树枝上裹着银花、喜鹊、画眉、文须雀之类的留鸟将细细的脚爪踩在树枝上,又倏然飞走,摇落着簌簌雪末。站在地势略高处望过去,眼前的景色呈现着深深浅浅的灰白和朦胧的苍黄,像是疏朗有致的山水画卷。

在芦苇湖的最后一天,高铁是在下午,早晨她仍然和他一起走了很远的路。

走得累了,她伸手拽住了他的衣襟。他慢下脚步,扭头看着她笑。

她有话要说。离别在即,再见不知又是哪天。她把大半张脸都埋在围巾里,声音含混地问他:"你说要是在古代的话,咱俩这交情够拜个把子吧?"

他笑起来:"如果是在古代,咱们就骑马仗剑走天涯好了,反正去哪里都能活着。"

她将脸孔从围巾里挣出来,脸颊上带着两抹红晕:"现在也一样的,我相信我们在哪里都可以生活得很好。"

她挑衅地看着他:"你敢不敢说你喜欢我?"他不说,他也不看她。他看着面前摇着枯萎白花的芦苇荡,看着尚未全部冰封的湖水。

赵幼清有些气恼,抬腿重重地踢了他一脚。也无非是工作、住房、收入、通勤,不得不承认,现代生活里,那就是一座座山。

他拉着她的手向前走。他们都戴着厚手套,可是即便如此,也能感受到彼此的温度。他像是一下子就在这样的温度下妥协了,他说:"我早都说过了啊。我喜欢你。"他立定当地,言辞凿凿地说:"清清,我喜欢你!"

7

那年的农历腊月二十七,赵幼清终于等到了周牧归。尽管他只在她身边停留了一天,而她为他的到来零零碎碎地做了一周的准备。

他还要转车回他的家乡去,家里有他生病的祖母,他不能耽搁。两个寻常男女的聚散离合看起来微不足道,可是身在其中却是山一样的沉,悲欢也如山一样的茂盛葳蕤。

"我爱你。"他忽然说。

她有些俏皮地问:"有多爱?比芦苇湖更深、更辽阔?"

"比芦苇湖更深、更辽阔。"他笑着说,又重复道,"我爱你!"

再见面,是在仲春四月,百鸟回归时。赵幼清扛着背包站在五叔的院子里时,大鹅照旧抻着脖子朝她嘎嘎叫,却没有冲过来。

五叔推门出来,爽朗地笑着说:"这个春天可真好,连我们的凤凰也飞回来了!"

周牧归临近中午才回来,赵幼清正和五叔一起在暖棚里摘黄瓜和西红柿,听见脚步声抬眼时,他大步跑过来的身影正掠过暖棚半卷着的塑料薄膜。

赵幼清脸红了,对五叔说:"我先出去一下。"

"清清!"她刚走到暖棚门口,就和周牧归撞在一起,他大声叫她,两条手臂已经将她箍在怀里,接着她就双脚离地了。

那一刻,赵幼清觉得,所有的等待都是值得的。在没有更好的解决办法之前,就这样吧。

夏天的时候,周牧归出了点儿事,赵幼清再次来到芦苇湖,照顾了他半个多月。周牧归被偷猎的人打了,脸上的淤青好几天才消掉,肋骨断了两根,动一动就疼得龇牙咧嘴。赵幼清扶他,他就看着她笑,她嗔他:"有什么好笑的?你知不知道你现在的样子很难看?"

他还笑,攥着她的手:"有你在,我就开心啊。"

"都伤成这样了,还开心!你是不是傻?"

"那你还喜欢我,你是不是更傻?"

"是!我喜欢你傻,喜欢你轴,喜欢你一条路走到黑的倔……"

傻、轴、倔,都是五叔说的。白天,周牧归睡觉的时候,赵幼清就去暖棚里帮五叔拔草、摘菜,五叔告诉她,周牧归本来是有机会留在大学里教书的,可是他跟着导师来过芦苇湖之后,就被当时被破坏的湿地环境震动了。

"我在这里住了一辈子,我了解这个地方。小周做的事都是好事,他的心,就像金子一样。"五叔说,"你也是个好孩子,有眼光,也会有福气,小周他不会让你失望的。"

那段时间,周牧归白天睡得多,夜里常常睡不着,月光好时,赵幼清不舍得拉上窗帘,她依偎在他身边,像哄孩子似的说:"那我给你唱首安眠曲吧?你要乖哦!"

她的声音轻轻的,她唱:"黑黑的天空低垂／亮亮的繁星相随／虫儿飞／虫儿飞／你在思念谁……"

他还是睡不着,他握着她的手,听着她的歌声渐渐变成了哼唱,她困了,不知道耳边的声音是不是来自梦境,他说:"你等等我,等我把该做的事情做完了,就去你身边找个工作,我们每天在一起……"

8

这年冬天,经过多方努力,周牧归的退田返林计划终于得到认可,接下来的大半年里,他忙成了陀螺。赵幼清也在参与新的摄制工作,他们很久都没能见上一面。

直到转年的国庆节,周牧归终于抽出时间来看望他的女朋友了。整整七天,他们逛街、吃饭、看电影,像所有热恋的情侣那样手拉着手挤在景点的人群里。

他排队给她买水、买冰激凌,她坐在树荫下的椅子上等着他,他过一会儿就要回头看看她,视线相对,他便看着她笑,笑容真诚豁亮,贴心贴肺似的。

相见时难别亦难,临别时,他安慰着抓着自己衣襟不放手的女朋友,他说:"快了,不会很久了。清清,年底之前我就回来,我们不会再分开了。"

那年秋天,已经是十月末,本该是秋高气爽的天气,却接连下了好几场雨,湖水上涨,涌浪如海洋,芦苇大片大片地被淹没着、倒伏着。周牧归每天出去巡视,常常发照片给她看。

一天傍晚,正在上班的赵幼清接到了五叔的电话,老人的声音颤颤的,叫她:"孩子,你快来!"

周牧归的电话打不通。赵幼清的一颗心悬了起来,查车票的手哆哆嗦嗦地点不开软件。

去芦苇湖的路上,五叔在电话里对她说:"你要有思想准备,小周出事了。"

今生今世,那是赵幼清见周牧归的最后一面。他连一句话都没给她留。那个猎鸟的男人是个惯犯,他失足跌进了芦苇湖,周牧归毫不犹豫地跳下水,他将他推上了湖岸,自己却没了力气,一波涌浪就将他卷进了水中央。

赵幼清到时,那男人跪在地上,五叔正愤愤地骂:"去年,你把小周打得住院,你怎么下得去手的?如今他救了你一条命啊!你说这人和人之间的差别,怎么就比人和狗还大?你给我滚,别跪在这里脏了我的地!"

五叔转身时看见赵幼清,皱纹深刻的脸上顿时流下两行泪来:"孩子,对不起!叔没照顾好他……"

9

周牧归曾经说过,他是一个死了以后都要埋在芦苇湖畔的人,可是这一次,赵幼清没有听他的话。她把他送回了他的家乡,给他选了山坡上的墓地,让他背靠松林,听得见风声鸟鸣,望得见日出月落。

收拾周牧归留下来的东西时,赵幼清在她穿过的那件冲锋衣口袋里看到了一个丝绒盒子,里面有一枚钻戒。赵幼清将它戴在右手无名指上,哭到不能自已。

后来的四年里,被周牧归救下的偷猎人每年秋天都会快递稻田蟹和银鱼给她。一开始她以为是五叔寄来的,电话打过去,五叔说:"那人现在在养稻田蟹,他不猎鸟了,还在景区做了义务宣传员……他倒是洗心革面了,可是代价也太大了啊!"

周牧归离开的第五年春天,赵幼清再次接到了五叔的电话,老人跟她说:"我要住到儿子家里去了,这边的房子打算卖掉,你要不要再回来看看?"

春天的芦苇湖,处处都是生机。五叔老了,走路很慢,但还是坚持和赵幼清一起从木栈桥的一端走到了另一端。"这是个伤心地,"赵幼清低声说,她现在留着长发,被风轻拂着,"五叔,我以后也不会再来了。"

那一夜,赵幼清躺在周牧归住过的床上,忽然想起当初她给他唱过的《虫儿飞》,那首歌还有一句歌词是:"不怕天黑,只怕心碎。"

是啊,她不怕天黑,只怕心碎。

梦里的芦苇湖仍有红云如锦鲤,可她再也等不到他了。

你写进了我的故事，却成不了我的传奇

✽周宏翔

以默正在砧板上切葱姜的时候，手机突然弹出了他的信息："不知姜小姐周五晚上是否有空？"以默只是看了一眼，并没有马上回复，很快短信又传了过来，她依旧安静地炖着汤，最后一条信息是："如果可以给我一次机会的话……"以默洗手，再次拿起手机，按了几个字，发了出去："周五晚上有约，对不起。"

他出现在姜以默的世界无非是个意外，她也没有预料到身边突然多出个追求者来。当天他西装革履地站在旁边，听朋友介绍，他叫郑东辰。以默简单地点头，他的眼神从头至尾都没有从她身上移开。他的声音很好听，但是看起来却有些落魄，朋友说，去年他和朋友在深圳投资失败，又遇上女友劈腿跑路，挺倒霉的，但人是个好人，以默可以考虑一下。

以默回头看他时，两人四目相接，电光石火的刹那，他的酒杯被旁边的人碰了一下，杯中的酒溅在他的白色衬衣领上。以默转头，没再去注意他。

他已经过了而立之年，过了潇洒的年龄，想找一个合适的女性安定下来。姜以默，广告公司市场部总监，标准的美人坯子，单身，怎么看都是贤妻良母的典范。不知道他从谁那要来了以默的电话，然而以默对此并不感冒。陌生号码的突然闯入反而让她有些反感，她礼貌地和他交谈，周旋在每一个话题的边缘，既不彻底地拒绝，也不顺应地答复。

最终敌不过郑东辰的狂轰滥炸，以默在一个大雪纷飞的夜晚和他见面。他坐在她对面，说起自己那些并不成功的经验："累了，是真的想安一个家。"以默笑着点点头，却装作没有听懂郑东辰的话。他继续说："我知道姜小姐如今也是一个人，虽然我生意失败，但是，在上海还有一套房子……"

以默笑着摇头："如果要说房子，我自己也能够买，如果感情要用物品来量化，那或多或少都有些亵渎的意思。"

"抱歉，我不是那个意思……"

"我不缺钱，我想你也知道。"以默说了句心里话。

剩下的半个小时几乎都是郑东辰的道歉。之后，两人又约过几次，姜以默知道郑东辰是真的喜欢她。

一切似乎并没有太差，姜以默坐在办公室望着窗外的上海。鳞次栉比的建筑背后，是多少流离失所的寂寞和忧伤，她看着手机里的未读短信，不用点开就知道都来自谁。半年的时间，郑东辰不止一次向她求婚，以默觉得太快，连男女朋友的关系都还没有建立，根本不可能到谈婚论嫁的地步。

"像你这么帅的男人，应该有很多人追吧。"以默在某个雨天和他共伞时问道。

"我吗？哈哈，年轻的时候，倒是经常收到女生的情书，那时候打篮球，成绩也不差，你知道的，小女生都喜欢那样的。"郑东辰傻傻地笑道。

"把那些女孩的情书扔进垃圾桶，然后得意扬扬地告诉别人'你要以学习为主，不谈恋爱'，特别能满足你的虚荣心，不是吗？"

"那时候倒是真的这样，不过，也没有你说的那样过分啦。"

"能送我回家吗？"这是第一次，姜以默邀请郑东辰去自己家，然而，事情并非郑东辰想得那样简单。姜以默在自家楼下和他道别，没有邀请他上楼的意思，他难免有些失望，每次这种点到即止的克制，都让他非常难受。他突然觉得姜以默并不是那么简单的女人，更像是一个情场高手。

对于男人而言，得不到的永远在骚动。

姜以默去台北出差的时候，郑东辰请假去台北找她，原本想借机和她在台北玩两天，谁知姜以默却告诉他工作很忙，基本没有时间。郑东辰找到她的酒店，看着她早早返回，并不像她说的那样忙。于是，他火急火燎地跑上楼去敲她的房门，姜以默看到他并没有露出什么诧异的神情，也没有任何喜悦的神色。夜里的台北比想象中热闹，郑东辰借来一辆自行车，带着姜以默到处逛。

还在上学的时候，坐过郑东辰的单车后座的女生不止一个，她们都光鲜亮丽，和如今的姜以默一样，郑东辰的品味自始至终都没有变过，他爱的人，永远都是漂亮优秀的那一个。炎热的夏季里，台北的风却并不燥热，反而有些清凉，姜以默坐在后面，静静地靠着他，好像又回到念书的那些年。

"听说姜小姐也是无锡人？"

"不错。"姜以默果断地回答道。

"我也是无锡人，或许我们以前还见过呢。"

姜以默笑笑，摇头说："我可没有那样的荣幸。"

"如果当年你认识我，没准儿就爱上我了。"郑东辰恬不知耻地笑了笑，衣裳随风鼓起来，姜以默闭上眼睛，根本没有听郑东辰后面的话。

那一夜，姜以默吻了郑东辰，很淡，就像一支薄荷烟。郑东辰抱着她，她没有拒绝，姜以默说："如果早一些相遇，或许我们更不可能有这个吻。"

郑东辰发现他是彻底爱上了姜以默，但从台北回来之后，姜以默联系他的次数越来越少，他也不清楚这女人到底在忙什么。通过联系姜以默的朋友，得知她已经和公司的一位男同事订了婚。

郑东辰到姜以默公司楼下去找她，她并没有躲着他。

"我是做错了什么吗？之前不都好好的吗？"

"你没有做错什么，只是我觉得我们并不合适。"

"为什么不合适呢？这一年的时间我们不都相处得好好的吗？"

姜以默浅笑道："你喜欢动作片，我喜欢文艺片；你喜欢卡布奇诺，我喜欢美式咖啡；你喜欢海滩，我喜欢城镇。其实，我们处处都不合适，而彼此刻意将就着对方，你不觉得累吗？"

"但是我喜欢你。""不，你不是喜欢我，而是喜欢我的样子。"

十分钟后，郑东辰收到姜以默的一条信息，那是一张图片，图片上的姑娘又胖又丑，但他却非常熟悉，那是他曾经的同学，姜静茹。

"十六年前你说的话，我现在还给你。我们不合适，不是爱与不爱的关系，而是我没有办法接受，只在意我容貌的你。"

姜以默关掉手机，地铁快速向前驶动。十六年前，她和许多女生一样暗恋过那个个子高长得帅打球好的郑东辰，也和大多数女生一样被他无情地拒绝过，更重要的是，他私下也和其中一些女生交往，然后又抛弃她们。轮到自己，郑东辰曾当着许多男生的面指着她说："像你这样的长相，真的很难让男生喜欢啊，你就不要像那些庸俗的女生一样，喜欢我的样子了！"

那次之后，郑东辰把这个当作笑话不断翻出来说。到了毕业的那天，居然过分地把喜欢过自己的女生的名字写到黑板上，最后写下"姜静茹"的时候，把三个字写得又大又丑："真是癞蛤蟆想吃天鹅肉啊！"

姜以默从韩国回来之后，不承想过会遇见郑东辰，也不承想过曾经那么高傲的家伙如今沦落到这个地步。然而，他依旧是那个他，她变成了另一个人。

她想过报复，也想过摧毁，但最终，选择了放弃。在我们对世界的认知渐渐成熟和宽容的时候，那些曾经许多的不可原谅的往事，都变成了无足轻重的小瑕疵。只是在发生的那一刻，我们无论如何都要放大它们对自己造成的影响，否则，事后我们怎么长大，又怎么去试着接受这个并不完美的世界？

郑东辰的电话没有再打过来。姜以默的手机里，并没有删除"郑东辰"的名字。在她看来，他就是我们人生中那些留下名字，却终究成不了传奇的人，但正是因为他们，我们才能更加认清人生。

夏天与尘埃

※ 午歌

> 有很长一段时间，我每晚都重复着同一个梦境：瓦蓝色的天空，罩住瓦蓝色的海水，时空凝结成一块硕大无边的硫酸铜晶体，把我和一叶小渔船衔在中间。忽然，海天摇晃起来，晶体开裂了，我从小舢板上跌了下来，跌出梦境，跌入一片蓝色的深渊。
>
> ——题记

1

我的家乡在宁波的石浦港。那年我十九岁，高考发挥得很差，家里没钱供养我继续复读。阿问是我的同学，那年高考虽然他发挥得很正常，可是依然连个三流的专科也读不了，阿问的姑丈在石浦世家的饭店里收银，便介绍他到饭店做收酒瓶子的小工，阿问觉得这活儿无聊又辛苦，于是推荐了我去，自己到码头上找了一份捕鱼水手的工作。

江南的夏天，夹在梅雨季没完没了的雨水里，起初气温涨涨停停，忽然有一天雨霁云开，夏天就像浇上浓汤的照烧牛排一样，冒着"嗞磁"的热气被端上桌来。

只有夏夜才是美丽的,我有时会跑去海边找阿问。我们并排躺在一叶小舢板里,漂在海面上,海风轻悠,吹在身上,像面人师傅灵巧的手,一遍遍捏揉着人身上的痒痒肉。

阿问有天问我说:"苏秦,你看这满天的星子像什么?"

我说:"像什么?像一个寂寞的人,眼前闪现的渺茫光点。"

我起身坐在船板上,远处村落的灯光,海面上星星点点的渔火,浮动在漫无边际的夜色里,尘埃一般。

2

石浦世家饭店的老板姓谭,人称"谭一刀",是宁波菜谭家名厨第三代传人。那时候石浦世家的生意并不太好,谭一刀时常亲自下厨,也带徒授课。

这份工作我做得很上心。每晚十一点半,饭店打烊,便是我最忙碌的时刻。我会把所有的易拉罐、饮料瓶、啤酒瓶打包摞在三轮车的车斗里。

我每晚一点钟左右睡下,第二天五点趁着大太阳还没蹿上天,骑两个半小时的三轮车把这些瓶子拉到丹城镇里的垃圾场卖掉换钱。

日子起初并不顺利,我不太爱讲话,又刚刚走出学校,皮肤不像其他的破烂仔一样黝黑发亮。收酒瓶老板看我少不经事,便对我压低价钱收货。比如啤酒瓶,收别人一毛五,收我就一毛三。我却从未和老板争执过价钱。啤酒瓶在地上码好后,请老板来过数,他看我码得齐整,便象征性地点一下排数,做乘法,就结账算钱。

有很长一段时间,我只在第一排和最后一排里放十个瓶子,中间排只放九个,因此虽然被压价,我却总能多卖出十几块钱来。有一次赚得多了点儿,我甚至买了一个西瓜送给老板。

那天,他忽然良心发现,居然开始一毛五一个收我的啤酒瓶。我也迅速地原谅了他,从那天开始,每次少摆酒瓶子,我都会真心忏悔一番。

3

我的命运在几个月后发生了转机,那时已经在夏天的尾巴上,阿问的姑丈来找我说:"今后不用收酒瓶了,谭老板让你到后厨去帮忙。"

到后厨帮忙后,我索性住在了饭店的仓库里,我改叫谭一刀师父,而不像从前那样叫他谭老板。

我来石浦世家第三年夏天的一天,师父打烊之后来找我,他让我做一碗咸菜黄鱼面。我以为他半夜要考我的厨艺,特意拿出自己深藏在冰柜里的一条野生黄鱼给烧了。

那鱼是阿问出海捕鱼时偶然抓到的,因为材质特别好,我就私藏下来,想着有一天师父考我手艺时,一展身手。黄鱼面烧好后,我端给师父。师父面带愠色地说:"你把面拿到后院给谭婧吃去,她赌气饿了一天了,你替我多劝劝她。"

谭婧是师父的独女,从小被视为掌上明珠,师父从小就万事宠着她,我很难想象师父到底因为什么事情和谭婧赌气。

4

门没锁,我轻轻推开走进去。

"滚!"屋里飞来一只凉拖——说实话,要不是心疼弄翻我手里的野生黄鱼面,凭我敏捷的身手,一定可以轻易避开这等下作的暗器。

"啊哦!"那鞋子正中我的左侧面颊,在幽暗中发出"啪"的一声,仿佛有人为这一击即中的"十环"鼓掌喝彩。

"Sorry!"谭婧马上跑过来,关切地说,"我还以为是老谭!"

"老谭没有,老坛酸菜面倒有一碗!"我双手把面向上托举。

"是我爸让你烧的?我不饿,我不吃!"

"你试试看啊,跟师父的手法很不一样的。"

"嗯,果然!老爸烧的火候太过,总是没把黄鱼肉细嫩的口感烧出来!"

"到底为啥跟师父生这么大气啊?"

"要是再有个荷包蛋就好了!"

"后厨有,你等着——"

"别忘了带点儿酱油啊。"

5

吃完面,谭婧提出要出去走走,我从后厨的冰柜里偷出一瓶干白葡萄酒,又跑去阿问借了小舢板。子夜之后的海风,清凉得厉害,拂过周身,让人有一种想尿裤子的冲动。

我和谭婧划着小舢板向海中央驶去。

谭婧幽幽地说:"我今年高考考得特别烂,我爸说既然大学没考上,不如早点儿嫁人好啦!"

我问:"你自己怎么想?"

谭婧说:"嫁人也要嫁自己喜欢的,嫁走马塘那边的陈胖子,我才不愿意。"

我从前听人家讲过,走马塘那边的陈家,是指谭一刀的师兄陈亨云家,陈胖子自然是陈亨云的独子。据说甬帮菜第三代传人间曾经有过一场厨神大赛,谭一刀虽然是谭家嫡传,却输给自己的师兄陈亨云。谭一刀想让谭婧嫁给陈胖子,无非也是想保住谭家在甬帮菜中独树一帜的地位。

这件事上,我特别能体会师父的苦衷,本想劝劝谭婧不如先和陈胖子处处感情,结果话到嘴边却变成了:"我帮你补习,准备明年的高考怎么样?"

谭婧忽闪着大眼睛说:"你,行吗?"

我说:"不如我们先试试看!"

很久之后,我一直回想着那天夜里我是从哪里得来的勇气,一口应允下来帮谭婧复习功课。我记得在饮下半杯干白之后,谭婧从小舢板上站了起来,漫天的星光,头纱一样笼在她的长发上,像有人在黑暗的深处燃起的礼花,火光扎在夜空的帷幕上,也扎在我丝绒一般的心房。

6

宁波菜又叫"甬帮菜",擅长烹制海鲜,鲜咸合一,以蒸、烤、炖等技法为主,讲究鲜嫩软滑、原汁原味,色泽清秀。像腐皮包黄鱼、苔菜小方烤、雪菜炒鲜笋、三抱咸鲞鱼等都是宁波菜里的传统名吃。

据说,之前渔民在海上捕鱼,漂泊多日,捕上来的鱼,多以海水蒸煮,不加多余的佐料调味,一样鲜美爽口,让人唇齿留香,回味悠长。

就这样,我白天跟着师父在后厨学习刀工、配菜以及鱼鲞制法。晚上歇工,便到后院陪谭婧温书,补习功课。

有天谭婧跟我说:"小叔,没想到你功课那么好,在这里学厨子很委屈吧。"

我说:"人各有志,学好烧菜也很好啊。对了,我只比你大两岁,你叫我哥吧。我在兄弟里排行老五,你就叫我五哥好了。"

谭婧笑笑,捋过额前的长发,古灵精怪地说:"嗯!五哥,是午夜歌神的意思吗?"

"是,不过是午夜唱歌瘟神的意思。你要不要听?我这就来一段!"

"那算啦,我怕听完夜里会做噩梦!"

我操着一口熟练的TVB腔说:"饿不饿,我给你煮碗面?"

"好!我要黄鱼面加两个荷包蛋,还有,酱油别忘了来一碟!"

如此过了大半年,谭婧胖了一大圈,我除了刀工、配菜、腌晒鱼鲞的本事见长,最大的进步就是能够闭着眼睛烧出一碗鲜香四溢的雪菜黄鱼面。

又过了半年,谭婧如愿考上了宁波的大学,我则顺利地由帮厨的小工做到了灶头。日子变得顺畅起来,阿问也买了自己的张网船,偶尔拉着观光客去近海捕鱼,挣点儿零花钱。

谭婧临走前,用鲨鱼牙为我磨出一串棱角狰狞的项链。

谭婧说:"小五哥,送给你,这串项链样子虽然奇怪,可是挂在包上能辟邪,挂在房上能避雷。还有,你愿意等我大学毕业吗?"

我苦笑了一下,没有应答。能看到她在自己的辅导下考上大学,我觉得人生已经无憾了。至于其他的,我不敢想,也从未想过。

那天我破天荒地为谭婧唱了首歌。谭婧怪我说,我原来一直在骗她,其实我唱得还不赖。说完她毫无征兆地亲了一下我左侧的脸颊。

"以后就叫我阿婧吧!"谭婧笑笑,用一个圆润的酒窝总结了陈词。

那年夏天,我终于体会到一种快乐,一种比卖啤酒瓶多赚出十几块钱还要快乐的快乐!

不知道是不是我的错觉,师父在教我时格外用心,我从灶头做到主厨,也只用了三年多的时间。

阿婧毕业的那年夏天,宁波市在石浦渔人码头组织了首届甬帮菜大赛,我想我一展身手的机会终于到来了。

有天夜里眼镜阿武送完菜,很奇怪地来我房间找我。他说:"苏秦,昨晚我听说,师父想介绍你到宁波的酒店里做工。我想,你要是去了宁波,能不能帮我介绍点儿送菜的业务?"

我大惊,问道:"你听谁说的?"

阿武说:"是结账的时候,听见你师娘跟你师父说的!你小子是不是勾引东家大小姐了?"

我问阿武:"师父他老人家怎么说?"

阿武说:"你师父自然希望自己的宝贝女儿嫁个更好的人家了。"

没过几日,师父果然找我谈换工作的事。

我说:"谭家对我有恩,这些年,我吃住全在谭家,无论如何,我想陪师父打完这场厨艺大赛,算我尽一点儿心意!"

"好!苏秦,其实你对我老谭也有恩啊!"谭一刀双手抱拳,刹那间,很多往事浮上心来,我眼圈一红,急忙走上前,抱住师父。

经过一轮初试,师父和走马塘的陈亨云,一起进入复赛阶段。

半决赛的菜题是"旧菜新烧"。陈亨云的参赛菜品为"螺王献宝"。师父则做了一道拿手的"甬派文武鲳"。两菜皆为旧菜新烧,亮点突出,自然双双杀入决赛。

决赛在三天之后进行,决赛的题目是一道传统的宁波菜——"雪菜大黄鱼汤"。

我看到这个题目时和阿婧相视一笑。

阿婧说:"五哥,你练了一年的咸菜黄鱼面,现在这个选题简直是为你量身打造的。"

我说:"好啊,最后一战,我一定做好师父的帮手。"

师父点点头,也默默地笑了。

告别了师父和阿婧,我匆匆忙忙赶去阿问的码头。

那场决战,谭家最终战胜了陈家,师父也获得了首届甬帮菜大师的荣誉称号,那个横亘在师父心头多年的阴霾,终于烟消云散。

师兄弟们在自家酒店里开宴庆祝,而我在颁奖后,选择了一个人悄然离开。

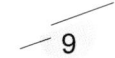

阿婧后来告诉我,我离开石浦赶赴宁波的那天,她去阿问的码头找过我。

阿问跟她说,我是向他借了张网船,独自出海三天捕到一条野生大黄鱼才赶回来的。

有很长一段时间,我都会梦到自己驾着一艘小渔船,孤身出海打鱼时的情景:瓦蓝色的天空,罩住瓦蓝色的海水,时空凝结成一块硕大无边的硫酸铜晶体,把我和一叶小舢板衔在中间。忽然,海天摇晃起来,晶体开裂了,我从小舢板上跌了下来,跌出梦境,跌入一片蓝色的深渊。

归途中,我遇到一阵小风暴,差点儿为此丢掉了性命,是风暴平息之后,夜晚升起的金星为我指明了方向。

我想起许多年前的夏天,我曾和阿问并排仰卧在小舢板里,那时感觉夏天很长,青春很长,仿佛永远不会老去,而现在,那些悠长之夏,只仿佛记忆里闪着星光而浮游的尘埃。

又过了很长一段时间,夜晚醒来后,我不再惶恐。我会牵住身边姑娘的手放在心口,而她总是睁开惺忪的睡眼,叫我喊她,阿婧!

少年友情

※ 肖复兴

六十三年前,我升入初一,在这所陌生的中学里,同学之间往来不多,大家都显得有些孤独,可能我们的心思一样,很希望能找到朋友,可以更快地融入班集体里,让自己的心爽朗一些。

非常奇怪,我的第一个朋友,不是我们班上的同学。他比我高两个年级,读初三。现在怎么也想不起来,我们是怎么认识的了。仿佛他乡遇故知,在校园里走着走着,偶然间相见,一下子电火相撞一般,那么快便走在一起。想想,人与人之间的交往,有时候真是很奇特,大概每个人都有属于自己的磁场,彼此的磁场相近,便容易相互吸引,倏忽间走近,情不自禁就走到一起了吧?

有这样一个情景,怎么也忘不掉,就像电影里的特写镜头:是初一第一学期快要结束的时候,一天下午放学之后,我们走在永定门外沙子口靠近西口的路上。落日的光芒烧红了西边的天空,火烧云一道一道流泻着,好像是特地为我们而烧得那么红,那么好看。那一幕情景,尽管过去了六十多年,依然清晰如昨,如一幅画,垂挂眼前。

我已经弄不清,为什么那一天我们会走到这里,应该他的家住在附近吧。那时候的沙子口比较偏僻,路上的人不多,很清静,路旁街树上的叶子,被冬日的寒风吹落得基本干净,光秃秃的枝条,呈灰褐色,没有了一点儿生气。但我们的心里却那样的春意盎然,兴奋地聊个没完。

他叫小秋。这个名字,我觉得特别好听,后来读到柔石的小说《二月》,里面的主人公叫萧涧秋,名字里也有个秋字,便会想起他,更觉得这个名字好。他人特别白净,长得也英俊。这是他留给我最初的印象,心里总是这样偏颇地认为,好朋友,应该都是长相英俊的才是。

那天,一路上,主要是他对我说着话。印象最深的是,他读的课外书真多,一路上不断向我讲起了好多书,我不仅没有读过,连听都没有听说过。小学阶段,我的课外书,仅限于《儿童时代》和《少年文艺》。听他这么一说,才知道自己和人家的差距那么大,便谦恭地听他讲,不敢插话,生怕露怯。

由于这样深刻的印象,我有点儿佩服他,觉得自己以前懂得太少,看书太少,很有些自惭形秽。有这样一位同学做朋友,真是太好了,可以帮助我打开眼界,好好向他学习。一个小孩子长大的过程中,特别需要身边出现朋友,不仅是能玩在一起的朋友,更需要能够学在一起的朋友。作为年龄小,或者知识能力弱的一方,如果能有一个比自己稍微大一点儿、各方面能力强一点儿的朋友,受益良多。找这样的人做朋友,很有些像蹦一蹦才能够到树上高一些的叶子,让你努力不停地往上蹦,才会让自己有提高。

小秋出现在我面前,有些突然,有点儿像横空出世的侠客,特意前来帮助我一样,给我很多意外的收获,让我看见了眼前晚霞似锦,是那样的明亮璀璨,令人向往。

那天,小秋对我讲起的很多书名,我都没有记住,只记住一本《千家诗》。我听说过这本书,但没有看过。他对我说:比起《唐诗三百首》,《千家诗》收录的都是律诗和绝句,简单好懂,也好背、好记,更适合咱们这样年龄的人读。

他告诉我他家有《千家诗》,可以借给我看。

上午第一节课前,小秋到我们班的教室门前,招呼我出来,把这本《千家诗》借给了我。

这是一本年头很老的线装书,纸页很旧,已经发黄,很薄,很脆,竖排的字体,每一页,下面半页是一首诗,上面半页是一幅画,画的都是古时候的人物和风景,和这首诗相配。我从来没有见过这样的书,以为是古书,起码也得是清末民初的书了。我很怕把书弄坏,回家后,立刻包上了书皮。我又买了两个横格本,开始抄上面的古诗。每天抄几首,一直把这一本《千家诗》抄完。抄录的第一首诗,是宋代志南和尚写的七言绝句:

古木阴中系短篷,杖藜扶我过桥东。
沾衣欲湿杏花雨,吹面不寒杨柳风。

学校周六下午,一般没有课,课外活动都安排在这时候。学校里有好多社团,话剧、舞蹈、合唱、口琴各文艺队,篮足排的体育队,还有物理、化学、数学的课外小组,应有尽有,非常丰富。不过,那时,我一个社团都没有参加。我生性不大好热闹,不大合群。

周六的下午,我一般会去文化宫的图书馆,那里离我家不远,是原来太庙的一座什么配殿,虽然不大,毕竟是皇家宫殿,红墙琉璃瓦,古木参天,夏天的荫凉遮住整个阅览室,特别凉快。

那个周六,是初一第二学期开学不久,刚刚开春,上午最后一节下课后,我立刻跑进食堂,匆匆吃过午饭,就往外跑,想抓紧时间赶去文化宫。在食堂门口,我遇见了小秋。我已经很久没有见到他,他正准备考高中,学习紧张。见到他,我挺高兴的,不知道他在食堂门口是特意等我的。他先去教室找,没有找到,问了同学后,来到食堂。也不知道他吃没吃午饭。

他问我下午准备去哪儿?我告诉他去文化宫图书馆。他说和我一起去!我们两人来到文化宫图书馆,各抱着一本书,像老猫一样蜷缩在软椅上,待了整整一下午。

黄昏时分,我们走出文化宫,穿过天安门广场,走到前门楼子,再往东拐,就拐进我家住的老街。我知道他是特意陪我走到这里的,不知道他陪我一下午,是有事情对我说,一直有些犹豫,憋了一下午。

我指着旁边的有轨电车,挺感谢地对他说:"你快回家吧!"

我们在电车站等车,他忽然对我说:"明天星期天,你有空吗?"

我这才明显感到他明天有事,他陪了我一下午,其实就为要说这句话和这件事的,便忙对他说:"有空!有空!你有什么事情吗?"

我想让你陪我去一趟东北旺。

东北旺?

我第一次听说这个地名,这个陌生的地名,让我觉得不在城里,一定挺远。不知道他有什么事情,非要去那里?但他决定要去,而且是想让我陪他一起去,肯定是有要紧事情的。

我对他说了句:"行啊,没问题!"心里还是有些好奇,忍不住小心翼翼地问他:"有什么事情吗?"

他说:"说来话长,明天在路上告诉你!"

"行!"我立刻答道。听他的语气,看他的神情,我明白,他中午就来找我,又陪我看了一下午的书,鼓足了勇气让我明天陪他去东北旺,是对我友情的信任,还有什么比朋友之间的友情更重要呢?

他和我约好明天上午,还在这里碰头。他说:"我坐电车到这里,然后,咱们再坐汽车,不过,得倒好几回车,路挺远的,你得做好准备!"

"没事!咱们早点儿走!"

第二天早晨,天有些阴,风有些料峭。我早早赶到电车站,想自己离车站近,早点儿来,别让小秋等。谁想到,远远就看见小秋站在电车站前了。

确实倒了好几回车，公交汽车一直往北开，过了西直门，又往西北开。城里的高楼和商店都见不到了，见到的是大片大片的农田和矮矮的平房，乌云低垂，只能隐隐看见西山起伏的淡淡轮廓。在车上，小秋对我讲了去东北旺的原因。他的父亲犯了什么经济案，还不错，最后没有被判刑，只是到劳教农场劳教六年。这个劳教农场，就在东北旺。这是他刚上小学六年级时发生的事情，那时，他小，不明白家里突然少了爸爸是怎么一回事。上中学之后，才彻底弄清事情的原委，妈妈觉得这事情太让她感到羞耻，所以从来没有到东北旺看过爸爸一次。小秋有一个姐姐，比他大好多，已经工作了，有时候会去看看爸爸。姐姐前两年结婚有了小孩，没有时间了，他就来东北旺看望爸爸。

"每一次来，坐在长途汽车上，心情都特别难受，特别想有个伴儿能陪陪自己，自己也好把憋在心里的话说出来。但是，这又不是什么光彩的事情，找谁说呢？所以，犹豫了好久，想到了你！我想，你不会嘲笑我，看不起我……"

小秋这样对我说，让我好感动，我知道这是友情带来最真诚的信任，我从来没有感受过这样的友情，这样的信任。那一年，我十三岁，小秋十五岁，一对这样年龄的孩子之间建立起来的友情，像水一样清澈透明。这样的友情，这样的信任，没有什么额外要求，只要那么一点点的陪伴，和你的倾听与理解。

我真的没有想到，平常那么好学向上又那么开朗的人，竟然有着这样的难言之隐。父亲带给他的压力，深深地藏在他的心里。听完小秋的话，我忽然有一种想哭的感觉。我望望小秋，他并没有望我，而是扭过头望着车窗外。窗外的云彩压得很低，像要下雨。

车子在东北旺的站牌前停下来，只有我们两人下了车。还要走老远的路，才到劳教农场。走到半路，我们走出一身汗。前面有一棵山桃树，鲜红的山桃花开得正旺，让阴云笼罩的田野有了明亮的色彩。小秋指着树说，咱们到那儿歇一会儿。他想得周全，带来了义利的果子面包和北冰洋汽水，让我先垫垫肚子，说到了那里没有饭吃。从他的手里接过面包和汽水，看他那样子，感觉像一个细心的大哥哥；再看他的神情，又觉得掩藏着那样深深的忧伤，是我们那样年纪不应该有的忧伤。我闷头吃着面包，不敢再看他。

那天见到小秋爸爸的具体情景，记不太清了，只记住一个场面，他爸爸伸出两个胳膊，让我们两个人一人抱着他的一只胳膊，在上面打摽悠。他是那么强壮，胳膊上隆起饱满鼓胀的肌肉，像学校操场上那结实的单杠。我们都是那么大的孩子了，真的抱住他的胳膊，蜷着腿，他像体操的十字悬垂，带着我们来回旋转着，我感觉就像坐在公园里的旋转木马上，惹得周围的人都笑了起来，连站在一旁的警察都忍不住笑了。我看见，小秋也露出难得的笑容。

我们从东北旺回到城里，天已黄昏。乘车到前门，我送他坐上有轨电车的那一瞬间，趁着车门没关，一步紧跟着也迈上了电车。小秋吃惊地问我："你这是干吗呀！"

我对他说："我送送你！"

这个念头，是他上车那一瞬间突然冒出来的。我不想在这一天他一个人回家。

他望望我，没再说话。有些拥挤的车厢，在大栅栏这一站上来的人多了起来，挤得我们两人常会碰撞一起。从来没有挨得那样近过，我能闻得见他身上的汗味，甚至能听到他怦怦的心跳声。我想，他肯定一样，也闻得见我身上的汗味，听得见我的心跳。那时，我想这应该就是友情的味道，友情的心跳吧，尽管有些酸文假醋，却是我少年时期对友情最温暖最天真的一次感受。

有轨电车，永定门是终点站。下了车，要走到沙子口。小秋没有再说什么，任我陪着他走到沙子口，一路上，我们默默地走着，没有说话。我们在沙子口的路口分手告别，他突然伸出双臂，拥抱住了我。那一刻，稀疏的街灯亮了起来，在越发晦暗而阴云笼罩的夜色中，昏黄的灯光洒在我们的肩头。

返程的途中，憋了一天的雨，终于下了起来，不大，如丝似缕，沾衣欲湿。

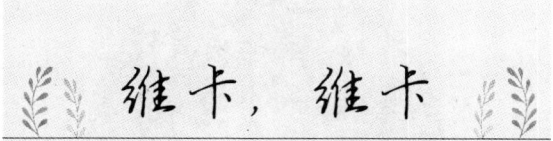

维卡，维卡

✽七堇年

维卡：

此刻，我开了一瓶白葡萄酒，想起上个冬天你来我家的时候，我们逛完超市，买了酒回到家里，你先去洗澡。中途你突然打开卫生间的门，探出头来，对我说："把酒冷藏一下再开哦。"我说："好。"后来我把这个细节写进了一篇小说里。从那个时候起我便知道，在万千种生活方式中，我们选择的应该是同一种。尽管那一天，我们才相识不足半个月。

这一刻，我做完了一天的工作，就着冷藏过的冰白葡萄酒看《权力的游戏》，开始想写一点什么东西。是的，此刻与世无争，我感到安宁。

回来之后，照节气来说早已出伏，但我这儿依旧时不时炎热起来。想起夏天住过的小镇如此清凉，出了家门往东散步，就是一座墓园。名垂青史的作家艾米莉·迪金森埋葬于此。那个黄昏，就在那座墓园里，你一直远远地走在我前面，背影像涟漪一样涣散开来，消失在湖水般的暮色中，直至月色清凉。我像你在人间的影子，默默跟随。

一生之中有多少次可以度过这样的夏天呢？我们在夜晚的大西洋划船，星空近得好像一张缀满了钻石的魔毯，披在身上。站在山顶上看落日，那色彩像往事一般哀艳，壮丽得让人失语。四下是森林散发出的木香，被晴朗的暮色烤熟了，香气格外浓郁。回小镇的路上，我们停留在无名的湖畔，游了野泳。夜里，我们回到帐篷旁，围着熊熊燃烧的篝火取暖，喝着本地黑啤酒，说着些心底的话，竟然醉了。

你还记得那个下午，我们去小镇郊外的无人湖畔吗？我们像两个未经世事的幼童一样，躺在大树的树荫下，望着苍蓝晴空和朵朵流云，心底空无一念。我为你读了一段荒木经惟的《东京日和》，于是风从身边吹过的时候，你真的哭了。那一刻我们都这么年轻，像命运的宠儿，享受岁月宽宏而慷慨的对待。

离开小镇，回到纽约的第二天。宿醉之后的早晨，我头痛欲裂地走出公寓，去找便利店买牙膏。一定是因为情绪的原因，纽约在那一刻变得面目狰狞。我突然明白，那些清澈的——星空、大海、森林、湖泊，都随着这个夏天远离了我，安宁美好的小镇也遗弃了我。我被自然所流放，不得不回到城市。

维卡，你也知道我内心一直向往山川湖海，虽然这种遁世倾向听上去实在不太好。在这嘈杂的世界，可曾还有山川湖海，可曾还有人，愿意停下来，读一读你的心事，听一听你的孤独，摸一摸你的疲惫，陪一陪你的眼泪？

即使是有，你又是否足够幸运，能与之相遇？

我总是对你说，我多想做一个南太平洋无名岛屿上的渔民，靠打鱼种椰子为生，每天都是朝阳唤醒我出海，落日陪我归来，星星说晚安，因为活得简单所以也不懂什么遗憾，就这样默默死于一场暴风雨的意外。与世隔绝是我的梦想。而梦想不像目标，梦想就是那种你只能用来梦一梦，想一想的东西。

在某些身不由己的借口下，我也是一个活得过分用力的人。选择了一项事业。选择了一台巨大的电视机，选择了洗衣机、汽车、音响，还有电动开罐器。选择小心保养自己的身体、低胆固醇和牙科保险……我并没有真的选择星空、大海、森林、湖泊。

就让我们在向死神归还这段生命的时候，轻松得就像向DVD租赁店的老板归还一张影碟那样，顺便可以聊一聊它是一个什么样的故事。聊一聊，作为主演的你和我，多么蹩脚；作为爱与痛的情节，多么平凡。

好吗？你的，我。

琥珀之歌

※ 沈嘉柯

一

琥珀在梦中又见到那个少年。他的影子,从模糊的轮廓,转为清晰的面容。

咧开嘴,笑脸灿烂,一口牙齿雪白洁净。那笑容太过爽朗,无所顾忌,竟扯出眼角丝丝缕缕的皱纹。

他说着琥珀听不懂的话,像一头年幼的苍鹰飞过草原,发出断断续续的啸叫。琥珀看着他,微笑着摇头摆手。

少年放弃了语言,他也微笑起来,伸出双手,向她比画动作。有些身体语言,全人类都是相通的。琥珀猜测,他的意思是:跟我来,一起去玩。

去不去?琥珀有点犹豫。

但是这个少年,如此与众不同,目光至真至纯,他微笑的模样犹如一个人间的天使。

于是,琥珀就从梦中醒来。记忆再度涌现,与梦境衔接上,那时情形,历历在目。

高一那年的暑假,琥珀跟着家人来到陌生的中国西南地带。他们在陌生的县城,住进陌生的小旅馆。短短的旅程,父母有很多事情去忙碌,只有琥珀孤独地待在小旅馆里。到了夜里,她辗转反侧,勉强睡了五个多小时,就醒了。

早上六点,月亮高悬在天上,硕大耀眼,不可直视。琥珀默默地坐在窗前,仰望明月。

竖着耳朵的少年,趴在窗台上又吹了下口哨。琥珀犹豫,凝视片刻,从他的眼睛里,看到映着的两枚大月亮。

少年伸出手,等候着琥珀给他回应。他的眸子漆黑无比,亮晶晶的。

琥珀迟疑了一下,她推开两扇窗,翻出去。那是一间两层高的旅馆,琥珀住的房间,就在一楼。琥珀抓住了少年递过来的手,那是一只粗糙又清凉的手。

一切如梦似幻,走到半山腰,那里有一些零散的房子。天光渐渐明亮,照出视野里的风景。

少年挥了两下袖子,示意琥珀等待。风吹动少年的刘海,头发张扬舞动。他钻进一间房子,却没有从门口出来,神秘地消失了。

琥珀有些等急了,她吆喝呼唤:"人呢?你人呢?"那少年突然从另一个角落绕出来。在他背后,有个同样被风吹得鬃毛乱飞、吭哧吭哧喘着粗气的动物。

琥珀吓了一跳,拍手惊喜叫道:"这是你的马儿吗?"那马儿似乎还不怎么听话,少年硬拽着它走过来,它不情不愿,摇头晃脑。"好漂亮。"琥珀由衷地感叹。转了好几个圈,喂了一把草,小马才温顺下来。

少年拍拍马屁股,眼神示意琥珀过去。琥珀不敢。少年一推琥珀,琥珀毕竟年少,对骑马一无所知,反而无知无畏,爬上马背。

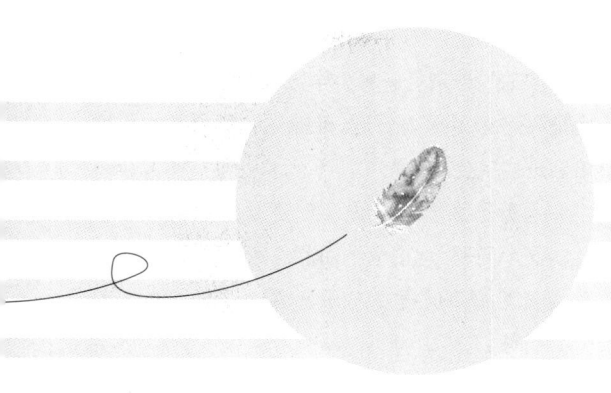

这体验很奇妙。少年穿着皮靴子,抓紧缰绳,走在前面,牵着那匹小小的白色的马。马儿载着琥珀颠簸起伏,这让琥珀有一种腾云驾雾的感觉。

走了一大截路,来到了一处凹下去的盆地。这是高山草甸上的一处圆形湖泊。面积约五千平方米,草水相映,清澈明亮。琥珀知道,它叫格聂之眼。当地通汉语的人告诉琥珀的父亲时,她在一旁听到了。这口湖泊,又叫"通往天堂的眼睛"。

天空倒映在湖泊里,遥遥看着,万象静谧,美得如同一个神话。有些事情就开始变得不一样了,比如人与人之间的惆怅。

少年对着旷野大喊,回音在山谷荡漾。

琥珀被这个少年的自由自在感染了。他跟琥珀见过的所有人都不一样,不管是男女老少,都没有他这么天不拘兮地不羁、浑然如璞玉的气质。

少年继续呼喊,咿咿呀呀的。片刻,琥珀才醒悟过来,他在唱歌。琥珀一点也不明白歌词是在说什么。她情不自禁地模仿少年的呼喊,也大声高歌起来。他们的声音在群山之间回荡。就在这豁出去了的呼喊与高歌之中,琥珀觉察到自己发生了一点变化。她的憋闷愁苦,得到了发泄。

清冽的风吹着此处所有人、动物和往事。她的幽幽心事,一瞬间在这天高地阔中,渺小到可怜。

琥珀的外婆在她刚读高中时便因淋巴癌去世。去世前,外婆把她收藏了一辈子的物品,清点后给了琥珀。

很大颗的珍珠项链、带有莲花纹样的银制手镯、怀旧存留的粮票、穿旗袍的老照片,甚至还有两把颇为值钱的民国名人手书的折扇,那是外婆的妈妈收藏了一辈子,留给外婆的。总而言之,都是老物件。

琥珀流着眼泪拒绝:"我不要,我什么都不要,我就要外婆。"抓着外婆骨瘦如柴的手,琥珀久久无法平静。

对比亿万年的雪山,眼前宛如一滴泪水的湖水,也很小。渺小的人类,在浩瀚世间,也只不过是蜉蝣一般。可就算朝生暮死,也不该独坐呜咽中。

太阳当空照下来,高海拔地带的日光如此猛烈。在猛烈的光线中,万物熠熠生辉。

琥珀终于内心平静笃定。

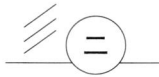

琥珀原本差那么一点点,就要休学。她的成绩从高一开始,每况愈下。

谁都无法想象,琥珀曾经是尖子生,考上了全市唯一的重点高中。学业退步,分数下滑,总有原因。但琥珀闷葫芦似的,什么也不说。

父亲母亲都在忙工作,除了干着急,找班主任了解情况,别无他法。班主任甚至还陈词滥调谈起来:"女生嘛!有的女娃娃本来就初中成绩好,一升学就跟不上了,后劲不足啊!"

琥珀听了这话憋闷气恼,但她无暇解释,也懒得解释。

关于外婆,琥珀心中有一个秘密,这个秘密很难对别人说出口。外婆住院的那段日子,琥珀也时常去探望,陪外婆说话。一天,在医院的走廊,琥珀帮外婆去找医生。门外,她听到了医生和护士的交谈,针对那种病情的病理,说了一些专业分析。其中有两句是,家族遗传发病是主要因素之一。

半懂不懂的琥珀,听得呆了。是否,将来的某一天,自己也会遭遇这样的命运?悲伤与恐惧,一起占领了琥珀的心田。

后来就是外婆病逝。办理过了后事,一家人哀哀切切,把遗像摆在家里设的一个小小的柜台上。

把悲伤压在心底的琥珀,从前幸福快活的童年,埋头读书的校园单纯日子,结束了。光明的未来,青春的梦想,放在天平的这一侧;无常的世界,生命的局限性,摆在天平的另一侧。

那我们为什么还要拼命努力?婴儿、少年、青年、中年、暮年,这就是人生吗?玩乐、读书、求学、毕业、工作、生儿育女,然后再逐渐告别血脉相连的人……外公外婆、祖父母乃至父母,还有自身,都是人间的蜉蝣啊!

提不起劲的琥珀,成绩一落千丈。父母却误以为是青春叛逆期,班主任则扣上男女生水平不同的偏见帽子。

他们不懂琥珀。琥珀无从解释,也不知道说什么好。直到她来到山上。

琥珀的父亲,是个借调支边的基层干部。援藏两年,他简直像换了个人,琥珀看着手机上发来的照片,不好意思跟父亲诉说她的心思。

这期间,父亲到四川甘孜办一件公务。母亲带着琥珀,千里迢迢赶去甘孜的理塘会合。

琥珀的母亲是一名小学数学老师,今年休假,她把种种杂事提前处理,推掉了名额稀缺的省城培训进修机会。

是妻子太思念丈夫了?还是父亲太思念女儿?这个问题,琥珀也不知道答案。总之,在异乡久别重逢,琥珀心里的欢乐沸腾,一洗胸口中小部分的阴霾。

十六岁的琥珀只知道,大人们总是为生活忙碌,终日奔波苦,一刻不得闲。只有她,面对漫漫暑假不知道做点什么好。

内陆地区还是酷热炎夏,这里却绿意浓郁,气候凉爽。有人对着简陋的旅馆丢石头,琥珀听见响动,走过去,走到窗前看见了黝黑的少年。于是,就有了这一趟上山奇妙之旅。

下山时分,琥珀大声问少年:"能告诉我,你叫什么名字吗?"

少年呆呆地看着琥珀,耸耸肩。他听不懂琥珀说什么。

少年摸了摸自己一边耳朵上摇摇晃晃的绿松石吊坠,又咧开嘴笑起来,叽叽咕咕说了几句。

琥珀依然听不懂他在说什么。不过,那笑容,好比夏日最璀璨的星辰。

良久,琥珀说道:"谢谢你,我叫宁琥珀。记住了。回头你来找我要礼物吧!我带了我们那里的好东西。"

少年完全没懂琥珀在念叨什么,但他拍了拍琥珀的脑袋,就像拍打吃着绿草的绵羊。

如果人与人之间不需要语言,也许就不会有那么多误会,琥珀心想。

少年牵着马,把琥珀送回山下,他才返身回家。

重新翻窗,回到房间,琥珀觉得,一切都太不真实。

但是到了傍晚,琥珀坐在饭桌上,父亲叹道:"琥珀,你这个傻丫头,你看不出来吗?那是个小骗子。你自己看,你的链子呢?"琥珀这才发现,她脖子上的那串项链消失了。

那是十岁生日那年,母亲去金店为她量身定做的小礼物。虽然很细很轻,克数不多,好歹也值几百块钱。琥珀万分懊恼。

不可能,怎么可能?一瞬间,琥珀委屈地哭出声。她有点恼羞成怒,反过来怼父亲:"您不是说这里的人淳朴单纯吗?"

"但是任何地方,都有贫穷的人。仓廪实而知礼节,衣食足而知荣辱……"父亲跟琥珀讲大道理。

琥珀答之:"我不听,我不想听。"晚饭后,回到自己的房间。

不知道是谁,隔着窗户,丢了一包东西到屋子里。打开纸包,里面居然是一块丰腴又鲜红的猪肉。琥珀完全茫然了。只有一种可能,这是那个少年送来的。

那个纸条上,写着一串歪歪斜斜的藏文。但是琥珀隐隐约约觉得,没必要多事。她收好纸条,把猪肉交给了父亲。她从来没有对父亲说谎,这一次,她告诉父亲,猪肉是她在路边买的,看上去很好吃。

"这叫丹巴香猪肉,好东西。不愧是我的丫头,很识货啊!"父亲表扬起琥珀。

几天后,母亲带着琥珀匆匆回到故乡。

琥珀去找附近的藏族学生请教,那是一所开在内地的西藏中学。同学"哦"了一声,帮琥珀翻译出来,那就是一句简短的祝福语:"多吃肉,要长高。我叫丁哲。"琥珀把这个名字念了两遍,妥帖收藏好纸条。

回到日常的两点一线,学校和家。高二生提前返校,预先多上十天的课程作为补习热身。

暑假结束,高三很快也到了。作为迎接终极考试的学生,千军万马厮杀备考,琥珀早把格聂之眼、她的小小奇遇,抛在了脑后。

三

两年后,琥珀考上了北京的中央民族大学。

琥珀的父母很满意。从女孩没后劲的反面教材,摇身一变成了班主任口中的典型正面例子。只有琥珀明白答案。

大二时,校外新开了一家奶茶店,同学们纷纷传言,是正宗的藏地奶茶,开店的人是正宗藏民,而且还是个帅哥呢!

琥珀被同寝室的女孩拉去赶热闹,喝着喷香的奶茶,那种滋味,浓郁得在唇齿之间,几乎化不开。除了奶茶,还有烤奶皮、酸奶条,以及奶酒。

店主果然是一个英俊的小伙子,漆黑的眸子,如同油画里的黑加仑葡萄。肤色黝黑,如假包换,那是充分日照下紫外线所致。他还会讲普通话,虽然不大熟练。同去的女孩悄悄一拉琥珀的衣服,说道:"我没骗你吧。真的可以当网红了。"

琥珀不予置评,笑一笑,喝完奶茶,擦擦手:"好了,好了,看过了网红,该回去自习了,我的书包和笔记本还丢在图书馆桌子上呢!"

两个女孩嘻嘻哈哈地走着,却听那个藏族小伙子喊道:"等一等。"

琥珀都没意识到,小伙子是在叫她。那个小伙子追上来,叽里呱啦冒出藏语。琥珀两手一摊:"你说什么?我不懂呀!"

小伙子总算会意,明白自己太心急,就忘了说汉语。他一字一顿地说:"啊哈,我想起来啦。我见过你的。甘孜,理塘,你去过,对不对?"

这结结巴巴的话,琥珀听呆了。是的,她去过那个地方。

过去的记忆,像龙卷风一样袭击回来,琥珀顿时苏醒。那个带她上山的少年,越过风吹着的草地,牵着一匹雪白的小马,在群山之间,教过她呼喊唱歌。

"是你吗?丁哲。"琥珀脱口而出。

除了额前没有刘海,这个青年,依稀有那个少年的影子,只是身材更高、体形更加壮实一点。他咧嘴笑着。

小伙子掏出手机,划拉着给琥珀看:"这,是不是你?"那是一张照片,只拍到了侧面。正是三年前的琥珀。

小伙子拍拍自己的胸口,说:"我是次旦扎勒。"他还有个汉文名字,叫丁勒。

他只是长得像,但不是丁哲。丁勒,是丁哲的亲戚。所以他们两个容貌有点像。丁勒说,表弟跟他说起,见过一个忧伤的外地女孩。

他去旅馆送牦牛肉干,那是家里的小生意。旅馆会把牦牛肉干卖给住店的游客,回头跟丁哲的父亲结账。

是的,那个汉人女孩很忧伤,清晨,丁哲从窗外经过,看着眼神黯淡的女孩,心中很难受。

一个少女,为什么会绝望悲伤?不应该啊!从小生活在康巴汉子们赛马奔驰、载歌载舞、自由自在的环境里,丁哲不明白。

"我想让她开心起来,忧愁,忘掉。"丁勒学着丁哲的语气,把原话说给琥珀听。那是丁哲学了好些天,才学会的一两句汉语。

丁勒笑着:"他跟好多外出打工的兄弟姐妹,都交代过。"

琥珀听懂了。丁哲叮嘱过很多他们那里的亲朋好友,如果遇到这个照片里的女孩,就告诉她,不开心的时候,去看看他们那里的那只眼睛。

那是通往天堂的眼睛。琥珀终于明白了纸条上的祝福。也明白了那包丹巴香猪肉的心意。

人要吃得饱饱的,长高个子,才有力气,还要放开胸怀。很朴素又很深沉的关切,来自一个偶遇的甘孜少年。

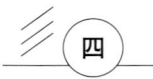

四

烦恼涌满心头的少女,和丁哲来到山上。

丁哲带着琥珀,看格聂之眼。在那里,两个人唱起了歌,就地坐下,被汹涌的日光沐浴。琥珀心中痛苦恐惧的东西,如冰雪一般,丝丝融化。

苍茫云海,风吹净尘埃。天地有大美而不言,在大自然中,藏有最深刻的真理。

人生有涯,所以世上那些美好的事物,那些心中眷念的人,才那么珍贵。琥珀听不懂丁哲在唱什么,又劝慰开解着她什么。

丁哲也不明白琥珀是因为什么而悲伤,而心灰意懒。唯有自然界的真理是透明的。

课本上的李白杜甫苏东坡,课外书上的老子庄子,那些曼妙吟哦、感慨唏嘘,从前的琥珀,只是机械背诵默写。

在白马少年的旁边合唱时,那一刻琥珀全部融会贯通了。琥珀摸着胸口,往事历历在目,外婆一直活在她心里面,并没有走远。

大自然亘古长存,人类一代代交替。老一辈去世,新生代继承。正因为生命有限,才不能辜负自己,不能辜负所爱的亲人。正因为年华易逝,才须放开怀抱,抓住光阴。

琥珀豁然开朗。琥珀有她自己追求的梦想,所想抵达的境地。

或者,研究一门古老的学问,达到炉火纯青,有所贡献,就像她所仰慕的敦煌研究院名誉院长樊锦诗;或者,去支援边远贫困地区,帮助人们脱离贫穷,过上截然不同的新日子。

她想做一个那样的女性。寒来暑往,秋收冬藏。春天总是会再来。

在春天,树木与花草尽皆复活。山川地理,吸引着一拨又一拨游客,去体会对比不同的生活。

那条细小的金项链,后来琥珀在旅馆的角落找到了,出远门读大学后,她一直带在身边。唯有项链和纸条,证明她所经历的,并不是一场幻梦。

琥珀觉得,一定还会再见到那个少年——丁哲。

也许会是在中国别的地方。丁哲正把青春,融入浩瀚的天地中。

如果再见面,琥珀会问清楚,他的那匹漂亮的小白马,叫什么名字。

×××××

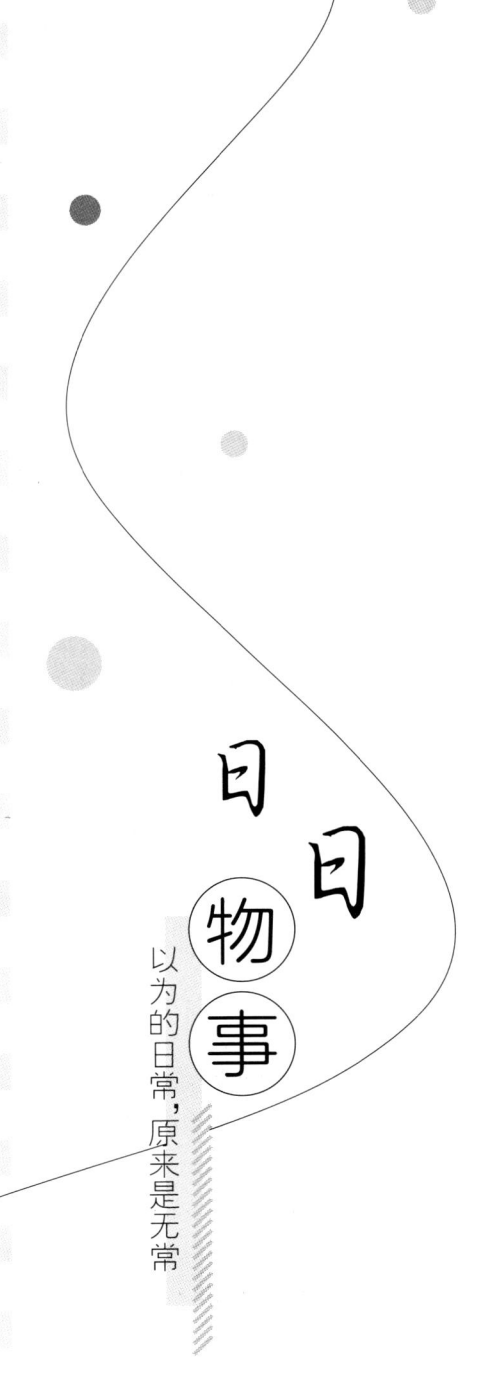

日日物事

以为的日常，原来是无常

不管狗和茶炊怎么闹腾,生命是个好家伙

◆王这么

一

人到中年,容易失眠。现实生活中所发生的一切,所有的一切,都疾风暴雨一样兜头扑下来,根本来不及思考。

六岁的时候,我家搬家了。一家四口,从一间十平方米的职工宿舍,搬到了单位新盖的福利房。房子建在县城西边的小山上。都是普通的平瓦房。我家的房子就在山脚往上一点。房前是一片野枣树林,房后是往上延伸的山坡,山坡上还各依地势,安放着几户人家。再往后,有一个小型的解放战争烈士墓群——这里后来成为孩子们的游乐场。我们站在坟头,扮演电影里的革命烈士,"砰砰",残忍的敌人开枪了,我们高喊口号,捂住胸口,用各种姿势倒下去。倒在柔软的草地上,舍不得爬起来,青草和泥土的气味教人快乐无比。

搬家的前一个礼拜天,单位里分到了房子的人们,结伴去看房子。人来了以后,房子就一间间被点亮了。每一间房子都很大,白得刺目的水泥墙壁从地面往上升,消失在房梁深处,又从那里,顺着电线垂吊下白炽灯泡,灯光明亮,使四周的夜越发浓黑,夜风和虫子的鸣叫声都停下来了,只有这几间屋子里是光明的,和喧闹的。灯光和人声,快乐地膨胀着,从打开的门窗里溢出去……

将要成为我们"家"的房屋,此刻就像一只怀揣珍珠的河蚌,在黑夜的中心散发着莹润的光。让人浑然不觉它所处环境的荒僻。

大人们每个房间都去查看,摸一摸墙壁,检查窗户,各处敲叩。屋子里忽然没有人了。只剩下我,独自站在那里,望着头顶上的电灯泡,莫名地被它迷住了心窍。它孤零零的,高悬在我不能企及的地方,散发出那么强烈的光亮。它让这间屋子显得更空旷了。脚步声和笑语声,依旧从住宅各处传来,却听不真切了,仿佛人在水下听着岸上的声音。

一根针不知从哪里来,刺破了童年意识的混沌。我突然感觉到了一个无比锐利和清晰的事实:我在活着。那么,"好多年以后,我会在哪里?我会记得现在的事吗?"这些疑问,将我钉在了那个仰望的姿势上:"是的,人都是要死的。"

关于丧失、关于死亡的恐惧、关于时间流逝的焦虑,从那时候起,就扎根在身体里了。

生命,正在流逝,你爱的和爱你的人,你珍视的一切,都将消失,永远不再。只有人类才能明确地意识到这一点,并为之迷茫、痛苦……怎么说呢,这才是真正不得了的大事件啊!

想一想,生命在宇宙洪荒中出现,已经不可思议。地球也许是宇宙中唯一拥有生命的星体。地球上所有的生命体中,只有人类才拥有思想,痛苦的时候会哭,欢乐的时候会笑,会创造音乐,会绘画,会写诗,会奇思妙想,会制作出许多精密好玩的物件。

不管成为怎样平庸的人,属于他的"生命",都不是平庸的。每个人的生命只有一次。对于个体的人,再平凡短促的一生,这其中发生的一切,不都够得上惊涛骇浪吗?一个人想泅渡过这生命的海,其难度,绝不亚于让舰群做一次星际跃迁吧?

列夫·托尔斯泰在他晚年的日记中写道:"只是徒然不假思索地想起死是不必要的。重要的是正视它:认识并接受死在一步步接近我们的事实,却又能平安、喜悦地活下去。"

怎样平安、喜悦地活下去呢,他的答案是:"去生活。"去生活,而不是为了去"成就"。"他一辈子一事无成。""我今天什么事也没有做……"怎么!您不是生活过来了吗?这不仅是最基本的活动,而且也是我们的诸多活动中最有光彩的。法国作家蒙田也说过类似的话:"我比别人多享受到一倍的生活。因为生活乐趣的大小是随我们对生活的关心程度而定的。"

专注于生活本身,生活是值得的。

每周三天,雷打不动,我要坐公交穿过城市,到另一头去看望父母,路上看到白玉兰开了、蔷薇花开了,然后是桂花香,枫叶红,蜡梅黄,一年过去了。每次敲开那扇门,看到因为经常见到所以并没有觉得变得更苍老的父母的脸,我特别开心,还有一种温柔的哀伤,不禁让人语气变得别扭起来:"怎么,今天没有到外面乱跑吧?""苹果要记得每天都吃一整个!"

立春的那天,修剪月季的枝条,用三角铲翻动花盆中的泥土,让它们变得松软,然后埋下黑色的羊粪颗粒。扶着酸痛的腰站起来,打量茶花与红梅的花苞,想起曾经读过的一些关于园丁的诗和小说。

梅雨季,从外面走回家,雨水总会从伞尖滴到地板上,鞋把泥土带进来,看着地上混成一小片的泥水,与其说浑浊,不如说是半透亮的,反射着从窗户那边射进来的天光。打开窗子,凉湿的空气进来,带着让人捉摸不定的栀子花香。这样的时刻,应该坐下来,什么也不做,只听时间在墙上的挂钟里一分一秒地走去。

站在路边等车,偷听路人的交谈。激愤地与伴侣争吵,又和好了。

突然来了劲头,毫无理由地做一顿丰盛的饭。阳光很好的下午,不出门,钉在厨房里咬牙切齿地打发全蛋液,不锈钢盆在掌中溜溜转,柔黄色的云朵,在盆中缓缓升起。没来得及吃完的菜薹,一夜之间,就在窗台上开了小小的花。

假装手机没电了,收不到微信。在沙发上躺一整天。偶尔伸手去拽一下猫的尾巴,在它经过的时候。

一事无成、乏善可陈的日子,我没觉得它是白白过去的。是特地停下来,细细品尝事物的滋味,是端起小瓶子,一点一滴,敝帚自珍地收集着生活。就算有一天,世界变了模样,世界没有变得更好——我们这一代人,生于和平,长于变革,尽管多有不如意和抱怨,但和我们饱经患难的祖、父辈们相比,实在算不得什么。正该暗自庆幸,我们又何德何能,居然以为能够随随便便,就能免于祖辈们的境遇?

但生而为人的感觉,生活的滋味,是我自己的,谁也抢不走。我的小瓶子中,装载的事物越多,讨厌的东西,就越不容易挤得进来吧?要尽力地不让它们挤进来。

我最爱的契诃夫,写过一个故事:

一个饕餮者,无所用心的小官僚,在吃晚饭。面对满案佳肴,他忍耐着,等待着厨娘端来今晚最不可或缺的那一碟油煎薄饼。刚刚烤好的、焦黄、酥软的薄饼,他要浇上滚烫的油,抹上鱼子酱和酸奶油,够了吗?不,再来一点肥鲑鱼、小鲳鱼、沙丁鱼,把两张饼夹起来,合成圆筒——可以吃了吗?不,还差一步,他又"津津有味地喝下一杯白酒,嗽了嗽喉咙,张开嘴巴",终于,迎来这完美的瞬间,在这一瞬间,他中风了。

如果是做阅读理解,这个故事,我想极有可能会被解读为对腐朽阶层的辛辣讽刺。但我呢,坐在路边小店里,也是非要等千层油酥烧饼端上来,才肯喝第一口牛肉粉丝汤,一口饼一口汤,除此之外绝无选择。所以真是非常理解他,为他感到难过。即使只是口腹之欲,即使是庸俗之人,他也有自己关于生活的想象,他为美食所付出的专注,毫无保留的热盼,也是充满人性的可哀与可亲的。

契诃夫很少批判,也从不歌颂。他对伟大与不凡没有兴趣。他笔下所写的,都是普通人。他们哭,他们笑,他们不知道自己的灵魂里到底发生了什么。作者不给答案。一切都是不确定的。只有一件事在确实发生着:生活在人们的看不真切中,流逝了。

在他笔下,俄罗斯的人们总是发出这样的叹息:"我想要生活啊!"我觉得,这也是契诃夫自己的声音。

他说:"我认为少了悠闲时光,真正的幸福是不可能的。对我来说,极致的快乐便是散步或者坐着什么也不干。"四舍五入,同样热衷于坐着啥也不干的我,就和契诃夫享受着同样的极致快乐了。

"假如我不是一个作家的话,我觉得,我可能会做一个园丁。"他热爱园艺,高高兴兴地布置自己的小庄园,种各种树,挖小池塘,请朋友们夏天来游泳,但因为水质不好被朋友嫌弃。春天到来的时候,他在外地来不及赶回来,写信给妹妹说:"玫瑰花等我回来修剪。"他买了很多品种的玫瑰,种出来却都是白色的,很可能是上了花商的当。他妹妹玛莎安慰他说:"这是因为你的心灵纯净。"

1898年,在给妹妹的信件中,他说:

"你告诉妈妈,不管狗和茶炊怎么闹腾,夏天过后还会有冬天,青春过后还会有衰老,幸福后面跟着不幸,或者是相反。人不可能一辈子都健康和快乐,总有什么不幸的事在等着他。他不可能逃避死亡。尽管曾经有过马其顿王朝的亚历山大大帝——应该对一切都有所准备,把一切所发生的都看作是不可避免的,不管这多么令人伤心,需要做的是,根据自己的力量,完成自己的使命。"

这段话,和王小波在《黄金时代》里说的:"人活在世上,就是为了忍受摧残,一直到死,想明了这一点,一切都能泰然处之。"我觉得是有种殊途同归意味的。

距离第一次读契诃夫,已经三十多年了。距离第一次读王小波,也已经……快三十年了。比起快速刷过的时间,世界变化之大,才更令人吃惊,让人困惑。记得2000年前后,王小波《沉默的大多数》深入人心,文艺青年还在传唱着崔健那首《无能的力量》。如今,二十年过去了,全民在网,众声喧哗,可是……

浮生恰似冰底水,日夜东流人不知。这就是作为普通人的宿命,永远如此。水流有它自己的方向,拍打过多少险恶的礁石,摇曳过多少丰茂的水草,别人不知道没有关系,我自己要认真地去品尝,清醒地啜饮这冰下的暗流。

很多的时刻,细小的时刻,千真万确属于自己的时刻,只可自怡悦,不堪持赠君。这些想法,这些文字,都是如此。不过是一个普通人和她敝帚自珍的生活。

"生命,生命这好家伙,何时我也说它不错……从没有怨命,何日我也对它尊敬。"林子祥的这首《生命之曲》,创作于1988年,那是香港音乐与影视的黄金时期。小时候我很喜欢唱它。现在还是喜欢。有时会哼哼起来,给自己打个气。管它未来怎么样,去生活,不要让生命沉默,去生活,别让它茫然地溜走了!

公元前那只蟋蟀

*刘黎琼

我和六岁的小女儿蹲在那里，几乎是屏着气，盯着眼前这条窄窄的石板路。农历七月的晚霞落在她的细发和脖颈上，她的身后是一处人工开凿的池塘，四面围着芦苇，像是被碧绿的巨大手掌握在中间。

我们在玩一个游戏，数一数在一分钟里，会有多少虫子出现在这条石板路上。

一分钟何其速也。"过客"共计有13只蚂蚁，3只马陆，1只西瓜虫，1只花金龟。

黄昏的颜色更加深重，摇蚊在周围纷飞，像一块飞幕。我边挥手驱赶着它们，边感叹："短短一分钟，居然有这么多虫子穿过这条小路！"

晚霞也落在塘中野鸭和白鹅的身上，落在荷叶和花瓣上，花间有蜻蜓和蛱蝶来去，有蜘蛛结网。万物都在恒常中奔过季节，即使是不起眼的昆虫，也在它的轨道里运转有序。

孩子突然眼睛一亮，笑道："妈妈，你听！这条路上，还有虫子的叫声一直一直在经过！"

可不。单只草丛一隅，蟋蟀就正不断将它的叫声送出。是"七月在野，八月在宇，九月在户，十月蟋蟀入我床下"的蟋蟀。蟋蟀的动静，与星河的排列，同在一个时序里流转，同是一首诗的脉络与节奏。是"蟋蟀在堂，岁聿其莫。今我不乐，日月其除"的蟋蟀。蟋蟀登堂入室，预示着一年又要过去了，繁华到了消歇的时候，生活到了总结的时候。

我牵着孩子的手，悄悄靠近草丛，想着万一跟它打个照面也好。蟋蟀的叫声忽然塌陷了一片，但几秒后随即再次响起来，比刚才还要洪亮，并不将人类的足音放在眼里。

在我的记忆里，也有只蟋蟀在唱歌。那时住在一个茅屋里，杜甫"八月秋高风怒号，卷我屋上三重茅"里的那种茅屋，却也是毫不含糊的三间房。屋顶堆着重重的茅草，是风雨的颜色。茅檐很低，檐下有燕子的窝。墙是黄泥垒的，泥里藏着草种子，草茎钻出了泥墙。想象一下，春天墙上生青草！茅屋所在的院子，还住着芫荽、白菜、辣椒、小葱、黄瓜，住着月季、凤仙、鸡冠花，还住着鸡、鸭、蚂蚁、蟋蟀、瓢虫、独角仙，以及一个我。夜里，月光落到屋顶，茅草闪着霜的白光，四周不闻蟋蟀的鸣叫。半夜，万籁俱寂，它却在床底下意外地响起来，嚁嚁嚁，嚁嚁嚁……正是公元前那只蟋蟀，从《诗经》里欢唱着行路千年，在那时经过了我，将它的歌声分给了我。

那个小院子朴素而圆满，我自在其中，身心松弛，感觉就像一只蟋蟀，对着刚在东边长出来的阳光，满意地打着喷嚏。《诗经》时代，人和万物生活在同一个空间里，低头不见抬头见，彼此相安，互相撑持，亲密无间。人对自然固然存着实际的索求，但这些索求是简单、明确且合乎常理的，并不妨碍人们对万物怀抱着缤纷、朴厚的深情。一只虫子，从这样的深情里看去，也都是亲切的，可爱的。读《诗经》固然可多识鸟兽草木之名，但这些浑朴本色的名称后面，实在还有人嵌在心上的眼睛。这也是《诗经》敦厚温柔之所在，见其心性之善、关系之真和万物之美。

废名有篇《蝇》，提到周邦彦一首词，拿蝇子来比女子，而且把这个蝇子写得多么有个性，写得很美好。词是这么写的："冬衣初染远山青，双丝云雁绫，夜寒袖湿欲成冰,都缘珠泪零。情黯黯,闷腾腾,身如秋后蝇,若教随马逐郎行,不辞多少程。"是写一个女子甘愿变成苍蝇,追逐她的爱人所骑的马,一路相随而去。废名感叹说:若敢于将女子与苍蝇同日而语之,天下物事盖无有不可以入诗者矣。以苍蝇作比,可见出爱使人变得卑微,"低到尘埃里"。《诗经》则更有过之,直将虫子拿来譬喻最美的人物。

它说美人"手如柔荑,肤如凝脂,领如蝤蛴,齿如瓠犀。螓首蛾眉,巧笑倩兮,美目盼兮",因其经典,广为人知,却很少有人会逐字探究。皮肤白润,如猪凝冻的脂肪;脖子丰白,像天牛的幼虫;额头广而方,像螓(似蝉而略小的一种昆虫);眉毛长且弯,像蚕蛾的触须。还有"彼君子女,卷发如虿。我不见兮,言从之迈"。对于美人的头发,它不惮于用蝎子这类毒虫形容。我们惊异于这想象的大胆,比喻的骇俗,是不了解先人对昆虫所怀的亲昵、熟络的情感。他们对自然用情如此之深,任何昆虫都有其闪光点和可爱处,配得上最钟情的任何事物。

在陶渊明的诗里,人与万物也是如此坦荡且亲密。他对自然所怀的诚恳,所达的体贴,后世田园诗人无人可及。他躬耕畎亩之中,日与鸟兽草木亲近,如与老友朝夕相对。"山气日夕佳,飞鸟相与还。""狗吠深巷中,鸡鸣桑树颠。""翩翩新来燕,双双入我庐。""翩翩飞鸟,息我庭柯。敛翮闲止,好声相和。"诗句是亲切的,家常的,蓬勃的。看见了,就说出来了,所以质朴无华,颇像"田家语",其风骨却是雄健的,有浩瀚自然的呼应和驰援,是各种生命之间的相互应和。春的气息是潜行而来的,他却与虫和草木一样敏锐地觉察到:"众蛰各潜骇,草木纵横舒。"虫是惊醒的,还有些迷糊和茫然,暗中还在嘀咕着,草木却"赶趟儿似的,一个个都出来了。舒活舒活筋骨,抖擞抖擞精神",有种复活般的快慰。这是个粗头乱服般的春天,却不掩其奔逸的生气。

自然自古就滋养着人,缓慢而深入地丰富着我们,使我们完整。只是,时代飞驰,变化太快,一些事物被抽离,许多"多余"被甩出。我们被迫与自然远离,变得像苍白的纸片人。深夜十一点半的城市,不眠人听得到地铁驰过,有谁曾在意过虫鸣声消失了多久吗?

叶圣陶怀念虫声,盛赞"它们高、低、宏、细、疾、徐、作、歇,仿佛曾经过乐师的精心训练,所以这样地无可批评,踌躇满志。其实他们每一个都是神妙的乐师;众妙毕集,各抒灵趣,哪有不成人间绝响的呢。……虫声终于是足系恋念的东西"。

法布尔购置一块偏僻的不毛之地,却不只为了虫声,是要全副身心与昆虫生活在一起。"这儿的昆虫确实是又多又全,而我所见到的只不过是一小部分,而且非常的不全。如果我能与它们交谈的话,那么,我就会忘掉孤苦寂寥,变得情趣盎然。这些昆虫,有的是我的新朋,有的则是我的旧友,它们全都在我这里,挤在这方小天地之中,忙着捕食,采蜜,筑窝搭巢。"他因此称荒石园为"美丽迷人的伊甸园",并为几乎每一种虫撰写了诗一般的文章。

眼前此刻,盛夏的蟋蟀正叫得盛大。(在大张旗鼓的运作中,自然终于开始镶嵌到城市的拼图里。就像我们此时所在的这里,虽然自然只迁移了一小部分于此处,却不失其多样性和趣味。)是公元前那只蟋蟀,那只无时无刻不在翻越时光长河的蟋蟀,也在这一刻,路过有心人的耳朵。我和孩子默默地听了一阵。它于我,更多是提醒岁月无声流走的若干影像,和古人抹在时光墙上的怅惘;但对于孩子,它不啻是一份小小的"童年的惊喜",打在记忆上的印记。

小女儿意犹未尽。一进家门,她就奔向她的小书柜,翻出一摞《生命的故事》。我将她搂在怀里,翻开其中一本,努力用纪录片里那样沉着的声音念道:

"蟋蟀妈妈从尾巴处,伸出一根长长的管子,猛地插进土里。于是,卵就顺着管子嗖嗖地进到了土里。

"秋天,凉凉的风吹过草丛。不过土里要比外面暖和多了。很快,就刮起了冷飕飕的北风。寒冷的冬天到了。

"……接着,春天到了。当大地变得一片翠绿的时候,卵孵化了。

"小小的、弯弯的'肉虫'从土里爬了出来。……"

蟋蟀诞生了。生命诞生了。一切有了可能。

正欲清谈逢客至

*肖复兴

"正欲清谈逢客至,偶思小饮报花开。"很多年前,在一家客厅的中堂对联读到它(这是放翁的一联诗。后查《剑南诗稿》,句为"正欲清言闻客至,偶思小饮报花开",但觉得还是对联更好),很喜欢,一下子记住,至今未忘。

偶思小饮报花开,是想象中的境界,正要举杯小酌,花就开了,哪儿会这么巧?这不过是文学蒙太奇的笔法,诗意的渲染而已。但是,正要想能有个人一起聊聊天的时候,这个人如期而至,或不期而至,尽管不常有,总还是会出现。过去有句老话,叫作说曹操,曹操到。也有这层意思,只是没有这句诗雅致。而且,说曹操,可能只是一时说起,并没有想和曹操有交谈的意思。

正欲清谈逢客至,这样的情景,是生活温馨的时刻,是人生难得的际遇。

读高一那年,学校图书馆的高挥老师,突然来到我家。上小学以来,读书九年,没有一位老师家访。高老师是第一位。

图书馆学生借书,填写书单,由高老师找好,从窗口借给你。高老师允许我进图书馆挑书,在全校是破天荒的事情。为此,有同学和高老师大吵,说她是培养修正主义苗子。由此,我对高老师感到亲切,她比我姐姐大一岁,很想和她说说

心里话，没想到她突然出现在我家的时候，我竟然说不出什么话了。

高老师知道我爱看书，特意到家来看我。她不是我的班主任，没有家访的任务。当然，这也不是家访。家访不会让我感到那样亲切，想让我和她说好多的话。

在窄小的家里，她看到我仅有的几本书，塞在一个只有二层的小破鞋箱上，委屈地挤在墙角，当时并没有说话。五十多年后，前几年，我见到她，她才对我说起。我知道日后她破例打开图书馆有百年历史藏书的仓库，让我进里面挑书，我去北大荒前，从她手里借的好几本书再未归还，都和这个小破鞋箱有关。

父亲去世后，我从北大荒回到北京，待业在家，无聊之极，整天憋在小屋里。母亲说我跟糗大酱一样，都快糗出蛆了，劝我出去走走，找人聊聊天。找谁呢？我是回来很早的知青，大多数同学还都在全国各地插队的乡下。白天，大人上班，小孩上学，大院格外清静，我家更是门可罗雀。

一天，有一个小姑娘来我家，她是邻居家的小孩，叫小洁，六岁，还没有上学。她手里拿着一本硬皮精装的书，把书递给我，打开一看，里面夹着的都是花花绿绿的玻璃糖纸。她从书里拿出几张不同颜色的玻璃糖纸，对我说："你把糖纸放在你的眼睛上，能看到不同颜色的太阳！"然后问我："好玩吧？"我知道，她是想和我一起玩儿，一起说说话。

我问她，怎么有这么多的糖纸呀？她一仰头，说："攒的呀！我爸我妈过年给我买好多糖，吃完糖，我把糖纸就都夹在这本书里了。"说着，她让我看她的这些宝贝，书里面好多页之间夹着一张或两张玻璃糖纸，快把整本书夹满了。每张糖纸的颜色和图案都不一样，花团锦簇，非常好看。我一页一页认真地翻，一页一页地看，从头看到尾。

好多天，她都跑到我家，和我一起翻这本书，看糖纸，还不住指着糖纸问我"这种糖你吃过吗？"我逗她，摇头说："没吃过。"她就说等下次她妈再给她买，她拿一块给我尝尝。

几年以后，我搬家离开大院前，小洁跑到我家，要把这本夹满糖纸的书送给我。我连忙推辞。她却很坚决："我爸我妈总给我买糖，我的玻璃糖纸多得是！再说，我看出来了，你喜欢这本书里的诗。"说完，她俏皮地冲我诡谲一笑。

父亲是清早到前门楼子后面的小花园里打太极拳，一个跟头倒下，突然走的。那时，我在北大荒，弟弟在青海，姐姐在内蒙古，家里只有母亲一个人，孤苦伶仃，束手无策，正想找个人商量一下怎么办理父亲的后事，焦急万分，没着没落。就这么巧，老朱恰逢其时地出现在我的家里。

老朱是我的中学同学，一起到北大荒同一个生产队。他回北京休探亲假，假期已满，买好第二天回北大荒的火车票，临离开北京前到我家来，本是想问问家里给我带什么东西，没想到被母亲一把抓住他的手，看到的是母亲泪花汪汪的老眼。老朱安慰母亲之后，立刻到火车站退了车票，回来帮助母亲料理父亲的后事，一直等到我从北大荒赶回北京。

是的，这一次，不是我在家里正欲清谈而恰逢客至，是我的母亲，是比清谈更需要有人到来的鼎力相助。那一天，老朱从天而降突然出现在母亲的面前，现在回想起来，简直是比书中或电影里的巧合还要不可思议。但是，就是这样：一触即发之际，才显示客至时情感的含义；雪中送炭，才让人感到客至时价值的分量；心有灵犀，才是这句诗"正欲清谈逢客至"的灵魂所在。

纸上王国

❋ 邓安庆

有一天,父母从外地回来暂住。大房子一下子热闹起来,妈妈在灶房煮饭切菜,爸爸在后厢房堆垛麦草,楼上楼下灯火通明。妈妈叫我去村里买瓶酱油。走了一里地,提着酱油回家,大房子复归沉寂,灶房的柴火熄灭了,后厢房的门大敞,楼上楼下夜色倾泻而出,我转遍房间的角角落落,叫着爸爸妈妈,他们仿佛根本没有回来过似的。我不知自己是在现实中还是在梦中,明明不久以前妈妈还叫我,怎么突然就不存在了。我跑出屋子,去村庄里寻找他们。等我沮丧地再回来时,妈妈站在灶房的门口,问我买个酱油怎么磨蹭这么长时间,菜都快烧焦了。爸爸在阳台上修烟囱,叫我上去帮忙。刹那间,我有一种强烈的不真实感,仿佛中间那一段静寂的空白根本没有发生过似的。

我一直无缘得问他们那段时间去了哪里,我只是反躬自问究竟是不是我的错觉。他们是不是一不小心进入我的纸上王国?当我离开的时候,大房子突然摆脱我的掌控,让我的父母穿透时空的薄膜,进入我创造的想象空间,这个当我尚未充分掌握好语言的时候我的想象力与大房子共谋产生的国度。

我九岁的时候,父母不堪生活压力,决定离开村庄,逃往外地,我因为还要读书,只能和我的大房子留守。刹那间,所有的亲人四处飘散,炉火不温,棉被不暖,清晨再也不会有妈妈在床畔端着一碗热腾腾的蛋汤等我起床喝。我一时不知如何自处。我不喜欢和男孩子们玩粗鲁的斗架游戏,也不擅长玩女孩子们的游戏。

我孤身坐在自己的阳台上，看着村庄渐渐沉沉睡，黑瓦铺排的屋顶沉没在渐渐涨起的雾气中。繁密的星星，浮漾在江雾蒸腾的田野上空。这个时候我常凝视着阳台斑驳的墙壁：雨水滑过的残痕，墙泥盘旋的纹理，裂缝的脉络，无数的线、团、块组成无数的图案，有马，有牛，有熟悉的面孔，有歪扭的字……眼睛低一点或高一点，睁一点或眯一点，正一点或侧一点，即有无穷的影像纷至沓来。我怀疑夜夜在大房子里徘徊的那个透明物，就躲在这墙壁里面。

乡村的夜晚最是安静，田野被汹涌的江风碾过，尖厉的啸声直刺进人的心里去。大房子放下白天乖乖凝滞的姿态，每一处都活动起来。油纸做就的窗一吸一鼓，整个窗子便像有无数张嘴似的，叭叭地吐着闷气。灯苗跳闪，摇曳着整个房间里鬼魅似的阴凉。纷沓沓滚动着楼上老鼠细碎的奔逐声，吱呀呀张合着灶房房门凄厉的呻吟声，咣当当震跳着锅盖砸地的巨大声响，这些可辨识的声音奔涌不息，浩浩漫漫，侵袭着耳朵，啃噬着心灵。而最可怕的是那些没有声音的声音，我蜷缩在床上，放下蚊帐，裹紧被子，过分的安静反而让我睡不着，我已经把房门锁得紧紧的，又把窗户关得死死的，一切都封好，可我还是睡不着。常做这样一个噩梦：我坐在一间教室里，把所有的桌椅都围在自己的身旁，生怕有任何缺口，围好后忽然发现所有的桌椅下面都是空白的，我惊恐万分地望着打开的门，感到随时会有个不明物就要进来……是的，是谁要进来了？窸窸窣窣的脚步声，从空旷的阳台下来，轻悄地磨蹭着，到了另一间房子又出来，转过身往这边移过来，近了，近了……我赶紧睁开眼睛，仔细听去，什么声音都没有。

在无数个只有我的黑夜中，我把心磨得分外敏感和纤细，而想象力出乎意料地壮大起来。我的心捕捉着每一根残丝，立刻就在眼前编织出一片云锦。可是一个人不能整日地耽溺于幻想之中，那些虚无缥缈的东西让人倍加孤单。一个黄昏来临的时候，我偷偷地扒在伯伯的灶窗上，看到一家子的老小全围在一起吃饭，明亮的灯光下蒸腾着饭菜的热气。我悄悄地跳下来，转身回到自己的大房子里去，不说一句话。那么一种被抛弃被排挤的感觉如此强烈。我记得有一次跟父母怄气，跑出去到一个巷子里躲了起来。不大一会儿，就听见父亲的召唤声，我故意不理，然而我心里是踏实的，没有找到我，父亲是不会回家的。现在我在夜晚走遍村庄的每个巷子，狗吠声此起彼伏，还有鸡棚里骚动的鸡鸣声，但是不会有人来寻你了……我只有回到我的大房子里。

大房子里有我的宝藏。我从东厢房翻到西厢房，从楼下翻到楼上，没有目的地寻觅。沉重的木箱，酸臭的菜坛子，结实的石墩，每一件器物上都留有我的手温。终于有一天，我找到几本哥哥用过的地理书，并很快被吸引住。我尤其爱看那些花花绿绿的地图。咫尺之间，却囊括了天下万物，何等的大气魄！细如发、密如网的江河，黑白相间的铁路线，圈圈点点的城镇……一些奇特的符号却在我的脑海中构筑起宏大的江山。我记起六岁的时候坐着火车到广州去，不变的是窗子，变幻无穷的却是窗外的风景。当起伏的山峦滑过眼前时，立即是坦荡的平原，星散着无数的村庄；当太阳的光辉四溅时，不久窗上便泼满了雨水……行走在巨大的空间中,我的心灵也随之无限地张开,让时间酣畅地流淌。

流淌的还有我的想象。我已不满足于只是看看书上的地图,也要迫不及待地勾勒出自己的纸上王国。开始,我只是描摹书上的地图,可很快我就厌烦了,想象力促使我抛开这一切,去营构一份自己的天地。潺潺的春雨将息,门前的泥路上多出几个小水潭,我给每个水潭取名字,并把它们挖通。在我眼里,这分明是几个大湖,所挖通的水道便是运河,而泥土里的细沙,是湖边聚集的居民。还有更激动人心的是江滩:曲折的是江岸是海岸,伸出的是半岛,缩进的是海湾;扇形的泥面是冲积平原,凸起的山坡是山脉,凹下的是山谷、盆地;泥土发黄的地方盛产金矿,铺满石子的地方戈壁连天。这一切都可以画在一张大白纸上。用蓝色的圆珠笔勾勒出这个国家的轮廓,弯曲绵长的海岸线,四处分布的小岛;用黑色铅笔铺排出一列山脉;用红色钢笔描出庞杂的河流……河流交汇的平原上必有城市,城市之间必有铁路公路,路与路交叉处必有交通枢纽;有山的地方必有矿产,有矿产的地方必有城市和铁路……一张白纸上逐渐铺满各种符号。

好了,一个国家就这样展现在我的眼前:绵延千里的山峦,富庶无比的大平原,苍茫无垠的沙漠,繁华流溢的大都会,忙碌拥挤的铁路……我闻到大江磅礴的水腥味,听到幽幽的山谷里清脆的鸟啼声,触摸到小溪边柔腻的水草。这个国家是我一个人的,越是在黑夜深处越是鲜明地浮在我的脑海中。

现在,我不再害怕夜晚。煤油灯点亮,白纸铺开,笔尖削好,一切就等着我去尽情地挥洒。现在不单是画地形,还要为这个国家编织历史。我从历史书上所看到的有限知识里去虚拟历史。这个国家的某某地方产生了某某圣人,这个圣人写了某某书。后来,我在现实中每接触到一个新的信息,就会马上编进我的虚拟历史中。我的历史中,开始出现某个具体的人,某个具体的地方。每当晚上闭上眼睛时,我就会想那个人现在在干什么呢?那个地方我需要添加一些什么东西呢?而我的大房子就是这个王国的宫殿,我宛如国王一般,拿着我的地图,巡视着我的宫殿。我想象国度里的人物生活在这个大房子的墙壁纷杂的线条色块里、绿苔浮漾的水缸里、裂成两块的镜片里。白天他们躲着,到了晚上他们在大房子里走动呼吸,在沉睡的村庄上空飞舞,在无限的宇宙中来去自如。他们只属于我一个人。

偶有亲人拿起我的作业本,上面写了稀奇古怪的符号,他们不懂这是我想象国度的文字。我着迷地发明各种符号,分配给国度不同的地区和民族。我用各种布头和针线,缝制我想象中的人物,为他们编织故事。邻居的大伯告诉我爸妈我是不是生病了,他常看到我两手拿着布头做成的小人在阳台上自言自语,他不知道那不是普通的布头,他们是伟大的人物,正在进行决定世界命运的交谈呢。只有大房子是懂我的。从屋瓦的缝隙中漏下条状的阳光,那是我想象国度的金色大路;而从后厢房的麦草堆散发出的干爽蓬松的气味,是我想象国度无边的田野之风;阳台上龟裂的水泥纹路是神秘的迷宫路线。

每当回想那一天父母莫名消失的时间空白片段,我就有一种莫名的亢奋。我已经和我的大房子建立了我的纸上王国,只有我最亲的亲人才得以进入。我想象着在那个空白点上,我和我的父母脱离现实的肉身外壳,进入大房子唯我独知的神秘通道,在那里我正带领着我的父母在我的纸上王国巡游,从沙漠到大海,从热带雨林到温带高原,从绵绵山脉到浩浩江河。他们将会喜欢我和大房子共同构建的想象国度,从此以后再也不用一次又一次从我身边离开。

爬到树上睡觉

✽ 王太生

有时候，我在想：人如果能够像猴子一样，噌噌，爬到树上睡觉，该是一件多么奇妙的事情。

我目前的生活，就是这样一种状态。

白天，我在这个城市汹涌的人流中穿梭，人变得现实而功利。

到了夜晚，四周恬静无声，远离人声犬吠，我进入自己的另一种状态。

草木深呼吸，我知道，我这是爬到树上，离喧嚣的地面三尺三，我将白天看到的事情，自己的心情，倾诉到一张纸上。这张纸，依然散发着草木特有的光泽。

爬到一棵树上，先不说，四周是怎样的天光流影，月白风清，我是如何注视一丛丛在冬天吐蕊的枇杷花，到仲夏长成一树黄澄澄的果实。

从前，我居住在一个老小区的三楼，一只鸟巢与我毗邻而居，就这样，我静静地注视两只鸟，一前一后，从远处泼泼飞来，衔着一根根枯黄的草，精心编织一个天地间的花篮，斜筑在枝丫上。透过几片碧绿的树叶，我看到，大鸟哺育雏鸟的生命艰辛和岁月感动。

这样的感觉很微妙。

在地面上的时候，我忍受着汽车尾气和城市噪声，心情变得烦躁。

爬到树上，神清气爽，我会像一只慵懒的树懒，或者一只温柔的猎豹，趴在自己的枝丫上，转动着小而闪光的眼睛，好奇而漫不经心地打量周围的一切，继而发出均匀的细微声响。

我曾经这样写道："有月光的夜晚，有一只甲壳虫，从时间的缝隙里爬出，沿着树枝恣意奔跑。甲壳虫的影子投在叶片上，一只变两只。一棵大树上，文字们在寂静地说话。"

有一年，在海南的银沙细滩上，我躺在两棵高大椰子树悬系的绷床上，悠悠晃荡，听着椰风海浪的声音。

也许有人和我一样，喜欢爬到树上。

据说瑞典有一对肯特·林德瓦尔夫妇，在北部的偏远山村，开办了一家树上旅馆。

在此居住可以冬季看极光，夏季体验极昼。如果幸运的话，还能看到驼鹿、驯鹿和熊，体验树上的自由感觉。

城市的树上，包容一个人的鼾眠。

有一次，电台采访一位回家过年的小伙子，19岁，一个人外出打工，那一年他迟迟没有找到工作，身上的钱花光了，最后爬到一棵梧桐树上睡觉。小伙子说，睡在地上有湿气，乡下孩子从小野惯了，爬到树上睡觉是常有的事。

特立独行的人，也喜欢爬到树上睡觉。

许多年前，我的朋友于二先生嫌地面上太吵，喜欢爬到树上睡觉。他写些小诗，吟哦着，"梅，捧着一团红色的火焰，在春天的枝头燃烧"，沉浸在一个人的世界，不肯从树上下来。许多年后，于二先生早已卖起了服装，生意做得风生水起，虽然挣了钱，却寻思着，哪一天再回到树上去。

文人吟诗踱步，武侠飞身上树。我想起年少时，在春天到来的季节，爬到树上向远处眺望，枝条散乱，口袋里装满梅花的芬芳。

喜欢爬到树上睡觉的人，大概是一个喜欢幻想的人。不愿逃离现实，又与现实保持一段距离。树下是喧嚣的生活。

夏天的日记

*席慕蓉

我越来越觉得,世间很多安排都自有深意,年少时不能领会,只能留下一些模糊的轮廓,要到今天才能坐下来,细细地再重新描绘一次,让自己在逐渐清晰逐渐成形的图样前微笑而神往。

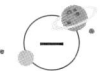

痖弦说:世界上唯一能对抗时间的,对我来说,大概只有诗了。可是,我想,其实时间本身是没有什么改变的,四季总是依着一定的节拍,周而复始地唱过来。

山茶花开了以后,就可以等待紫荆,紫荆谢了以后,百合就会盛开,等百合都累了,就换上小朵的茉莉,而茉莉还在我窗前一朵一朵地散着清香的时候,后院的荷花就已亭亭出水了。而无论是在千年以前或者千年以后,不管是在

印度的克什米尔或者在中国的江南,只要夏天到了,在浅水的塘里,荷花总是欢然开放。

每一年、每一季,总是按着秩序,没有一朵花会忘记,没有一片叶子会犹疑。大自然里很多事物都不会改变,改变的只有人的心情。所以,不管采下来是为了供在佛前或者为了远方的友人,花永远是一种模样的。而在这一千年中,世间也如花朵一般,本身没有改变,也就不会有错误,更因而不会有忧伤了。而我们人类,却不幸刚好是相反的一类。所以我就要这样说:"能够与错误和忧伤对抗的,在这世界上,恐怕也只有诗了。"

温厚深沉如痖弦,我想,他也许也会同意的吧。

有很多朋友并不太了解我,以为我是一个喜欢活在过去的日子里的人。其实,我并不是这样的,我并不真的希望时光能够倒流,让我好重新再去活一次,不是的,我没有这个意思。

也许,在诗里,在某一行某一段里我曾经这样写过,可是,那只是为了语气上一种需要罢了。亲爱的朋友,在现实生活里,我并不是这个意思。我所要的,我所真正要的,只是能从容地坐在盛夏的窗前,映着郁绿的树荫,拿起笔,在极白极光滑的稿纸上,享受我内心的悲喜而已。

在这个时候,多年以前的时刻就会回来,年轻时那样仓皇度过的时刻就会慢慢出现。就好像小时候在玻璃窗前就着绣花的图样一般:一张纸在下,一张纸在上,下面的那张是向同学借来的图样,上面的那张是我准备的白纸。窗户很高,阳光很亮,我抬着双手仰着头,聚精会神一笔一笔地描绘起来,终于把模糊的图样完全誊印到我的白纸上来了。等到把两张纸并排放到桌上来欣赏的时候,觉得我描摹出来的花样,比它原来的底稿还要好看,还要出色。

事情就是这样了。

我越来越觉得,世间很多安排都自有深意,年少时不能领会,只能留下一些模糊的轮廓,要到今天才能坐下来,细细地再重新描绘一次,让自己在逐渐清晰逐渐成形的图样前微笑而神往。而能做这样的事,能有这样的享受,也和童年时描花样一般,是需要一扇很亮很温暖的窗户的。

我很幸运,在这世间,有一个温柔敦厚的男子给我所有的依靠,他给了我一扇美丽又光亮的窗户,为我在窗前栽下所有我喜爱的花和树,并且用一颗宽容和智慧的心,含笑地审视我所有的作业。所以,坐在窗前的我,是知足并且充满了感激的。

所以,我虽然常常会用整个漫长的下午来玩这种描图的游戏,常常可以独自一人微笑或者落泪,可是,我仍然会留意聆听孩子们的声音,他们若需要我,呼唤我时,我就会马上放下笔,转身用我的孩子所熟悉的安详和慈和来面对他们,在这一刹那,窗外仍然是蝉鸣荫浓,而我微笑着将刚刚过去的一切锁回心中。

亲爱的朋友,我所要的,我所真正要的,也就是如此了。

昨天晚上,打开浴室的后门,看见用纱窗门罩着的晒衣房里,竹竿上挂着孩子们小小的衣服,忽然有所感触。孩子们现在这样幼小,这样可爱,这样单纯地依赖着我们,竹竿上晒着的他们的小衣服,和父母的衣服挂在一起,好像衣服也有着一种特殊的语言,一个阶段一个阶段地显示给我看,我孩子生活中的种种面貌。

才不过是去年夏天而已,竹竿上还会常晒着凯儿的幼稚园的小白围兜。而现在,白围兜不见了,换上和他姐姐一样的小学生的白衬衫和黄卡其制服了。等再过一阵子,等他的姐姐上了中学以后,竹竿上又会出现不同式样的衣服了吧。他们逐渐地长大,我们逐渐地老去,五年、十年、二十年其实不也都是像这样,像这样白昼与黑夜互相交替着,一天一天地过去的吗?

像我这样热衷于写诗和画画,不也是为了想抓住一些什么,留下一些什么来的吗?

孩子们穿不下的衣服,大部分我都会送给别人,不过,每一个阶段里,我都会留下一两件特别好看的,或者对我有特别意义的,把它们洗干净了以后,就好好地收进母亲给我的大樟木箱子里面。我想,等孩子长大以后,会很惊喜地发现,所有童稚时的欢乐与悲哀都被他们的母亲仔细地收藏起来了。只要打开箱子,就如同打开了那芬芳的往日,在每一件惹人怜爱的衣服上,都能记起一段惹人怜爱的故事。

而生命不也是这样吗?我有着那么多的奇妙和馨香的记忆,我渴望能有一个角落把他们统统都容纳进去。

画画与写诗,都是我极爱的事,不过,在做着两件事时,我的心情截然不同。

从少年时就开始接受专业训练,这么多年来有始终改不过来的争强好胜的心。使我在画画时,痛苦远远地超过了快乐,但你若要我远离它,我却又是舍不得的。

放进了我二十多年岁月的油画,就像一个不断地折磨着我的狂热的理想一样,我这一生注定是要交付给它了。和狂热的理想相比,诗就如一些安静而又美丽的短短的梦,是我能从这尘世抽身而出的唯一的途径。

我一直以一种局外人的心情来写诗,因为我知道,若要认真地去做诗人,我必然又将陷入另外的一种痛苦之中。对那些认真地写了一辈子的诗人,我总怀有无限的崇敬之心,他们所要做的,是我永远做不到的,因为,他们所担负的担子,比每一个人所担负的都要沉重啊!

夏虹写了一段极美的诗句:不受约束的是生命,受约束的是心情。我很感动,忍不住打电话告诉她;在话筒的那一端,她笑着说:"其实,也可以反过来说——受约束的是生命,不受约束的是心情。"

真的啊!不是吗?世间事不也都可以作如是观?我对佛经一点也不了解,却总是觉得可亲可敬。读完夏虹的赞诗十三帖,只觉得心明神静,愿效她:"合掌为朴素的礼敬,微启又如莲花。"

因此,在窗前的我,应该是知足并且感激的了。

年少时仓皇走过的道路,在今日回头看去,应该是只见苍苍横着的翠微,不再见愁容了。所有的挫折与悲伤,在发生的当时都能使我们受苦流泪,可是,隔了一段距离再来审视,却能觉出一丝甜蜜的酸楚来。

当年的失,竟然成为今日的得。

只要我们肯耐心地等待,让时光慢慢地工作,慢慢地流成一条宽阔的河流,在那个时候,隔着远远的距离,再端详年少时的你与我,便会看出那如水洗过的清明与洁净,那像天使一般美丽的面容了。可惜的是,那隔岸的距离是一段永远无法跨越的距离,身在美丽如神话一般的故事里的我们,当时却总是不能自知,而等到看清楚了、心里明白了的时候,真实的故事变成神话,只能隔着岸远远地观看,再也回不去了。

因此,这是在窗前的我,幸运的我,一直在被宠爱和被保护的环境里面成长起来的我,仍然会流泪的原因了吧。我尽管为今日的我的成熟觉得欣喜与感激,可是也仍然忍不住要依恋少年时单纯的心,那样一颗饱满如迎着风的白帆一样的心啊!不也如我手边这一沓稿纸一样的崭新与美丽吗?那样单纯的日子已是不可再得的了,幸好,那样单纯的心境却是可以唤得回来的,让我拿起笔,摊开纸,再来细细地描绘吧。

我可以再描出一朵又一朵的荷花,一朵十四岁的时候的,给我,一朵十七岁时候的,给你……窗外,正是盛夏,蝉鸣荫浓,昨日的一切又重新回到我的心中。

撕日历的日子

✽ 迟子建

又是年终的时候了,我写字台上的台历一侧高高隆起,而另一侧却薄如蝉翼,再轻轻翻几下,三百六十五天就在生活中沉沉谢幕了。厚厚的那一侧是已逝的时光,由于有些日子上记着一些人的地址和电话,以及偶来的一些所思所感,所以它比原来的厚度还厚,仿佛说明着已去岁月的沉重。它有如一块沉甸甸的砖头,压在青春的心头,使青春慌张而疼痛。

发明台历的人大约是个年轻人,岁月于他来讲是漫长的,所以他让日子在长方形的铁托架上左右翻动,不吝惜时光的消逝,也不怕面对时光。当一年万事大吉时,他会轻轻松松地把那一摞用过的台历捆起,随便扔到什么地方让它蒙尘,因为日子还多得是呢。而对于中老年人来说,看着那一摞摞用过的台历,也许会有一种人生如梦的沧桑感。

于是想到了撕日历。

小的时候,我家总是挂着一个日历牌,我妈妈叫它"阳历牌",我们称它"月份牌"。那是个硬纸板裁成的长方形的彩牌,上面是嫦娥奔月的图画:深蓝的天空,一轮无与伦比的圆月,一些隐约的白云以及袅娜奔月的嫦娥飘飞的裙裾。下面是挂日历的地方,纸牌留着一双细眯的眼睛等着日历背后尖尖的铁片插进去,与它亲密地吻合。

那时候我每天最喜欢做的事情就是撕日历。早晨一睁开眼,便听得见灶房的柴火噼啪作响,有煮粥或贴玉米饼子的香味飘来。这基本上是善于早起的父亲弄好了一家人的早饭。我爬出被窝的第一件事不是穿衣服,而是赤脚踩着枕头去撕钉在炕头的月份牌。凡是黑体字的日子就随手丢在地上,因为这样的日子要去上学,而到了红色字体的日子基本上都是星期天,我便捏着它回到被窝,亲切地看着它,觉得上面的每一个字都漂亮可爱,甚至觉得纸页泛出一股不同寻常的香气。于是就可以赖着被窝不起来,反正上课的钟在这一天成了哑巴,可以无所顾忌地放纵自己。有时候父亲就进来对炕上的人喊:"凉了凉了,起来了!"

"凉了"不是指他,是指他做的饭。反正灶坑里有火,凉了再热,于是仍然将头缩进被窝,那张星期日的日历也跟了进来。父亲是狡猾的,他这时恶作剧般地把院子中的狗放进睡房,狗冲着我的被窝就摇头摆尾地扑来,两只前爪搭着炕沿,温情十足地呜呜叫着,我只好起来了。

有时候我起来后去撕日历,发现它已经被人先撕过了,于是就很生气,觉得这一天的日子都会没滋味,仿佛我不撕它就不能拥有它似的。

撕去的日子有风雨雷电,也有阳光雨露和频降的白雪。撕去的日子有欢欣愉悦,也有争吵和悲伤。虽然那是清贫的时光,但因为有一个团圆的家,它无时不散发出温馨气息。被我撕掉的日子有时飘到窗外,随风飞舞,落到鸡舍的就被鸡一哄而啄破,落到猪圈的就被猪给拱到粪里也成为粪。命

运好的落在菜园里,被清新的空气滋润着,而最后也免不了被雨打湿,沤烂后成为泥土。

有会过日子的人家不撕日历,用一根橡皮筋勒住月份牌,将逝去的日子一一塞进去,高高吊起来,年终时拿下来就能派上用场。有时女人们用它给小孩子擦屁股,有时候老爷爷用它们来卷黄烟。可我们家因为有我那双不安分的手,日子一个也留不下来,统统飞走了。每当白雪把家院和园田装点得一派银光闪闪的时候,月份牌上的日子就薄了,一年就要过去了,心中想着明年会长高一些,辫子会更长一些,穿的鞋子的尺码又会大上一号,便有由衷的快乐。新日子被整整齐齐地装订上去后,嫦娥仍然在日复一日地奔月,那硬纸牌是轻易不舍得换的。

长大以后,家里仍然使用月份牌,只是我并不那么有兴趣去撕它了,可见长大也不是什么好事情。待到上了师专,住在学生宿舍,根本没日历可看,可日子照样过得一个不错。也就是在那一时期,商店里有台历卖了,于是大多数人家就不用月份牌了。我自然而然地结束了撕日历的日子。

我在哈尔滨生活的这几年才算像模像样过起了日子,每天早晨起来的第一件事就是翻台历,让它由一侧到另一侧。当两侧厚薄几乎相等时,哈尔滨会进入最热的一段日子。年终时我将用过的台历用线绳串起,然后放到抽屉里保存起来。台历上有些字句也分外有趣,如一九九三年二月十四日记载着"不慎打碎一只花碗";而二月二十八日则写着"一夜未睡好,梦见戒指断了,起床后发现下雪了";八月二十八日是"天边出现双彩虹,苦瓜汤真好喝"!

到了一九九四年的一月十九日,是腊月初八的日子,东北人喜欢这天煮"腊八粥",我在这天的日历上记着:"煮八宝粥。材料:大米、小米、绿豆、小碴子、葡萄干、核桃仁、大枣、花生。"三月三日写着"武则天墓被万人践踏,只因为她践踏了万人"。而七月十一日是"德国队以1:2败给保加利亚队。保加利亚人用火一样的激情焚烧了陈旧的德国战车"(好像引自一位体育评论记者之言)。

台历有意无意成了我的简易日记本,当然就更加有收藏价值了。不管多么不愿意面对逝去的日子,不管多么不愿意让青春成为往事,可我必须坦然面对它。当我串起一九九五年的台历、将一九九六年散发着墨香气的日子摆在铁皮架上时,我仍然会在上面简要抒写一些我的所作所为、所思所感的。如果能把幼时已撕去的日历一一拾回,也许已故的父亲就会复活,他又会放一条狗进我的睡房催我起床,也许我家在大固其固的那个已经荒芜了的院落又会变得绿意盈门。但日子永远都是:过去了的就成为回忆。

可它毕竟深深地留在了心底。当我年事已高,将台历的日子看花了,翻台历的手哆嗦不已时,嫦娥肯定还在奔月。

雪夜访幽

※ 邹赛

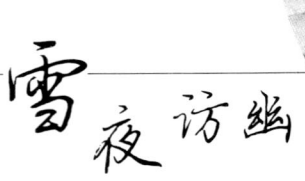

夜半,天空竟然飘起了雪花。南方人在异乡的土地上与一场雪花相逢,仿佛遇见了一场金风与玉露,那么欣喜,那么惬意。

走出民宿,朝山顶走去,想来一场雪夜"访幽寻盛"。

行走在深山里,有些清冷。西北风呼呼地从林尖刮过,枝丫低头,万物臣服,山谷沟壑泛着些许亮光,一览无余。此时的草木已没有了太多的装扮,一层白纱就足以渲染起生命的素雅与贵气。

遇见灯火。有师傅在清扫石梯上的残枝败叶和雪水。师傅十分好客,力邀进庙喝一杯淡茶暖身,他说这么晚了,遇见就是缘分。

推开窄小的木栅栏做的山门,走进寺院,一米多宽的小径旁立着一块木牌,上面写着"多听听松涛"五个字。这是佛家的深意,意思是要探寻内心的淡泊,而不是外求喧嚣。

寺庙很小,一反传统宫殿式的建筑形态。院里草木葳蕤,不注意看还以为是民房。

临窗而坐,一股暖气袭来,才觉手脚发冷。师傅抱来一套茶具,说:"茶叶是清明时采至后山的一棵百年老茶树,纯手工炒制,无派无系更无名,故得名'无名'。"

用土碗把雪团一个个装了,摆在锅边,慢慢地烤化成水,用来烹制茶汤。想那古时雅人也是这般慢慢熬制茶汤,便熬出了无数诗词:"黄麾春簇杖,梦不到东华。瓦研磨冰叶,砖炉煮雪花。""解职归来谢世哗,东风闲步到僧家。何时许我栖云榻,夜扫寒炉煮雪花。"

看壶中的茶叶在翻滚,茶汤渐渐地变浓,续在杯中,慢慢变得温热。一入口,似儿时锅边的炒豆香,又似混着兰花香,无苦,无涩。香气曼妙无常,令人揣摩不透,却又回味无穷。

师傅捻着佛珠,神情淡然。佛家讲禅茶一味,想来是说喝茶时云淡风轻,用一颗安详与宁静的心去品茶,一杯香茗,足以抚平烦躁的内心;一抹幽香,直达灵魂深处,静谧而安妥。

一茶,一僧,一游人,因为一场雪聚在一起。这种祥和宁静的感觉,实在是微妙至极。听雪落,品茶味,不说话,已是人间佳话。

一直觉得,煮雪烹茶是人生之中难以遇上的雅事。窗外的雪纷纷扬扬,落在了树上、屋顶上,铺满了整座山。屋内炉火融融,一枝蜡梅、几枚红果点缀,安安静静地看会儿雪花敲窗,慢慢悠悠地品一杯好茶。一杯热茶入肚,暖流充沛四肢,什么寒气都消了,通体舒坦。

茶过三更,雪越下越大,风越刮越猛,天地间银装素裹,夜色橙黄一片,真应了那句"下雪天,留客天"。我是不想走了,又不愿意睡僧房。师父乐呵呵地抱来被褥,诵经去了。

我裹着被褥,围着炉火,喝一口热茶,看窗外雪花在一点点堆积,看雪花把竿竿青竹变成洁白的琼枝。寺庙后院不断有"咔咔"声响起,然后又响起"咔吧"几声——是积雪压断竹枝声,小时候睡在床上听过,似曾相识。

喜欢雪夜烹茶,大抵是每个爱茶之人都心心念念的事吧。陆游还曾为此写了一首《雪后煎茶》:"雪液清甘涨井泉,自携茶灶就烹煎。一毫无复关心事,不枉人间住百年。"此时于我,无须知己,无须好茶,就这样静静地坐着,炉火细细,淡香袅袅,再添上"夜深灯花落""山幽雪折枝"便是满心的禅意,是银碗里盛雪的仙气缭绕,是人间最有味的清欢。

天地间渐渐地明了,满眼都是雪的温柔。雪山连着雪山,白茫茫一片连天接地,再无它色。想起一首诗:"野云万里无城郭,雨雪纷纷连大漠。"

昨夜与僧人烹茶陶然。真如《小窗幽记》有言:"千载奇逢,无如好书良友;一生清福,只在茗碗炉烟。"

方寸真世界,好书良友最是温情。再来看时,已无寺庙,昨夜仿若迷梦。

蒹葭往事

我见青山如故,青山见我是否亦然

× × × × ×

遇见过柔荑

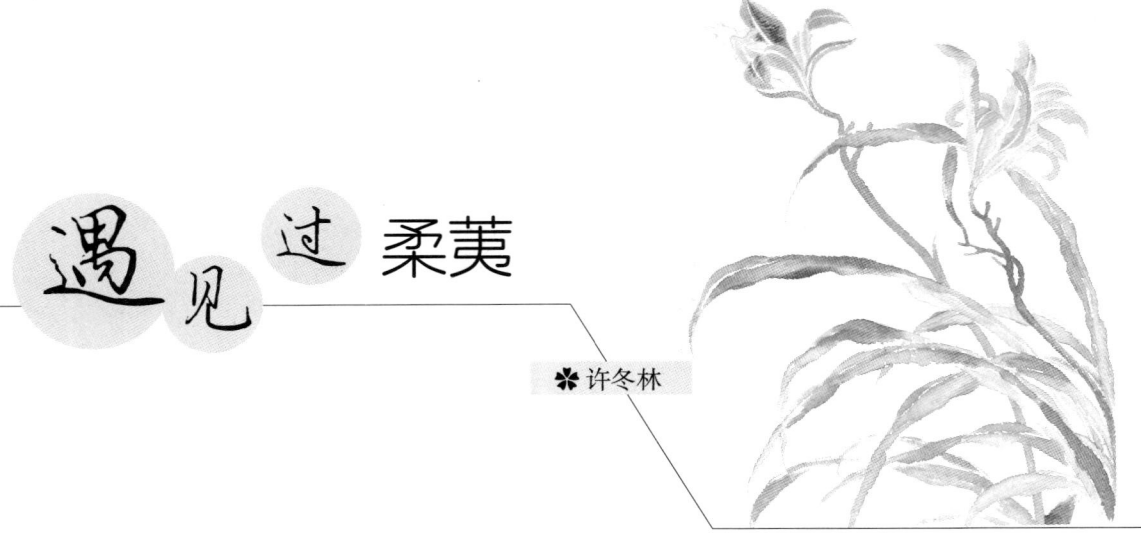

※ 许冬林

十几岁时，在寂寞小镇，光阴荒荒地过，读了些不入流的才子佳人传奇。

丑有千百种，美却似乎都是一个样子的。书里的佳人，作者一落笔就说是"手如柔荑，肤如凝脂"。什么是柔荑，什么是凝脂，没搞懂也不管，就赶情节往后面紧翻着。反正根据上下文也能猜出是长得好看的意思。连"荑"的读音也是好多年后才知道是ti，声调阳平，以前都当"姨"音来搪塞过去的。

直到读《诗经》，才挖出"手如柔荑"这四个字的老巢。

《诗经·卫风·硕人》，"硕"是高大的意思，"硕人"就是身材高大的人，诗里指的是卫庄公夫人庄姜。古代男女是以身材高大为美的，所以美人也称"硕人"，像我这样做衣服省布料型的，都靠边站啦。

《硕人》全诗四章，整个第二章都是写庄姜的美貌与神态，作者几乎用的是工笔画的细功夫来描摹。"手如柔荑，肤如凝脂。领如蝤蛴，齿如瓠犀。螓首蛾眉，巧笑倩兮，美目盼兮。"这么美，是从手指美起。真正的美，不留一点瑕疵。

柔荑是什么？读《诗经》时一查才恍然，原来，柔荑是初生的茅草。

初生的茅草我见过呀。少年时上学，日日从田埂上走过，初生的茅草被我们拔过，秋天的茅草被我们放火烧过。夏天的早晨，茅草上的露水，湿过多少回我们的衣裤裙摆。

真不敢相认。以后早春踏青时，见到初生茅草，我要不要唤它一声"柔荑"？

古人打比喻，不分贵贱，就近取譬，寻常草木都可拿来作喻体。

初生的茅草到底有多美呢？春雨下过，土膏微润，一茎茎茅草从赭黑色的土壤里亭亭起了身子，又白又嫩，细细长长。

在童年，我房下的伯母就住在我家隔壁，她四个儿子，没有女儿，所以喜欢女孩子。有一回，我去她家玩，她叫我乳名，慢悠悠道："阿晴，让我看看你的手，看看长大是不是握笔杆的。"那时伯母认为，一个人的手细细长长的，伸出去直直的，摸上去软软的，长大就是吃读书这行饭了。现在看来，其实就是手如柔荑啊。彼时，伯母的大儿子即我的大堂哥正上高中，我观察过大堂哥的手，是细细长长的，又白又直，跟顽皮的小堂哥不一样。伯母那时大概认定大堂哥有一双形似柔荑的读书人的手，是肯定能考上大学的。我将手伸给伯母，心里希望伯母快点下结论：嗯，这也是一双握笔杆的手，将来要吃读书饭。伯母摩挲了好一会，喃喃道："手是握笔杆的手，就是肥了点。"我心里觉得安慰，又觉得怅然，感觉伯母的话有些模棱两可。可有什么办法呢，我伸出手来自己端详半天，五指并拢，直是直的，可我的手背肉得像个小包子。读书人的手应该是瘦得像竹竿似的，哪有一个肉包子手在翻书呢。

我的手不像柔荑，我感到自己生得粗鲁，暗自羞愧。

我的羞愧，后来被表姐慢慢稀释。

作为少女的表姐，没读多少书就辍学回家，帮着大人干活。有一回去表姐家，晚上两个人睡一头说悄悄话，表姐握着我的手不无羡慕道：阿晴，你这读书人的手就是好看，这么直，还有这指甲盖……我心想，我的手像是蒸笼里蒸出来的，胖乎乎多年，见人都不敢拿出来。表姐伸出她的手来，和我的手并在一起，一比较，我才知道，女孩子的手并不都是那么软软的。表姐因为长年干活，手指僵僵的，笨笨的，五指并拢时露出一道一道的细缝。还有她的指甲，因为劳动，明显向上外翻，而我的指甲圆溜溜包着手指头，泛出粉红的光泽。我看着表姐的手，又看看自己的手，心疼起表姐。

我那时虽然读书，但到底还是有些家务的。逢上家里忙，我会去河边提水，帮妈妈做饭，扫地。春天放学时，会拎着篮子，跟一群乡下孩子去田野上挖野菜。只是，我大多数的时间是在读书。

我看着自己的手，心里想起同学小苹的手。小苹家境殷实，她父亲是大商人，出差经常坐飞机。在二十世纪八九十年代的乡下，她妈妈已经不用做家务，家里请了帮工。漂亮的小苹，在那个年代，洗脸就已经用起了洗面奶。小苹有一双真正的柔荑一样的玉手，有时她来我家玩，然后我送她回家，在长长的河堤上，我们相携着，我握着她的手，感觉像是握着一个早春在手里，清凉温柔。

小苹自然没有家务。一点点家务都没有。她所有的生活内容就是上学，做完作业，看课外书，听港台流行歌曲。她是一茎没有被尘世风霜有过一点点压迫的新嫩的柔荑。

我摩挲着表姐粗糙的手掌，有茅草的感觉，不过，不是春天初生的茅草，而是秋天的茅草。我看着表姐的手，想着小苹的手，心里感慨：同是少女，命运迥然。真是各有各的季节，各有各的茅草。

奇妙的是，《诗经》里，紧贴《硕人》之后的一首诗，就是《氓》。《硕人》里，贵妇庄姜结婚，好大一个排场。长得美也就罢了，还家世煊赫，家里亲戚都是王侯将相，比《红楼梦》里的贾府小姐还要尊贵。这样的女子，陪嫁自是不一般。人家陪嫁至多是物品，她还有陪嫁的姑娘，还有随从护送的齐国文武诸臣。

而《氓》里，是一个寻常人家的女孩子，遇人不淑，结婚后，辛苦持家，最后到底免不了被丈夫抛弃。回到娘家后，还要被兄弟嘲笑，在伤口上撒盐。不用看，闭眼都能想象出《氓》里的那个女主角有一双怎样的手，一定比我表姐的手还要粗糙，上面布满种作纺织时落下的伤口。

《硕人》里，庄姜手如柔荑，我相信，她会一直地柔荑下去。她身后一张庞大的权势网张在那里，谁敢动她。而《氓》里，那个弃妇也许在少女时候有过短暂的一段手如柔荑的时光，但是，随着命运急转直下，慢慢就成了秋天的茅草，枯萎的、粗糙的、失去水分活不回来的茅草。

庄姜和弃妇，两个女子的命运截然不同，却在《诗经》里做了邻居。所谓天壤之别，有时候大约就是这样：两个美丽的女子同在结婚那天启程，然后，一个如庄姜，人生越走越高越阔，成为星汉灿烂的天空；一个如弃妇，人生越走越暗越低，成为浑浊冰冷的洼地。她们是最近的邻居，也是最遥远的两极。

我想，很多人在柔荑这个词面前，大约都有点心怯。会觉得自己轻了，飘飘忽忽的，摇摇荡荡的。一双劳动人民的手，皮肤粗糙，关节粗大，即使偶尔买了手膜使用，也早已无法恢复如初。

大多数的柔荑最后都要站到时间的风沙里，在生活的风沙里，艰难而倔强地生长，生长成颓败的或骄傲的茅草。只有很少很少的一部分，被珍视，在温室里，安逸一生。

有人被珍视一时，有人被珍视一世。谁知道呢。男人大多不靠谱。

当黑沉沉的家务汹涌而来，奋不顾身的我，哪里顾得上去照顾手指，只能任自己活成一丛凌乱的茅草。我唯一能做到的，就是动用智慧，深深地思索：命运把我放逐在此，一定是让我好好地体验生活，也许后面另有安排。

程灵素：我爱你，与你无关

※ 六神磊磊

金庸笔下，许多美好的事情，都发生在十六岁。郭襄是，程灵素也是。

那一年，在自家茅屋旁的花圃里，程灵素第一次见到了胡斐，就喜欢上了他。

她给了他一样礼物：两枝小蓝花。这很有可能是她人生中，第一次给陌生的青年男子礼物。小蓝花是地里现拔出来的，根须上还带着土，很乡村，很随意。

她不知道，自己已经晚了。就在仅仅十来天前，胡斐已先遇见了另外一个女孩：袁紫衣。

初相识的时候，袁紫衣也给了他一件礼物：一只碧玉凤凰。比小程的蓝花，不知道贵到哪里去了。

胡斐收到玉凤凰的时候是什么反应？"呆了半晌""把玉凤凰拿在手中""思潮起伏"，心里激情演绎了一万字的剧本。

而他收到蓝花的时候呢？"道了声谢，顺手放在怀内"，金庸这个词用得好——顺手。

玉凤凰的特点，是浪漫，美貌。它有什么用呢？没别的用，可以撩他，让他想她。蓝花却有大用处，可以解毒，保护他平安。然而，胡斐先遇到了美貌的。

张爱玲讲男人心里都有一朵红玫瑰、一朵白玫瑰。胡斐早一心扑到了红玫瑰上。他和袁紫衣在一起的时候，荷尔蒙满满，对手戏极足。她忽喜忽嗔，套路百出，让他跟在屁股后面团团转。

她嗔的时候，可以拿鞭子抽他："小子胡说八道，我教训教训你！"软的时候，可以"火光映照之下，娇脸如花，低语央求"。豪迈的时候，可以："胡大哥，今日难得有兴，咱们便分个强弱如何？"在红玫瑰身边，他嗨、爽、刺激。

可是和程灵素在一起呢？他敬、怕、自愧不如。

认识程灵素之前，他是什么心态？少年英雄，锋芒初露，才不过十八岁，就连江湖顶级大佬苗人凤、赵半山都倾心下交，和他称兄道弟。他还大包大揽，要去找"毒手药王"给苗人凤治眼病。人家说药王不好请，胡斐怎么回答的？"软求不成，那便蛮来！"

年轻人，好大的口气。等到了药王庄，邂逅程灵素，他才知道自己有点简单，有点木讷。还"蛮来？"他简直一天都活不下去。

在程灵素面前，不要装成功人士。

你武功高又怎么样，少年得志又怎么样，你爹是胡一刀又怎么样，小姑娘完全不放在眼里，一努嘴：给我去挑粪、浇花。

胡斐还拼命维持着优势心态，觉得小姑娘"可怜""贫弱"，"我男子汉大丈夫"，帮她挑个粪，那叫慈善。

可接下来程灵素的表现，把他的优越感击得粉碎。

没有她，他在药王庄寸步难行，一会儿差点被什么"血矮栗"毒倒了，转眼又险些被什么"醍醐香"麻翻了。当地一个残疾人、一个小孩子都能玩死他。

而程灵素呢？弹指间用毒无形，挥手处邪魔辟易，三个凶神恶煞的师兄师姐，被她耍得团团转，不堪一击。

更让他有点囧的是，她还对他提了两个要求：不准和人动手,不准你走出我身边三尺之外。

这说明你引以为傲的武功,在这里没什么用。你只有在我身边才是安全的。一直很自信的胡斐,此刻见识到了什么是真正的自信:我身边三尺之内,天下再厉害的毒物,也不能伤害你。

胡斐本来以为,程家小姑娘只是用毒比自己厉害。不就是化学学得好吗?语文、数学、外语、政治,我还是比你强嘛。小胡同学暗暗地想。但他很快又发现自己错了。这个小妹子什么都超过他。

他觉得自己挺豪迈,可程灵素比他更豪迈。在给"打遍天下无敌手"的苗人凤治眼睛时,程灵素毫不含糊,拿起刀针就要下手。

苗人凤和她的上代明明有仇,又不知道小姑娘的底细——她上过手术台没有啊?是不是实习生啊?有没有治死过人啊?会不会故意害我啊?苗大侠居然也就眼睛一闭,放松穴道,让她来胡搞。

吃瓜群众胡斐紧张不已,各种不放心,各种挂相。程灵素淡淡一笑,对他说了一句话:"苗大侠放心,你却不放心吗?"

这一刻,小程和老苗英雄相惜,互相辉映,胡斐反而显得矮了一头。

气场上不及小程,那么智商呢?胡斐后来的外号叫"雪山飞狐",但说实话,程灵素才更像一只飞狐。

前者闯江湖的表现,总体是个冲动愤青,他一出场,你总觉得不太放心,多半要闯出什么祸事。而程灵素一出场,你就会觉得那么放心、那么可靠。她总是淡淡的、静静的,但天大的事、再恶的敌人,她那瘦瘦小小的肩膀好像都扛得住。

如果不是她,胡斐都不知道死了几回了,可能早被"血矮栗子""毒砂掌"搞死了,半夜在北京被侍卫追杀了,在"天下掌门人大会"被围分尸了,或者冒冒失失去搬动马春花的遗体被毒死了……救他的人,全是程灵素。

他对她,是"心中好生感激",却又"凛然感到惧意"。"这位灵姑娘聪明才智,胜我十倍,武功也自不弱,但整日和毒物为伍,总是……"

总是什么?他不知道。我们帮他回答了吧:总是显得我弱爆了!

只要在她身边,自己就注定是那个傻笑着,只会抱着一盆七心海棠的小花,亦步亦趋的小跟班。

胡斐毕竟不是郭靖。

郭靖从小是当惯了傻子的,胡斐当不惯。他给自己的人设,乃是智勇双全。程灵素让他既不够智,又不够勇,只剩一个二。他更愿意和红玫瑰在一起。

袁紫衣的长处,是美貌、武功好。可我胡斐也不难看啊,我胡斐的武功更高一线啊。回到袁姑娘的维度里,我好舒服自在,我好帅。

那一天,胡斐终于向程灵素说:我们结拜兄妹好吗?说出这句话之前,金庸写了一笔胡斐的神情:"不敢朝她多看。"

程灵素的回应,书上是两个字——"爽快",跳下马来,撮土为香,双膝一屈,跪在地上。

于是,官道旁,长草边,两人相对磕头行礼。她变成了"二妹"。一个男人的枷锁解除了,一个少女的爱情幻灭了。

那么接下来呢?程灵素怎么对待这个"不敢朝自己多看"的男人?她也有伤心,也有怨艾,但她最终的选择是一句话:我爱你,与你无关。

你爱喜欢谁,那是你的事。但我身边三尺之处,仍然是你最安全的地方。

看看从湖北到北京一路上,程灵素做的事情:"胡斐将酒倒在碗里便喝。程灵素取出银针,要试酒菜中是否有毒。""胡斐次晨转醒,见自己背上披了一件长袍,想是程灵素在晚间所盖。""程灵素叫胡斐试穿,衣袖长了两寸……于是取出剪刀针线,便在灯下给他修剪。"

直到最后,胡斐中了剧毒,程灵素帮他吸了出来,用他的血毒死了自己。我对自己的爱负了责。我用尽全力,护送你到了最远的地方。

每次读到这里,都希望这一幕不是真的,时光可以倒流,退回到过去她最耀眼、最光彩四射的时候。

那一夜,她手拿金针,气定神闲,正给天下无敌的苗人凤治眼睛。胡斐只能在手术室外探头探脑当看客。

当苗人凤再问:"姑娘你贵姓的时候",她可以再次"抿嘴一笑,说'我姓程'"。

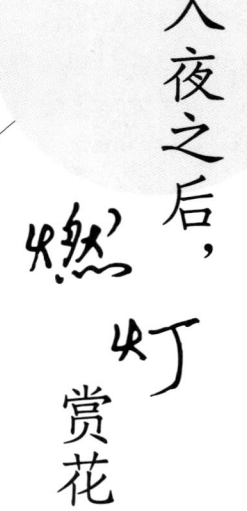

入夜之后，燃灯赏花

✤ 孟晖

宋人佳作《秉烛夜游图》，其实应该题名为"故烧高烛照红妆"或"高烧银烛照红妆"才更切合画意。

画面中，明月高挂，夜色空蒙，连绵的长廊当中伫立着一座精巧的八角亭，一树树海棠在庭院里盛开。花树前，两列高烛台次第排列，其上明烛高烧，烛台前还有三五仆人侍立。一位士大夫独自端坐在亭内，与夜色笼罩下的树影花灯彼此相对。这画面，不禁让人联想到北宋大文人苏轼那首著名的《海棠》诗：

东风袅袅泛崇光，香雾空蒙月转廊。只恐夜深花睡去，故烧高烛照红妆。

无论是东坡居士的诗作，还是朦胧幽雅的《秉烛夜游图》，都点明了宋朝文人士大夫特别喜爱的一项风雅活动：入夜之后，燃灯赏花。

宋代文人对于大自然的种种美好异常细腻敏感。在他们看来，于夜色中赏看四时花朵，特别是燃灯赏花，在灯光掩映、花影参差之下邀三五好友，举行雅会，吟诗作赋，相互切磋，乃是很能满足感官享受与精神追求的一桩乐事。

南宋大诗人陆游也有名为《海棠》的一首诗，特意传授了夜里看花的经验：

月下看荼蘼，烛下看海棠。此是看花法，不可轻传扬。荼蘼暗处看，纷纷满架雪。海棠明处看，滴滴万点血。

关于如何欣赏夜色里的花影，陆游探索出了一套微妙的方法，根据不同花的特点，感受的方式也不同：对荼蘼花，就不要点烛相照，因为满架的荼蘼花在夜的暗影中就能如云如雪；而娇艳的海棠一旦得到烛光逼映，则更加点点殷红，浓滴如血。

陆游诗中所谈，在烛光里赏看海棠，正是那个时代最被看重的赏花活动之一。词人张元干在其所作的一首《念奴娇》中便注明："丁卯上巳，燕集叶尚书蕊香堂赏海棠，即席赋之。"词的上阕为：

蕊香深处，逢上巳、生怕花飞红雨。万点胭脂遮翠袖，谁识黄昏凝伫。烧烛呈妆，传杯绕槛，莫放春归去。垂丝无语，见人浑似羞妒。

说的是当时一位姓叶的尚书，其私家园林里有一处轩堂，前后种满海棠树，花开时如胭脂万点，因此得名蕊香堂。某一年的暮春三月，上巳佳节恰与海棠盛开的时节相合，于是叶尚书把上巳修禊这个古老的节俗改为赏看海棠，广招文人朋友，雅集于蕊香堂前。快乐中更显时光流逝得迅速，昏暮转眼来袭。正如南北朝时期杰出诗人谢灵运所云："天下良辰美景，赏心乐事，四者难并。"花开可谓"美景"，朋友欢聚可谓"赏心、乐事"，然而让人惋惜的是，流光易逝，白昼短暂，"良辰"偏偏不肯凑兴，分明一群朋友正玩在兴头上，夜色却悄悄降临了。于是，叶尚书在院中点起一根根明烛，让烛光照亮花色，然后大家飞觥传盏，品味着由黄昏而入夜的这一刻春光的美好。

燃灯赏花，并不仅限于海棠。宋代词人毛滂有一首《鹊桥仙》，词牌下作了一条小注："烛下看花。"词文则为：

水精帘外，沉香阑畔，新下红油画幕。百花何处避芳尘，便独自、将春占却。

月华淡淡，夜寒森森，犹把红灯照著。醉时从醉不归家，贤守定、不教冷落。

词的上阕内容并不新鲜。从唐代起，牡丹就被视为百花之王，群花都无法与之争胜，所以说"便独自、将春占却"。将牡丹栽种在庭院当中，围以栏杆，就美称"沉香阑"。待春天花开之时，还要在花栏上方搭起帐架，覆以红色或绿色的油布，为牡丹挡去风吹日晒，避免花儿在日头与寒风的摧残下过快枯凋，这便是"新下红油画幕"。

唐人对于牡丹花十分用心，宋人显然也将围栏、油幕的呵护方式一并继承了下来。但词的下阕所展示的，却是唐人不曾有的风致了。"月华淡淡，夜寒森森，犹把红灯照著"，一如作者短注所标明的，这里是在描写"烛下看花"的场景。在花前点起红烛，乘夜赏花，宋人真的具有一份独特的惜花之情——"醉时从醉不归家，贤守定、不教冷落"，分明已经喝醉了，也不愿离开，忍着夜寒守在花畔，不让花儿遭受冷落。

无独有偶，另一位宋代词人郭应祥写有一首《更漏子》，并自注云："与黄几叔然烛赏木犀。几叔归而有作，遂次其韵。"说得非常清楚，清秋季节，作者与好友黄机一起在烛光里欣赏盛开的桂花（宋时称为"木犀"），事后，黄机特意赋词一首讴咏这次聚会，于是，郭应祥也很有兴致地采用同一词牌，写出了与好友相唱和的作品：

月蟠根，天雨粟。宜贮阿娇金屋。心欲醉，眼偏明。无穷佳思生。

焰银釭，纷宝学。倒著接䍦花下。人已散，梦初回。渴心犹望梅。

这首词的上阕是写桂花盛放得迷人，下阕则描写郭、黄等友人们欢聚在花下，点起明灯，于阵阵浓香中互相劝酒，一醉方休。

同样迷人的，还有宋代文人在相关作品中的缠绵心绪。典型如苏轼的《海棠》诗，将海棠天然的娇艳花色喻为"红妆"，仿佛一树又一树的海棠花都是些美丽而寂寞的异性，引得诗人痴情地留恋不去，情愿与之共同对抗夜色深沉。类似的情绪，体现在所有咏记燃烛赏花活动的宋词作品中。文人士大夫们把一腔寄托移情于大自然的花树，展现出传统中国人对于春花秋卉的无尽眷恋，让人深深体会到"一往情深"的含义。

由宋人开创的风气，到了明代进一步发展成集体娱乐的狂欢节——在明代晚期，每逢春天，杭州西湖桃花盛开之时，夜游看花便蔚然成风。入夜，每棵桃树上都会悬挂一盏牛角灯，半透明的灯球里泄出朦胧的光，隐隐映出桃花的姿影。富家公子们邀名伎，带戏班，集中在六桥一带，传歌度曲，尽一时之乐。每当湖上轻风吹来，桃花树上的只只灯笼轻轻晃动，在夜色中犹如一条火龙上下翻腾，壮观而神秘。

正是燃灯赏花这一无比诗意的风雅活动一路流传下来，我们才得以再次在传统绘画中看到。清代宫廷画家陈枚绘有一套《月曼清游图》，表现一年十二月中闺阁内的各种赏心雅事。其中关于赏梅的一幅，恰恰是梅花树枝上轻悬红灯，檐前廊下也是宫灯高悬，一群仕女相聚在一起，姗姗步月，在花下徘徊。借由此图，我们可以想象当年西湖六桥的灯光夜色，想象中国人曾经持续千年的风雅传统。

杜甫 埋伏在中年等我

潘向黎

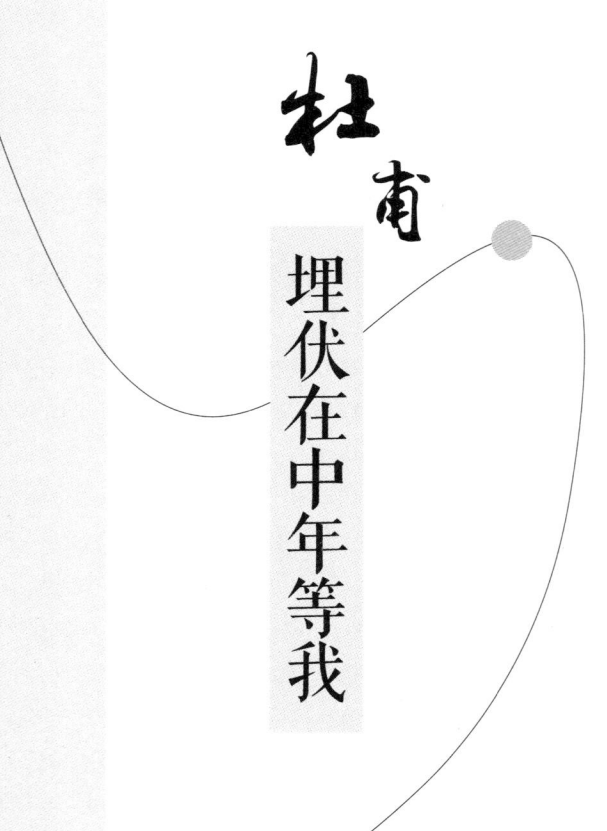

上苍厚我,从初中开始,听父亲在日常聊古诗,后来渐渐和他一起谈论,这样的好时光有二十多年。

父女两人看法一致的很多,比如都特别推崇王维、李后主,特别佩服苏东坡;也很欣赏三曹、辛弃疾;也都特别喜欢"孤篇横绝"的《春江花月夜》……也有一些是同中有异,比如刘禹锡和柳宗元,我们都喜欢,但是我更喜欢刘禹锡,父亲更喜欢柳宗元;同样的,小李和小杜,我都狂热地喜欢过,最终绝对地偏向了李商隐,而父亲始终觉得他们两个都好,不太认同我对李商隐的几乎至高无上的推崇。

最大的差异是对杜甫的看法。父亲觉得老杜是诗圣,唐诗巅峰,毋庸置疑。而当年的我,作为80年代读中文系、满心是蔷薇色梦幻的少女,怎么会早早喜欢杜甫呢?

父亲对此流露出轻微的面对"无知妇

孺"的表情，但从不说服，更不以家长权威压服，而是自顾自享受他作为"杜粉"的快乐。他们那一代，许多人的人生楷模都是诸葛亮，所以父亲时常来一句"诸葛大名垂宇宙""万古云霄一羽毛"，或者"三顾频烦天下计，两朝开济老臣心"，然后由衷地赞叹："写得是好。"

他读书读到击节处，会来一句"语不惊人死不休"——这是杜诗；看报读刊，难免遇到常识学理俱无还要无赖的，他会怒极反笑，来一句"尔曹身与名俱灭，不废江河万古流"——这也是杜诗；看电视里不论哪国的天灾人祸，他会叹一声"眼枯即见骨，天地终无情"——这还是杜诗；而收到朋友的新书，他有时候读完会等不得写信而给作者打电话，如果他的评价是以杜甫的一句"庾信文章老更成"开头，那么说明他这次激动了，也说明这个电话通常会打一个小时以上。

父亲喜欢马，又喜欢徐悲鸿的马，看画册上徐悲鸿的马，有时会赞一句"一洗万古凡马空，是好"——我知道"一洗万古凡马空"是杜甫《丹青引赠曹将军霸》中的一句，可是我总觉得老杜这样夸曹霸和父亲这样夸徐悲鸿，都有点夸张。我在心里嘀咕：人家老杜是诗人，他有权夸张，那是人家的专业需要，你是学者，夸张就不太好了吧！

有时对着另一幅徐悲鸿，他又说："所向无空阔，真堪托死生。着实好。""所向无空阔，真堪托死生"——杜甫《房兵曹胡马诗》中的这两句，极其传神而人马不分，感情深挚，倒是令我心服口服。我也特别喜欢马，但不喜欢徐悲鸿的画，觉得他画得"破破烂烂的"，而人家杜甫的诗虽然也色调深暗，但是写得工整精丽。我因此曾经腹诽父亲褒贬不当，后来听多了他的以杜赞徐，又想：他这"着实好"，到底是在赞谁？好像还是赞杜甫更多。

父亲有时没来由就说起杜甫来，用的是他表示极其赞叹时专用的"天下竟有这等事，你来评评这个理"的语气——"你说说看，都已经'一舞剑器动四方'了，他居然还要'天地为之久低昂'"。我说："嗯，是不错。"父亲没有介意我有些敷衍的态度，或者说他根本无视我这个唯一听众的反应，他右手平伸，食指和中指并拢，在空中用力地比画了几个"之"，也不知是在体会公孙氏舞剑的感觉还是杜甫挥毫的气势。然后，我的父亲摇头叹息了："他居然还要'天地为之久低昂'！着实好！"我暗暗想：这就叫"心折"了吧。

晚餐后父亲常常独自在书房里喝酒，喝了酒，带着酒意在厅里踱步，有时候踱着步，就念起诗来了。《琵琶行》《长恨歌》父亲背得很顺畅，但是不常念——他总是说白居易"写得太多，太随便"，所以大约不愿给白居易太大面子。如果是"春江潮水连海平"，父亲背不太顺，有时会漏掉两句，有时会磕磕绊绊，我便在自己房间偷偷翻书看，发现他的"事故多发地段"多半是在"可怜楼上月徘徊，应照离人妆镜台。玉户帘中卷不去，捣衣砧上拂还来。此时相望不相闻，愿逐月华流照君……"这一带。若是杜甫，父亲就都"有始有终"了，最常听到的是："车辚辚，马萧萧，行人弓箭各在腰。爷娘妻子走相送，尘埃不见咸阳桥。牵衣顿足拦道哭，哭声直上干云霄。……"他总是把"哭"念成"阔"的音。有时候夜深了，我不得不打断他的"牵衣顿足拦道'阔'"，说："妈妈睡了，你和杜甫都轻一点。"

"庾信平生最萧瑟，暮年诗赋动江关"，怎奈去日苦多，人生苦短。"儒术于我何有哉，孔丘盗跖俱尘埃"，可叹智者死去，与愚者无异。十年前，父亲去世，我真正懂得"莫自使眼枯，收汝泪纵横。眼枯即见骨，天地终无情"这几句的含义。可是我宁可不懂，永远都不懂。

父亲是如此的喜欢杜诗，于是，安葬他的时候，我和妹妹将那本他大学时代用省下来的伙食费买的、又黄又脆的《杜甫诗选》一页一页撕下来，仔仔细细地烧了给他。

不过这时，我已经喜欢杜甫了。少年时不喜欢他，那是我涉世太浅，也是我与这位大诗人的缘分还没有到。缘分的事情是急不来的，——又急什么呢？

改变来得非常彻底而轻捷。那是到了三十多岁，有一天我无意中重读了杜甫的《赠卫八处士》：

人生不相见，动如参与商。今夕复何夕，共此灯烛光。

少壮能几时？鬓发各已苍！访旧半为鬼，惊呼热中肠。

焉知二十载，重上君子堂。昔别君未婚，儿女忽成行。

怡然敬父执，问我来何方。问答乃未已，驱儿罗酒浆。

夜雨剪春韭，新炊间黄粱。主称会面难，一举累十觞。

十觞亦不醉，感子故意长。明日隔山岳，世事两茫茫。

这不是杜甫，简直就是我自己，亲历了那五味杂陈的一幕——二十年不见的老朋友蓦然相见，不免感慨：你说人这一辈子，怎么动不动就像参星和商星那样不得相见呢？今天是什么日子啊，能让同一片灯烛光照着！可都不年轻喽，彼此都白了头发。再叙起老朋友，竟然死了一半，不由得失声惊呼，心里火烧似的难受；没想到二十年了，我们还能活着在这里见面。再想起分别以来的变化有多大啊，当年你还没结婚呢，如今都儿女成行了。这些孩子又懂事又可爱，对父亲的朋友这么亲切有礼，围着我问从哪儿来。你打断了我和孩子的问答，催孩子们去备酒。你准备吃的自然是倾其所有，冒着夜雨剪来的春韭肥嫩鲜香，还有刚煮出来的掺了黄粱米的饭格外可口。你说见一面实在不容易，自己先喝，而且一喝就是好多杯。多少杯也仍然不醉，这就是故人之情啊！今晚就好好共饮吧，明天就要再分别，世事难料，命运如何，便两不相知了。

这样的诗，杜甫只管如话家常一般写出来，我却有如冰炭置肠，倒海翻江。

就在那个秋天的黄昏，读完这首诗，我流下了眼泪，我甚至没有觉得我心酸我感慨，眼泪就流下来了。奇怪，我从未为无数次击节的李白、王维流过眼泪，却在那一天，独自为杜甫流下了眼泪。却原来，杜甫的诗不动声色地埋伏在中年里等我，等我风尘仆仆地进入中年，等我懂得了人世的冷和暖，来到那一天。

我在心里对梁启超点头：您说得对，杜甫确实是"情圣"！我更对父亲由衷地点头：你说得对，老杜"着实好"！

那一瞬间，一定要用语言表达，大概只能是"心会"二字。

也许父亲会啼笑皆非吧？总是这样，父母对儿女多年施加影响却无效的一件事，时间不动声色、轻而易举就做到了。

此刻的我，突然担心：父亲在世的时候，已经知道我也喜欢杜甫了吗？我品读古诗词的随笔集《看诗不分明》出版时已经是2011年，父亲离开快五年了。赶紧去翻保存剪报的文件夹，看到了自己第一次赞美杜甫的短文，是2004年发表的，那么，父亲是知道了的——知道在杜甫这个问题上，我也终于和他一致了。真是太好了。

岁月匆匆，父亲离开已经十年。童年时他送我的唐诗书签也已不知去向。幸亏有这些真心喜欢的古诗词，依然陪着我。它们就像一颗颗和田玉籽料，在岁月的流逝中沉积下来，并且因为水流的冲刷而越发光洁莹润，令人爱不释手。

大观园里都是性灵派

刘晓蕾

大观园是一个集美之地,集中了所有诗意、美好的生命。

黛玉是其中最出类拔萃的。越剧《红楼梦》有一句"天上掉下个林妹妹",暗示了她的非凡来历:原是西方灵河岸上三生石畔的一株绛珠仙草。她长得如"弱柳扶风,姣花照水",正是仙草的形态。她住的潇湘馆是"凤尾森森,龙吟细细",地下"竹影参差,苔痕浓淡……窗外竹影映入纱来,满屋内阴阴翠润,几簟生凉"。

她是自然之子,跟大自然有着神秘的呼应,灵气沛然,只要她一出现,便洋溢着诗情画意。《红楼梦》第二十六回黛玉去怡红院看望宝玉,敲门不开——不顾苍苔露冷,花径风寒,独立墙角边花阴之下,悲悲戚戚呜咽起来。

原来这林黛玉秉绝代姿容,具希世俊美,不期这一哭,那附近柳枝花朵上的宿鸟栖鸦一闻此声,俱忒楞楞飞起远避,不忍再听。真是:花魂默默无情绪,鸟梦痴痴何处惊。

因有一首诗道:颦儿才貌世应希,独抱幽芳出绣闺;呜咽一声犹未了,落花满地鸟惊飞。

在传统文学里，把一个人的品性跟大自然相比，通常是褒义，说明他未经尘世的沾染，保留了自然的灵性。《世说新语》就很喜欢用自然风物来形容人，比如说王恭"濯濯如春月柳"。说嵇康"萧萧肃肃，爽朗清举"，"肃肃如松下风，高而徐引"。优美从容，有超凡脱俗之感。

曹雪芹也喜欢用花来形容女儿——黛玉是芙蓉，宝钗是牡丹，探春是杏花，晴雯死后索性做了木芙蓉花神。第四十二回王熙凤的女儿有点不舒服，刘姥姥提醒她，也许遇见什么神了，王熙凤说："园子里头可不是花神！"黛玉葬花，更是以花喻女儿，为落花哀悼，就是为女儿哀悼。宝玉在《芙蓉女儿诔》里形容晴雯："其为质则金玉不足喻其贵，其为性则冰雪不足喻其洁，其为神则星日不足喻其精，其为貌则花月不足喻其色。"这是对女儿最高的礼赞了。

大观园里的女儿们更有道家的气质。在道家的文化里，"草木"就代表了自然和灵性，反义词是人为、矫饰和机心。在庄子的眼里，前者返璞归真，后者代表了堕落。

庄子在《外篇·天地》里讲了一个故事：子贡遇到一个汉阴丈人在种菜，因为菜畦地势高而水井地势低，他抱着水罐去打水浇地，十分辛苦。子贡建议用桔槔汲水，又快又省事，却遭到汉阴丈人的嘲笑。后者认为使用机械虽能省事，却会使人产生机心，故不用。用机械，就意味着弄智取巧，会萌生投机之心，心灵就会不再纯白，就会心浮气躁，远离玄妙的大道，总之，机心让人迷失天性。乍一听，这有点反文明，毕竟科技的进步是文明的动力。但担忧现代技术发展过快，会挤压人性导致异化，一直是文学的主题之一。在人文的角度对技术保持一定的警醒，不是坏事，从这个角度来看庄子，就不是反文明，反而是有审美价值的。

宝玉一定会同意庄子。第十七回贾政带宝玉游览省亲别墅，来到后来李纨住的稻香村："黄泥筑就矮墙，墙头皆用稻茎掩护……里面数楹茅屋。外面却是桑、榆、槿、柘，各色树稚新条，随其曲折，编就两溜青篱。篱外山坡之下，有一土井，旁有桔槔辘轳之属。下面分畦列亩，佳蔬菜花，漫然无际。"

一派山野风光。贾政见了，表示有点神往，说虽然有穿凿之嫌，也不免勾起他"归农之意"。文人爱田园风光，往往是一种时髦的姿态，彰显自己不恋红尘爱自然。宝玉却不以为然，他忍不住批评："此处置一田庄，分明见得人力穿凿扭捏而成。远无邻村，近不负郭，背山山无脉，临水水无源，高无隐寺之塔，下无通市之桥，峭然孤出，似非大观。争似先处有自然之理，得自然之气，虽种竹引泉，亦不伤于穿凿。古人云'天然图画'四字，正畏非其地而强为其地，非其山而强为其山，虽百般精而终不相宜……"

这就像在大城市里强造一个农家乐，近无村，远无山，又无自然之河流，完全是用人力伪造的"天然"。宝玉说，远不如"有凤来仪"（潇湘馆），种竹引泉，虽然是造景，但有自然之理，有自然之气。在大观园里，稻香村就是一个极其"不自然"的所在，它的主人是李纨。作为一个寡妇，她从小被教育"女子无才便是德"，谨守妇德，被变相囚禁在稻香村里，人性被压抑到了极点。

大观园里都是性灵派，也是天真者的乐园，天真的人才能进入大观园。这里水草丰美，落英缤纷，遍地芳华，各有其美，不正是陶渊明神往的"桃花源"吗？

我们先来看看，渔人是怎样找到桃花源的："缘溪行，忘路之远近。忽逢桃花林，夹岸数百步，中无杂树，芳草鲜美，落英缤纷。渔人甚异之，复前行，欲穷其林。"之所以能找到桃花源，是因为渔人在大自然的鲜美中，完全忘我沉醉，不知归路。这时的他，已不是一个气息浑浊的社会人，而是一个天真的有童心的自然人。等他出来，"处处志之"，沿途做了标记，再也没人能找到"仿佛若有光"的入口。因为寻找的人，有了机心，丧失了真性，再也回不到那个天真的乐园了。

天真的人才能找到桃花源，天真的人才会爱，才会看见不一样的美，才会属于大观园。

宝玉初见黛玉，就说她是"神仙一样的妹妹"。众人见她"年貌虽小，其举止言谈不俗，身体面庞虽怯弱不胜，却有一段自然风流态度"。黛玉待人处世，一派天然，不懂得掩饰自己，喜怒哀乐全在脸上，在喜欢"懂事""做人"的人眼里，就成了小性、刻薄，但换个角度看，这其实是未经打磨的自然天性。大说大笑的湘云，是真名士自风流；没心没肺的晴雯，风流灵巧天真娇憨；蔷薇花下画蔷的龄官，更是"眉蹙春山，眼颦秋水，面薄腰纤，袅袅婷婷，大有林黛玉之态"；还有情解石榴裙的香菱……她们跟黛玉一样，都是自然之子，毫无机心。

翻开第三十一回，你会看到晴雯撕扇这一幕。宝玉对晴雯说"爱物"的道理，东西不过为人所用，想怎么用都可以，比如扇子，可以扇，也可以撕着玩，只是不要拿它出气："晴雯听了，笑道：'既这么说，你就拿了扇子来我撕。我最喜欢撕的。'宝玉听了，便笑着递与他。晴雯果然接过来，嗤的一声，撕了两半，接着嗤嗤又听几声。宝玉在旁笑着说：'响的好，再撕响些！'"

麝月抱怨这是造孽，宝玉又说："古人云，'千金难买一笑'，几把扇子能值几何！"很容易让人联想到历史上的"裂帛"故事，引发红颜祸水误国之叹。但大观园拒绝这样陈腐的道德成见，提醒我们，未被道德遮蔽的眼睛才能看见美和自由。

宝玉白天过生日，众人喝酒行令，湘云喝多了，躺在红香圃的一块大石头上睡着了："四面芍药花飞了一身，满头脸衣襟上皆是红香散乱，手中的扇子在地下，也半被落花埋了，一群蜂蝶闹嚷嚷的围着他，又用鲛帕包了一包芍药花瓣枕着。"少女与花儿、蜂蝶，人与自然相谐相契，浑然一体。《世说新语》里的名士们常常醉卧，有阮籍醉卧于卖酒邻居美妇旁，也有刘伶"死便埋我"，"以天地为栋宇，屋室为裈衣"。果然是名士自风流。相比之下，湘云醉卧更多了一份天真烂漫，这样的一幕，只能发生在大观园里。

她们联诗，也烤鹿肉，"一个戴玉的哥儿和那一个挂金麒麟的姐儿，商议着要吃生肉呢"。割腥啖膻却锦心绣口。

大观园里也有让宝玉称奇道绝，却又与世俗相悖的道德。比如藕官跟药官假戏真做，在戏台上扮夫妻，戏台下也做夫妻。药官死后，蕊官跟藕官当搭档，藕官转而爱上蕊官，一如当初对药官。她有自己的道理："比如男子丧了妻，或有必当续弦者，也必要续弦为是。便只是不把死的丢过不提，便是情深意重了。若一味因死的不续，孤守一世，妨了大节，也不是理，死者反不安了。"

不死守"从一而终"的道德，迥异于世俗社会对痴情的理解。庄子一向反对儒家的礼，认为其"明乎礼仪而陋于知人心"。如果他复生，一定会大赞藕官不拘泥人事，自成一派，更合乎天道。

所以，在她们面前，宝玉总是心甘情愿低下头来："天既生这样人，又何用我这须眉浊物玷辱世界。""老天，老天，你有多少精华灵秀，生出这些人上人来！"在宝玉心中，她们独得了天地的精华，保留了珍贵的灵性和天性，还没有被社会污染。

太虚幻境里的绛珠仙草，修成女体后，既受天地精华，雨露滋养，又游于离恨天外，以蜜青果和灌愁海水为食，这不就是庄子笔下的藐姑射仙人吗？庄子在《逍遥游》里写："藐姑射之山有神人居焉，肌肤若冰雪，淖约若处子，不食五谷，吸风饮霞，乘云气御飞龙而游乎四海之外。"藐姑射仙人代表了《庄子·逍遥游》的最高逍遥主体，意味着终极的自由。

要了解庄子对自由的理解，得先看《逍遥游》的开篇："北冥有鱼，其名为鲲。鲲之大，不知其几千里也。化而为鸟，其名为鹏。鹏之背，不知其几千里也。怒而飞，其翼若垂天之云。是鸟也，海运则将徙于南冥。南冥者，天池也……"

这是一则奇幻瑰丽的寓言。大意是说，北海有一只叫作鲲的大鱼，不知有几千里大。鲲变成鸟，叫作鹏，也不知有几千里大。海风吹起来的时候，鹏就顺势而飞，飞到南海。大鹏的动静很大，让人神往。不过，小鸟和蝉表示很不屑："我们飞到树上就够了，有时候飞不上去了，落到地上也无所谓，飞九万里那么高干吗？"庄子说"小知不及大知，小年不及大年""夏虫不能语与冰"，小知、小年、夏虫都是有局限的生物，它们无法理解更广阔的事物。

不过，虽然大鹏这么厉害，但它也不是真正逍遥自由的，它是有所依恃，也就是"有待"。终极的境界是"无待"。"有待"，是说需要外部条件配合，比如大鹏要展翅，必须借用海风。而真正的逍遥，就是"无待"，不受任何外部条件的制约，藐姑射仙人就是"无待"的。但按照庄子的说法，没有人能做到真正的"无待"，怎么办呢？那就转而寻求内心的自由。借用哈姆莱特的台词就是："即便我被困在果壳之中，仍自以为是无限宇宙之王。"精神能冲破现实的桎梏，达到无限。

大观园也是自由的乐园。虽然身处不自由的环境，连身体都很纤弱，但黛玉有独立的精神，自由的灵魂，气质超逸。正如她的《咏菊》所写："一从陶令平章后，千古高风说到今。"

诗社是大观园的标配，是放飞自我的所在，是获得精神自由的途径。黛玉是诗人中的诗人，她文采飞扬，尽显自由之灵魂。元春省亲时，人人都毕恭毕敬，写诗当然要颂圣，但黛玉能翻出新意："名园筑何处，仙境别红尘。借得山川秀，添来景物新。"既点出大观园，又暗合太虚幻境，灵气跳脱。她的海棠诗和菊花诗，风流别致。她教香菱写诗，所推举的诗人，也是性灵为上。正是袁宏道所言"独抒性灵，不拘格套，非从自己胸臆流出，不肯下笔"。黛玉毫不客气地说"重帘不卷留香久，古砚微凹聚墨多"这样的诗太浅近，一入了这个格局，就麻烦了。她告诉香菱，有了新意有了奇句，连平仄这种规矩都可以抛弃。

正是有了这样的好老师，香菱内心深藏的诗意和灵气，才被释放出来。她写了一首吟月诗："精华欲掩料应难，影自娟娟魄自寒。一片砧敲千里白，半轮鸡唱五更残。"大家都说新巧有意趣。

后来夏金桂找香菱的茬，说她名字不通，菱角花哪里有香气？言下之意这种不起眼的小花，怎比得上桂花！香菱说，菱角花是有香气的：

"不独菱角花，就连荷叶、莲蓬，都是有一股清香的。但他那原不是花香可比，若静日静夜，或清早半夜，细领略了去，那一股香比是花儿都好闻呢。就连菱角、鸡头、苇叶、芦根，得了风露，那一股清香也是令人心神爽快的。"

自然界里没有高低贵贱，万物生长，自有其妙。能闻到自然风物的气息，感受其中的诗意，香菱的灵魂是自由的。虽然她一生所遇非人，但她能保持内心的清亮和通透，这是庄子笔下的自然人。

跟儒家的刚猛进取不同，道家是避世的。虽然对现实无能为力，但庄子"不事王侯，高尚其志""独立不惧，遁世无闷"，在乱世中能保持自然的天性，能反观内心，在某种程度上，是文明的解毒剂，有更超然的审美精神。几千年来，一个孔子，一个庄子，构成了中国人心灵的两面，既有入世的一面，又有出世的另一面。儒道互补，是中国人精神世界的秘密所在。

大观园是曹雪芹的乌托邦，是一个自由的审美的天地，跟道家有天然的亲近。只有在这里，女儿们才能保持自己的天真烂漫、清净洁白。

当然，自由是个难题，因为人一旦将自由视为必要的价值，就会发现自由很难，即使只是心灵的自由。对自由愈敏感，就愈能感受到不自由的痛苦。宝玉和黛玉深知这一点，所以《葬花吟》里有"一年三百六十日，风刀霜剑严相逼"，生命有限，而痛苦似乎是无限的，到最后爱情也是悲剧一场。

这是大观园所面临的困境，也是曹雪芹的深刻之处。

大雪落满宋,灯火不成眠

※ 清雅若诗

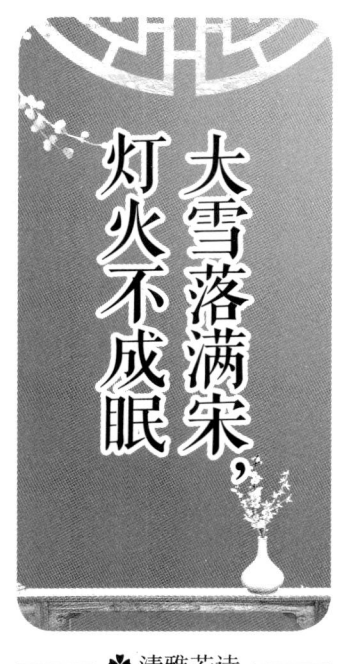

冬日,开封下了雪,南京下了雪,洛阳下了雪,杭州下了雪。不是在东京开封府,不是在南京应天府,不是在西京河南府,也不是在杭州临安府。大雪纷纷扬扬,白茫茫点缀梅花枝头,青瓦的房檐被雪覆盖,偶尔调皮地露出点额头,宇宙万物都像被冻住了一般,迷蒙中仿佛一下子回到了久远的宋朝。

宋朝,年关将至,雪落无声。三十六坊,灯火不眠,人声鼎沸。"方轨十二;街衢相经;廛里端直,甍宇齐平"的盛唐城市格局早已被坊市纵横、屋市比邻的不规则打破。"宝马雕车香满路。凤箫声动,玉壶光转,一夜鱼龙舞"成为宋朝市集的常态。

长达数十里的东京马行街,酒旗招展,商铺林立,间歇穿插官员宅邸。西域跋涉而来的行商,毡帽上盛满了雪,一串热气牵出一口市价。成千上万的百姓口含蜜饯,手捧果子,边逛边看,仔细品评,好不热闹。朝有清歌曼舞,暮有火树千灯。雪一重重下,烛花一节节堆,声浪一阵阵高,又忽然沉寂。雪落在梅花上,落在眉毛上,落在土地上,更是晶莹凝结在举目可见的年味上。

天寒地冻,瓦屋盛霜。陆游望着漫天白雪,心事澄明。而今已是暮年,犹如颤颤巍巍的细枝雪,抗金报国的意愿只能悉数押进"平生诗句领流光,绝爱初冬万瓦霜。 枫叶欲残看愈好,梅花未动意先香"的诗句里。轻狂与昂扬被锁在大雪的朴素与平淡之中,个人的得失与家国的成败仿佛一起蕴藏在了天地沉寂之中。

那个写下千年来仍被口口相传诗句的改革家和思想家,想要革新"积贫积弱"局面却控不住人心所向的政治家和文学家,即使风烛残年,也没能过好这一生。倒是我们这些时代后浪,坐拥着前人开创的基业,守着自己的小家,在家国安定、繁荣富强的平稳生活里,一年复一年地咏叹:"爆竹声中一岁除,春风送暖入屠苏。千门万户曈曈日,总把新桃换旧符。"

写下"此间食无肉,病无药,居无室,出无友,冬无炭,夏无寒泉"清苦诗词的苏轼,衾被凉薄,炭石无依,归去无望。汴京灯火通明,暖帐生烟的良辰美景于自己都成了旧梦里的奢望。苏轼不是一个就此沉沦悲观的人,相反,他用从容和洒脱走过了人生的三重境界。

初秋的那叶浮行扁舟里,苏轼还在"清风徐来,水波不兴""浩浩乎如冯虚御风,而不知其所止;飘飘乎如遗世独立,羽化而登仙"的现实世界中对标历史英雄,感慨宇宙浩渺,演绎缥缈与空灵的境界。江月年年,清风不改,蜉蝣万物,古今皆然。"盖将自其变者而观之,则天地曾不能以一瞬;自其不变者而观之,则物与我皆无尽也",无穷的万物自有无穷的乐趣,他将宇宙万物与人生浩渺参悟,将独特思想与完美人格释放到极致。大雪满宋是花开了,灯火不眠是诗醒了,物我无尽是华夏千年的精神之魄,在经历一番地摇山动后超然了。

难怪孟元老从南宋眺望北宋时,一开口就是"暗想当年,节物风流,人情和美,但成怅恨……仆今追念,回首怅然,岂非华胥之梦觉哉。目之曰《梦华录》"。汴梁繁华,天下之冠;人才辈出,文化璀璨;市井生活,千姿百态。哪怕只是辞章里戛然而止的句子,花鸟人物画里遗漏的一缕丹青,都恍若大梦一场,终是远离繁华久矣。

雪满如宋,生命的诗意与浪漫古今相通。拨开历史的迷雾,跨过岁月的藩篱,无论置身于宋朝还是现代,起始之处蕴藏的都是一颗颗温柔滚烫的心。

灯火不眠,蜡烛照亮的城和钨丝点亮的夜,别无二致。窗边通红的炉灶,楼顶呼啸的大风,旋转追逐的星球,有人在的地方就有烟火与深情。雪覆盖城市,为大地添一件纯白大衣,母亲围身厨房,眼里仍闪着晶亮的光。温暖流传百年,浪漫治愈人间。

大雪落满宋,灯火不成眠。我们沉醉冰雪梦境,看遍大宋繁华,伫立风雅中国,置身温暖小家,终觉一切地久天长。

王维的白色衬衫

※ 闫 红

我一直觉得王维跟陶渊明很像，两人都有田园诗人的名头，也都曾经张扬，而终归淡泊，两人还写过相似的诗，陶渊明有名句："暧暧远人村，依依墟里烟。"王维就向他致敬："渡头余落日，墟里上孤烟。"

他们还都是隐居的倡导者，隐居这种事儿，说起来很古典，但潜伏在写字楼格子间里的上班族，哪个没想过推开桌面上的电脑、电话和纸张，站起来，去一个更快乐的地方呢？女友聚在一起，做大头梦是永恒的主题，开咖啡馆、开饼子店，去丽江开客栈，而我，则梦想着，开一个四面玻璃墙、器皿锃亮、伙计英俊的豆腐店，因为我和瞿秋白很有共鸣：中国的豆腐是很好吃的。

虽然终是大快口舌一场后作鸟兽散，但我对能够亲力亲为者，总是具有惆怅的敬意，还一直想看看他们在隐居之地是怎么过日子的。虽然也知道，中国的文人，不大可能像梭罗那样，连一斤大米多少钱都标出来，能看个大致框架，也可以望梅止渴了啊。

某日无意间翻到一本王维的年谱，这一翻不当紧，我发现，所谓隐居，全是我的一厢情愿，人家王维，根本就没真正隐居过。朝堂上始终有他一席之地，在去世的前一年，还在门下省替皇帝起草赦书表。

他的确从三十多岁时就间断地隐居，的确在乡间建了一座蓝田别墅，的确做过"晚年唯好静，万事不关心。自顾无长策，空知返旧林"这样的表白，但他还是工作到了最后一刻。

这其实不难理解，对陶渊明的"不为五斗米折腰"，他是不以为然的，曾说："尝一见督邮，安食公田数顷，一惭之不忍，而终身惭乎！此亦人我攻中，忘大守小，不计其后之累也。"

陶渊明啊，您只要折腰见一下督邮，就可以安享公务员待遇，不能忍耐一时的难堪，就要忍耐一辈子的难堪，像这样不知轻重，以后有好果子吃了吧？

王维的思路，其实跟格子间里的我们挺像的，虽然对手上的工作有烦言，抱怨着抱怨着还是做下去了，最多像王维那样，周末去乡间走走，做快慰状，做流连状，再果断地发动引擎，回到熟悉的生活中来。

陶渊明与我们的差别在于他更在乎生命的完整性，他将整个生命向生活撞过去，若疼痛，也没什么，写在诗中好了，他的活法更像一种行为艺术，证明，我们只是生命的房客，而不是业主。

我们则把生命切割成两部分，付出一部分，赎买另一部分，最完美的设想是，像蜜蜂一样工作，像蝴蝶一样生活，可是，你真的能像设置iPhone一样，自如地转换你的生命模式吗？还有，一旦习惯了付出，很可能就忘记了赎买，最后把付出当成目的，比如王维，就工作到生命的最后一刻。

很年轻的时候，写过一篇文章，叫《暗恋王维》，我列举了一系列他值得爱慕的理由，其中最重要的一条，是他能令人安静，我让自己穿越到他身边做一个女侍，"素衣，黑发，干净的额头与眼神，并坚持不发一语，在琴声与箫声的交替里，我细若游丝地，感受着这个男人内心的静气与激情"，如今再看，这想法还是比较靠谱，起码比去陶渊明身边做女侍靠谱，他自个儿隐居隐得饭都吃不上了，还用得起漂亮女侍？

而王维，更像安妮宝贝笔下的那些男人，要安静，要干净，要能谈谈禅说说诗歌，但最重要的，是穿得起"价格不菲的白色衬衫"，这才是点睛之笔，有了它，前面那些才能锦上添花，没有的话，前面那些，在年轻姑娘眼里，恐怕都是笑话。

河山册页

历史的山风吹过，只留斑驳

苏轼的吃与睡

✱ 张佳玮

一、苏轼真吃到那么多美妙的食物了吗？

众所周知，苏轼爱吃荔枝，甚至于"日啖荔枝三百颗，不辞长作岭南人"。他真肯为了吃荔枝，长留岭南吗？

在另一首诗《四月十一日初食荔枝》里，苏轼将荔枝夸得花里胡哨：将红皮白肉说成红纱玉肤，是形容其好看；将其味道比作江瑶柱、河豚肉，是形容其鲜美。结尾更说："我生涉世本为口，一官久已轻莼鲈。人间何者非梦幻，南来万里真良图。"

——我生来本就是为了能吃上一口，当官久了，早已经看轻了莼鲈之思。

——莼鲈者，张季鹰所谓秋风起，念故乡吴中莼菜鲈鱼，所谓宦游思乡之情也。换言之，苏轼借着荔枝，发散开去：我也不想家了，不想回乡了；人生反正如梦似幻，来南方万里之遥，真好！这段话说的，苏轼是真为了口吃的，不在乎能不能回去了吗？却又不一定。

苏轼在广东时，念叨吃生蚝。"肉与浆入水与酒并煮，食之甚美，未始有也。又取其大者，炙熟，正尔啖嚼……"

——酒煮生蚝、烤生蚝，他都吃了，妙。临了还叮嘱儿子："无令中朝大夫知，恐争谋南徙，以分此味。"

——"别告诉朝中士大夫，不然他们都要来抢这口吃的啦！"

——这却是个冷笑话了。朝中大夫们，真会放弃功名利禄，自请贬谪，跑来争一口生蚝吗？类似的"我这里特别好，比都城还要好，我根本就不想回去"，其实是苏轼的自嘲。

先前苏轼曾得意扬扬，跟苏辙分享自己的心得。大意是：惠州太穷了，我没法跟人争好羊肉，于是叮嘱屠夫，给我留点羊脊骨。羊脊之间有点肉，水煮熟，酒渍，薄盐，烤一烤，这么小心翼翼地吃，就跟吃蟹钳肉似的。子由你就不一定尝得到这味儿了吧？只不过我吃得这么高兴，惠州的狗就不快活了。

说来风流潇洒，苦中作乐，其实还是安慰兄弟：我这儿挺好的，你们别为我担心。

陆游《老学庵笔记》有另一个说法。说当日苏轼与苏辙最后一次见面，是苏轼南迁途中：道旁有鬻汤饼者，共买食之。恶不可食。黄门置箸而叹，东坡已尽之矣。徐谓黄门曰："九三郎，尔尚欲咀嚼耶？"大笑而起。秦少游闻之，曰："此先生'饮酒但饮湿'而已。"

——路边卖面的，其实不好吃。苏辙吃不下，叹气；苏轼却已吃完了，慢悠悠地对苏辙说："你还要细嚼慢咽品味吗？"大笑着站了起来。秦观听说了这典故，说这就是苏轼之前写"饮酒但饮湿"的用意了。

——苏轼之前在黄州，写过"酸酒如齑汤，甜酒如蜜汁。三年黄州城，饮酒但饮湿。我如更拣择，一醉岂易得？"那意思是：酸酒甜酒，各有各的味道；我在黄州城三年，喝酒就不挑味道了。如果再挑三拣四，怎么求一醉呢？

苏轼的《记游松风亭》里，有个段子极妙，说他有一次信步走到松风亭下，感到腰酸疲乏，想上去休息，爬了半天快累死了，看着亭子很绝望；忽然脑子一转，"此间有什么歇不得处？"

——为什么不就地坐下休息呢？于是如鱼脱钩，忽得自由。随遇而安，如此而已。

理解了这段，也就理解了后期的苏轼。他说荔枝真好吃，为了荔枝宁可长留南方；他说自己就贪一口吃的，一点都不思念故乡；他说生蚝好吃，羊蝎子好吃，你们在朝廷里吃不到；苏辙吃不下的面，他三两口吃完了，说不要挑拣啦，一笑而已。就自由自在地歇息、饮食、散步、写作，清俭明快地快乐着，也不错吧？当年初到黄州时，他感叹过："临皋亭下八十数步，便是大江，其半是峨眉雪水，吾饮食沐浴皆取焉，何必归乡哉？"

——反正万水都是一源，我在黄州也能用到故乡眉州的峨眉雪水，又何必返乡？所以，不是苏轼吃的一切都好吃，而是苏轼抱持着"什么东西都可以很好吃"的心态。毕竟羊脊骨都能吃出蟹钳味儿，荔枝都能吃出江瑶柱和河豚味儿，毕竟万水都是一源，也无风雨也无晴，就这样吧。哪里都可以安心歇宿下来，哪里都可以随遇而安。理解了这个，就能理解苏轼总能吃到好吃的东西了——因为在他眼里，没什么是不好吃的。恰如他所说，"吾上可陪玉皇大帝，下可以陪卑田院乞儿，眼前见天下无一不好人"。

二、只要还睡得着

苏轼好像总遇见跟睡觉有关的事。

在南海时，宿于海中，水天相接，星河璀璨。儿子苏过酣睡，呼不应，苏轼自己坐起叹息。

在黄州时，那句著名的"小舟从此逝，江海寄余生"，全篇开头却是"夜饮东坡醒复醉，归来仿佛三更。家童鼻息已雷鸣。敲门都不应，倚杖听江声"——苏轼好像总是喊不醒人。

传奇的《记承天寺夜游》，是本来解衣要睡了，看月色好，就跑去找张怀民——还是不肯睡。

如今论睡觉，多讨论如何入睡、如何提高睡眠质量、如何在短暂的睡眠时间里获得更多的深度睡眠，云云。也不奇怪：现代人乐趣诱惑太多，随时都有乐子，相比而言，睡眠不免无趣，自然得想法子削减。

然而，睡眠也是可以有趣的——虽然睡觉时可能感受不到。

《集结号》里，张涵予饰演的谷子地被关禁闭，痛快地睡了一天，起身后懒洋洋地、欣慰地、由衷地来了句重低音："可算是歇过来了。"睡透过的人，见此自然会心。那是经历了一个漫长、结实、沉厚、不打褶皱、仿佛棉被抖开铺平后的睡眠，才会有的感受。全身散碎的疲惫都被熨平了。这时且不忙起，抻一抻全身筋骨，会有种酸胀但通透的痛快——仿佛全身都成了伸着的懒腰。

相比而言，入睡的乐趣就少一些。毕竟念及一天将终，还得关掉亲爱的手机或其他设备，而且想到要早起，大多数人的心情是沉重的。但有种情况，也可以很美妙。比如，只睡一小会儿：冬天的午后，吃饱了，本来凉凉的四肢末端也开始暖起来，睡意如棉花，包裹着自己，不觉睡去后，半小时就醒了，却会觉得仿佛历时甚久——所以论以短时间获大乐趣，半小时的午觉实在是人生至乐。

时节也很要紧。若是天明时分，听见鸟儿鸣啭或是雨水打窗，想到这是周末，更好了，翻个身，继续睡。这大概是睡觉最大的乐趣所在：已经睡过一遭，带着睡过之后的快乐再睡一遭，有种酒足饭饱后又来个甜品之感。这种时段，俗称赖床。赖床快乐至极，尤其在冬日，累久了，身体透凉；赖足了床，全身透暖滚热。

以前在上海，冬天时我常熬夜。长夜孤单，最满足的瞬间是，天将四五点，完工，不着急睡，因为这会儿睡总有点凄清冷寂到可怕的氛围。于是坐着，带着松软的倦意看会儿闲书，慢悠悠地等。到五点半，穿厚实了出门，摸黑买第一屉蒸出的大包子，买烫口的豆浆，买煎饼、鸡蛋饼、萝卜丝饼，买菜粥。消消停停吃完，天开始放亮，车水马龙声逐渐响起来。回家，在饱暖，以及暂时完了了闲散无事的快感中躺下，等晨光慢慢显露、外面开始生机勃勃喧嚷起来的时候，身体像刚出屉的白馒头那样松软、温暖、活泛的睡意来了，就睡着了。

只要还睡得着，世上就没有什么大不了的事——当然了，现实主义者会说，睡前有的烦恼，醒过来还是会有。但懂得睡觉快乐的人大概明白，好好睡过一觉后，你对烦恼的看法，会大大不同。一切都会过去，但只要人还活着，睡眠就是永恒的，也是最简单的快乐之源。

还是苏轼。

他中年时期在京城，有个习惯：早起，梳头，着好衣冠，再和衣小睡一刻。他说这种小睡滋味之美，无可比拟——苏轼善得世上一切乐趣，于睡眠中亦然。也就是这种劲头："这里有什么不好睡的呢？哪怕是一场小睡，只要放松了，也很开心啊！"

蒋捷漂泊在路上

✤ 王这么

大厦在时光里倾颓,时间流转到了南宋末年。

"'道男儿到死心如铁',看试手,补天裂。"英雄的呼声也成了隐约余响。这里要说的只是一个叫蒋捷的普通词人。

蒋捷是南宋最后的进士,在中进士之后几年,南宋就灭亡于蒙古人的铁蹄下。剩下来的大半生,只好用在逃亡与躲藏上。

他的《一剪梅》很有名:"一片春愁待酒浇。江上舟摇,楼上帘招。秋娘渡与泰娘桥,风又飘飘,雨又萧萧。何日归家洗客袍?银字笙调,心字香烧。流光容易把人抛,红了樱桃,绿了芭蕉。"

这是他年轻的时候,坐船经过吴江,南宋还没有亡呢!他的心情里,还单纯的只是旅途的惆怅,与对家的思念。应该是刚成婚不久,家里有一个小小的娇妻。蒋捷一直是个恋家的好男人呢!春天的江南,风光多么好,住过到过江南的人都知道,而他却在小船中,呆呆望着外面,心里像小虫子在爬一样,有点轻痒,有点焦急。

乘船过路,如果你看着两岸,会有很浓重的镜头感,画面一幅幅播放过去,映入眼帘,蒋捷不知道现代的多媒体技术,这首小词,却活生生就是娴熟导演的剪辑手法。江上摇橹而过的小舟,岸上随风招摇的酒帘,有着绮丽名字的小小渡口与石桥——可能是舟人告诉他的,也可能是这条路常走,地名很熟悉。

飘飘,萧萧,叠字运用的,就好像这春天密密织织的雨一样,催动着人心里的渴望。马上就要到家了!甜蜜的家,温柔的妻子,要和她坐在一起吹着笙,把暖暖的熏香点起来——多么值得珍惜的时光。

他想着,忽然感到一阵来自灵魂深处的震动,好像在睡梦中被温软的巴掌轻轻又坚持不懈地拍打,终于醒过来一样,他明白了一件事:流光容易把人抛,红了樱桃,绿了芭蕉。红樱桃,绿芭蕉,这春天里色彩鲜明的寻常物事,就在蒋捷心念一动的这天,凝固在中国文化里了,让后来的无数人,读着它

们,心中又欢喜,又悲伤。

因此词而被称为"樱桃进士"的蒋捷,当时还并不知道,这首小词在他生命里投下的宿命暗喻。而这样轻妙温柔的句子,后来他也再写不出来了。

来日大难,兵荒马乱中,他也与妻子家人失散,后来到底重逢了没有,无从知道,希望是吧。年轻的进士,在以前是要头插花朵,在京城里走马游行,被人们指点艳羡的。如今,连国都没了,这身份分文不值,连皇亲国戚都蓬头垢面,鸡犬不如地到处奔逃苟生,他还能做些什么?

文天祥死了,陆秀夫背着八岁的小皇帝在崖山跳了海,一切都结束了。

蒋捷还活着,在一片荒凉惨淡中,到处寻找着他的家。

《贺新郎·兵后寓吴》:"深阁帘垂绣。记家人、软语灯边,笑涡红透。万叠城头哀怨角,吹落霜花满袖。影厮伴、东奔西走。望断乡关知何处?羡寒鸦、到着黄昏后。一点点,归杨柳。相看只有山如旧。叹浮云、本是无心,也成苍狗。明日枯荷包冷饭,又过前头小阜。趁未发、且尝村酒。醉探枵囊毛锥在,问邻翁、要写《牛经》否。翁不应,但摇手。"

这个倒霉的人,头年刚中进士,刚向家里报了喜,第二年蒙古人就打到了,战火烧得遍地,他身上也没钱,衣食无着,还努力往家的方向奔。满脑子里想的都是深闺中,几声软语,娘子笑得晕红的脸。

人在大难来时,人在最初的慌乱失措之后,也终会平静下来,去试着接受这恶毒的命运。蒋捷东逃西窜,心里再惶急,夜里也无从赶路,得找个破败村庄投宿。一边艳羡着天上的乌鸦,到黄昏就能找到杨柳归窝,一边跑到村子里,且弄点老酒安安神。酒是找到了,也喝了,完事一摸口袋,一分钱也没得,只有支破毛笔还在,便涎着脸,问旁边的老头儿:"您要写《牛经》吗?"

《牛经》是本农书,讲如何鉴定耕牛,现在这年头,是个腿脚利索的人,都离开村庄逃难了,剩下走不动的老头儿,还种个啥田,要这东西干什么?老头儿面无表情,只管冲他不耐烦地摇手。这就是蒋捷逃难生涯中的一天,过去了。

元朝建立,南宋的百姓,都成了蒙古人治下的"贱民",日子过得低三下四,到底也还是不打仗了。亲人失去了,日子还是要过,田还是要种,饭还是得吃,婚还是要结,孩子还是得生。时间慢慢地往前淌着,蒋捷去哪里了?

他真的隐到了市井中,当了个江湖相士,靠给人算命过日子,还在四处流浪。直到老迈,才买了块田,住下来。

算命,这活计应该比写牛经强点。他倒不怕丢面子,大概一是为了生计,二也是为了逃避新朝廷征召。元朝的皇帝,终于发现实现长治久安,只靠打打杀杀不行,慢慢地,就对前朝的文化人实行怀柔政策,给他们官做,这政策还真有点效,许多人都去了。连名将张俊的后代、著名词人张炎,都悄然动了点心思,跑到元大都转了一圈。可是蒋捷没去。

他在想什么呢?

《梅花引·荆溪阻雪》:"白鸥问我泊孤舟,是身留,是心留?心若留时,何事锁眉头?风拍小帘灯晕舞,对闲影,冷清清,忆旧游。旧游旧游今在否?花外楼,柳下舟。梦也梦也,梦不到、寒水空流。漠漠黄云,湿透木棉裘。都道无人愁似我,今夜雪,有梅花,似我愁。"

荆溪在宜兴,宜兴是蒋捷的老家,他的少年时光就是在这里优游度过的,有过许多呼朋引伴,花边柳下的宴游。现在他又来了,却并没有打算停下来,乱世之后,这里的旧宅旧人,荡然无存。留下来似也并无意义。

如果真这样,也就罢了,偏偏连夜下了大雪,还不得不留下来。留在江上的一叶小舟里,不得不面对往事纷繁。风往舱里灌,又冷,烛光又零乱,他一个人坐在那里,渐渐地,无法自持,愁恨排山倒海而来,他倒又自嘲了,这不算什么,今天这个雪夜里,还有梅花,跟我一般的在发愁呢!

梅花多高洁,这句淡淡的话里,有着点傲气。

蒋捷坐在这里,望着泯灭的家园,不知道有没有想起祖上的故事。他的先祖中,有蒋兴祖,老头很倔,当地方官时,发洪水,他几十天亲身守在大堤上,护住了一方水土。他爱这片土地爱到了这个地步,金兵来犯时,坚决不跑,说"世受国恩,当死于是"。力抗金兵而终于城破,全家殉国。亲生女儿也被金人掳走。他的同辈中,有蒋禹玉,曾招集家乡子弟,起兵抗元。蒋家和岳飞家族也是世交,曾经为了援救岳飞的冤狱而获罪……轮到蒋捷自己,虽然无用,但总归也不算太对不起列祖列宗吧!

蒋捷的词里,常常有奇语,隐约见当年"樱桃进士"的风流聪敏。比如说这首词里,他劈头就一句:"白鸥问我泊孤舟。"真是神来,连江上的鸥鸟,都惊讶地问他:"你留在这里,是身体留下来呢,还是心留下来呢?如果是心留下来,为什么又锁着眉头?"一下子就把这倒霉人望家乡而竟不愿停脚的苦楚,给揭破了。

心若留时,何事锁眉头?行走在物是人非的旧山河,新朝代,这也是作为一个遗民,最后的,永恒的表情了吧?恋家的男人蒋捷,也深深地爱恋着,他永不再来的家乡、故国,永远消逝了的王朝风流。

两宋,是这个东方民族农业文明最后的辉煌,在高峰之后由蛮族的武力打破,慢慢涣散,此后,中国社会发展陷入了长久的凝滞,不再有新的动力,农民问题,成了这个农业社会进步的最大困扰。

"崖山之后,再无中国。"这话是日本学者讲的,我承认它有道理。最淳厚优美的古中国,从南宋灭亡之后,也就渐渐不存在了。

里尔克的诗里说:"离开村庄的人将长久漂泊。"离开村庄的中国人,至今仍漂泊在路上,越来越多,也没什么好说的。只有在途中,一遍遍,看红了樱桃,绿了芭蕉。还是用蒋捷自己的词来结尾。

《虞美人》:"少年听雨歌楼上,红烛昏罗帐。壮年听雨客舟中,江阔云低、断雁叫西风。而今听雨僧庐下,鬓已星星也。悲欢离合总无情,一任阶前、点滴到天明。"

又是一首千古绝唱,唱尽人生。而我们所自豪的人类文明也不过如此,逃不过自然法则的无情。

玫瑰即使不叫玫瑰

※ 张宗子

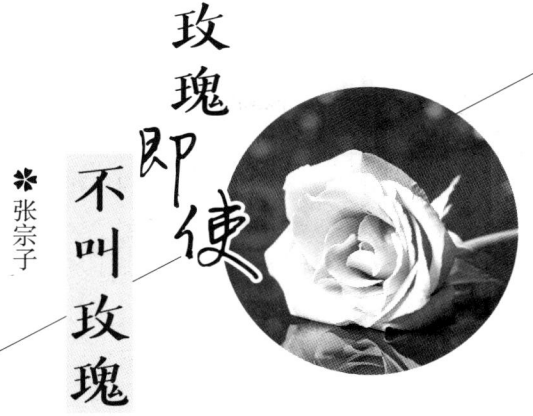

黄庭坚对自己早先的字不满意,他说:"余书姿媚而乏老气,自不足学,学者辄萎弱不能立笔。虽然,笔墨各系其人工拙,要须其韵胜耳。病在此处,笔墨虽工不近也。"笔墨"工",很多人以为是了不起的本事,讲个浅显的道理必用一个看似玄妙的比喻,满地夕阳芳草,遍园月色紫藤的美文,往最好的方面说,不过小巧而已,连"姿媚"都谈不上。玩玉不妨欣赏"俏色"和"巧雕",文章有更高的境界。雕琢取巧,与黄庭坚所说的韵胜,"不复玩思于笔墨",相差何可以道里计。

我对书法是门外汉,然而黄庭坚很早之前就打动我的,却是他的一幅字,松风阁诗帖。二十多年前,我有幸亲见千年前的大师手笔。当时站在玻璃展柜前,看着一个个拳头大的字迹就在触手可及之处,驻足良久,胸中暖流涌起,双眼竟要湿润起来。诗歌和野史笔记中的黄庭坚,就在那一瞬间,变成了一个有血有肉的形象。

我后来总忍不住把心目中的山谷道人,比作金庸小说《笑傲江湖》中的衡山派掌门莫大先生。莫大出现在江湖豪士面前,不过一个其貌不扬的落魄老者,一把二胡不离身,拉出的曲调,酸苦悲凉,令人不忍卒听。但每到关键时候,诛杀奸邪,救助无辜,一招毙敌,如神龙见首不见尾,眼睛里精光闪动,猥琐一变而为神一般的凌厉庄严。

当然黄庭坚并不是这样的人,他从不悲苦,更不软弱,始终是倔强高傲的,像一棵皮如龙鳞的老松树,像一块崖头逆风的石头。但我这么想象他,是为了像令狐冲对莫大先生的崇敬一样,通过富于戏剧性的反差,加强这种崇敬和崇敬带来的快意。

年轻时候酷爱唐诗,中年以来,宋诗渐渐读出味道。宋诗存世量大,说喜欢,寻常名篇之外,认真读过的不过三几家,王安石,苏轼,黄庭坚,如此而已,其中黄诗还要打些折扣:读得最晚,理解不深,匆匆一过罢了。

读唐诗,从一开始崇拜李白,迷恋李贺,到抱着玉溪生诗集不撒手,再到终于领略了白居易的好处,最后由韩愈而归结到杜甫。杜甫和韩愈的方向,自然而然地指向宋诗,但并非春雨遍洒千岩万壑,而是秋阳在高峻雄壮的几处峰头上的辉煌闪耀,从王苏到黄庭坚为首的江西派,包括最出类拔萃的陈师道和陈与义,直至南宋的范成大、杨万里和陆游。

为了多了解江西派,我甚至去做吃力不讨好的事:学写七律。忽忽十余年,东鳞西爪,虽然不免画虎之讥,却也自得其乐。更重要的是,对黄诗确实有了更深的认识——当然是和过去的自己比,和专家是比不了的。陆游说"纸上得来终觉浅,绝知此事要躬行",一点也不错。陈师道的那首《寄侍读苏尚书》,用了那么多典故,说得那么委婉,然而真情毕现,每读都替受赠的苏东坡觉得感动:

六月西湖早得秋,二年归思与迟留。一时宾客馀枚叟,在处儿童说细侯。经国向来须老手,有怀何必到壶头。遥知丹地开黄卷,解记清波没白鸥。

关于黄庭坚的字,同时代人惠洪的《冷斋夜话》有个很有意思的传说。一个叫王荣老的人,在观州做官,罢官后渡观江,一连七日大风,不能得渡。当地人告诉他,你的船上肯定藏有奇珍异宝,观江的江神很灵,你把宝贝献出来,就能过江了。王荣老先献出黄犀尾,又拿出端石砚,珍宝献了三件,还是巨浪滔天。夜里他翻来覆去地想,我还有一幅黄庭坚的草书,写唐朝韦应物的诗:"独怜幽草涧边生,上有黄鹂深树鸣,春潮带雨晚来急,野渡无人舟自横。"取出来看,字迹龙飞凤舞,看得人恍恍惚惚。王荣老自念:"我都不认识,鬼能认识?"就以这幅字献祭。结果,"香火未收,天水相照,如两镜对展,南风徐来,帆一饷而济"。

做了江神的这个鬼,爱黄字到这种程度,也算泉下知音了。

伟大的作品终归是伟大的,正如莎士比亚所说,玫瑰即使不叫玫瑰,依然芳香如故。

那一家，姓曹

✱ 余秋雨

01

行路，走到一个高爽之地，必然会驻足停步，深深地吸一口气，然后极目远望。这时候，只觉得天地特别开阔又特别亲近，自己也变得气宇轩昂。

前面还有一个高爽之地，远远看去云蒸霞蔚，很想快速抵达，但是，低头一看，中间隔着一片丛林。丛林间一定有大量丘壑、沼泽、烟瘴、虎啸、狼嚎吧？让人心生畏怯。然而，对于勇敢的行路者来说，这反而是最想深入的地方。不仅仅是为了穿越它而抵达另一个高爽之地，它本身就蕴藏着无限美丽。

我很想借着这种旅行感受，来说一说历史。

汉代和唐代显然都是历史的高爽之地。我们有时喜欢把中华文明说成是"汉唐文明"，实在是声势夺人。但是，不要忘了，在汉代和唐代这两个历史高爽地之间，也夹着一个历史的丛林地带，那就是三国两晋南北朝。

在这个历史的丛林地带，没有天高地阔的一致，没有俯瞰一切的开朗，处处都是混乱和争逐，时时都是逃奔和死亡，每一个角落都是一重权谋，每一个身影都是一串故事。然而，即便把这一切乱象加在一起，也并不令人沮丧。因为，乱象的缝隙间还有一些闪闪烁烁的图景。你看——

何处麻袍一闪，年长的华佗还在行医；夜间炉火点点，炼丹师葛洪分明已经成为一位杰出的原始化学家；中原飘来啸吟，这是"竹林七贤"在清谈和饮酒；南方也笑声隐隐，那是王羲之和朋友们在聚会，转眼间《兰亭序》墨色淋漓；大画家顾恺之的《女使箴图》刚刚画完，数学家祖冲之已经造出了指南车、编出了《大明历》、算出了圆周率，而地理学家郦道元的《水经注》则正好写了一半……

正是这一切，让我们喜欢上了那个乱世。

文化在乱世中会产生一种特殊的魅力。它不再纯净，而总是以黑暗为背景，以邪恶为邻居，以不安为表情。大多正邪相生、黑白相间，甚至像波德莱尔所说的，是"恶之花"。

再也没有比三国两晋南北朝的历史丛林地带，更能体现这种文化魅力的了。

说到这里，我们的目光已经瞟向云霭底下那个被人褒贬不一的权势门庭。

一个父亲，两个儿子，丛林边的那一家——曹家。

02

先说那个父亲，曹操。

一个丛林中的强人，一度几乎要统一天下秩序，重建山河规范。为此他不能不使尽心计，用尽手段，来争夺丛林中的其他权势领地。他一次次失败，又一次次成功，终于战胜了所有对手，却没有能够战胜自己，在最后的成功前离开了人世。

如果他亲自取得了最后成功，开创了又一个比较长久的盛世，那么，以前的一切心计和手段都会染上金色。但是，他没有这般幸运，他的儿子又没有这般能耐，因此只能永久地把自己的政治业绩，沉埋在非议的泥沙之下。

人人都可以从不同的方面猜测他、议论他、丑化他。他的全部行为和成就都受到了质疑。无可争议

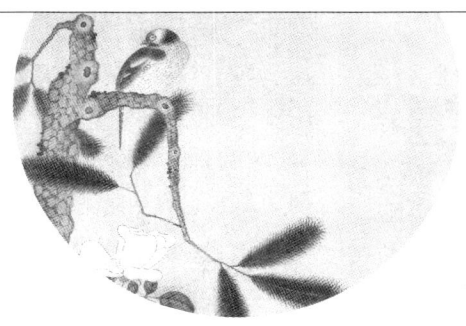

的只有一项：他的诗。

想起他的诗，使我产生了一种怪异的设想：如果三国对垒不是从军事上着眼，而是从文化上着眼，互相之间将如何一分高下？

首先出局的应该是东边的孙吴集团。骨干是一帮年轻军人，英姿勃勃。周瑜全面指挥赤壁之战击败曹军时，只有三十几岁；陆逊全面指挥夷陵之役击败蜀军时，也只有三十几岁。清代学者赵翼在《廿二史札记》中说，三国对垒，曹操张罗的是一种权术组合，刘备张罗的是一种性情组合，孙权张罗的是一种意气组合。沿用这种说法，当时孙权手下的年轻军人们确实是意气风发。这样的年轻军人，天天追求着硝烟烈焰中的潇洒形象，完全不屑于吟诗作文。这种心态也左右着上层社会的整体气氛，因此，孙吴集团中没有出现过值得我们今天一谈的文化现象。

顺便提一句，当时的东吴地区，农桑经济倒是不错，航海事业也比较发达。但是，经济与军事一样，都不能直接通达文化。

对于西边刘备领导的巴蜀集团，本来也不能在文化上抱太大的希望。谁知，诸葛亮的两篇军事文件，改变了这个局面。一篇是军事形势的宏观分析，叫《隆中对》；一篇是出征之前的政治嘱托，叫《出师表》。

《隆中对》的文学价值，在于对乱世的清晰梳理。清晰未必有文学价值，但是，大混乱中的大清晰却会产生一种逻辑快感。当这种逻辑快感转换成水银泻地般的气势和节奏，文学价值也就出现了。

相比之下，《出师表》的文学价值要高得多。这种价值，首先来自于文章背后全部人际关系的整体背景。诸葛亮从二十六岁开始就全力辅佐刘备了，写《出师表》的时候是四十六岁，正好整整二十年。这时刘备已死，留给诸葛亮的是一个难以收拾的残局和一个懦弱无能的儿子。刘备遗嘱中曾说，如果儿子实在不行，诸葛亮可以"自缺最高权位"。诸葛亮没有这么做，而是继续领军征伐。这次出征前他觉得胜败未卜，因此要对刘备的儿子好好嘱咐一番。为了表明自己的话语权，还要把自己和刘备的感情关系说一说，一说，眼泪就出来了。

这个情景，就是一篇好文章的由来。文章开头，干脆利落地指出局势之危急："先帝创业未半，而中道崩殂，今天下三分，益州疲弊，此诚危急存亡之秋也"；文章中间，由军政大局转向个人感情："臣本布衣，躬耕于南阳，苟全性命于乱世，不求闻达于诸侯"；文章结尾，更是万马阵前老臣泪，足以让所有人动容："今当远离，临表涕零，不知所言。"这么一篇文章，美学效能强烈，当然留得下来。

我一直认为，除开《三国演义》中的小说形象，真实的诸葛亮之所以能够在中国历史上获得超常名声，多半是因为这篇《出师表》。历史上比他更具政治能量和军事成就的人物太多了，却都没有留下这样的文学印记，因此也都退出了人们的记忆。而一旦有了文学印记，那么，即便是一次失败的行动，也会使一代代拥有英雄情怀的后人感同身受。杜甫诗中所写的"出师未捷身先死，长使英雄泪满襟"，就是这个意思。当然，杜甫一写，《出师表》的文学地位也就更巩固了。

说过了诸葛亮，我们就要回到曹操身上了。

不管人们给《出师表》以多高的评价，不管人们因《出师表》而对诸葛亮产生多大的好感，我还是不能不说：在文学地位上，曹操不仅高于诸葛亮，而且高出太多太多。

同样是战阵中的作品，曹操的那几首诗，已经足可使他成为中国历史上第一流的文学家，但诸葛亮不是。任何一部《中国文学史》，遗漏了曹操是难以想象的，而加入了诸葛亮也是难以想象的。

那么，曹操在文学上高于诸葛亮的地方在哪里呢？

在于生命格局。

诸葛亮在文学上表达的是君臣之情，曹操在文学上表达的是天地生命。

曹操显然看不起那种阵前涕泪。他眼前的天地是这样的：

东临碣石，以观沧海。水何澹澹，山岛竦峙。
树木丛生，百草丰茂。秋风萧瑟，洪波涌起。
日月之行，若出其中。星汉灿烂，若出其里。
幸甚至哉，歌以咏志。

他心中的生命是这样的：

神龟虽寿，犹有竟时。腾蛇乘雾，终为土灰。
老骥伏枥，志在千里；烈士暮年，壮心不已。
盈缩之期，不但在天；养怡之福，可得永年。

当天地与生命产生抵牾，他是这样来处置人生定位的：

对酒当歌，人生几何？譬如朝露，去日苦多。
慨当以慷，忧思难忘。何以解忧，唯有杜康。
青青子衿，悠悠我心。但为君故，沉吟至今。
呦呦鹿鸣，食野之苹。我有嘉宾，鼓瑟吹笙。
……
月明星稀，乌鹊南飞。绕树三匝，何枝可依。
山不厌高，海不厌深，周公吐哺，天下归心。

我在抄写这些熟悉的句子时，不能不再一次惊叹其间的从容大气。一个人可以掩饰和伪装自己的行为动机，却无法掩饰和伪装自己的生命格调。这些诗作传达出一个身陷乱世权谋而心在浩阔时空的强大生命，强大到没有一个不够强大的生命所能模仿。

这些诗作还表明，曹操十分辛苦地一心想做军事巨人和政治巨人，而却不太辛苦地成了文化巨人。

但是，这也不是偶然所得。与诸葛亮起草军事文件不同，曹操是把诗当作真正的诗来写的。他又与历来喜欢写诗的政治人物不同，没有丝毫附庸风雅的嫌疑。这也就是说，他具有充分的文学自觉。

他所表述的，都是宏大话语，这很容易流于空洞，但他却融入了强烈的个性特色。这种把宏大话语和个性特色合为一体而酿造浓厚气氛的本事，就来自于文学自觉。此外，在《却东西门行》《苦寒行》《蒿里行》等诗作中，他又频频使用象征手法，甚至与古代将士和当代将士进行移位体验，进一步证明他在文学上的专业水准。

曹操的诗，干净朴实，简约精悍，与我历来厌烦的侈靡铺陈正好南辕北辙，这就更让我倾心。人的生命格局一大，就不会在琐碎妆饰上沉陷。真正自信的人，总能够简单得铿锵有力。

03

文化上的三国对垒更让人哑口无言的是，曹操的一大堆儿子中有两个非常出色。父子三人拢在一起，占去了当时华夏的一大半文化，真可谓"天下三分月色，两分尽在曹家"。

丛林边上的曹家，真是好生了得！

我想不起，在历史的高爽地带，像汉代、唐代、宋代那样长久而又安定的环境中，哪一个名门望族在文化聚集的浓密和高度上赶得上曹家。有的以为差不多了，放远了一看还是完全不能相提并论。

这么一个空前绝后的曹家，为什么只能形成于乱世而不是盛世？

对于这个问题我现在还没有找到明确的答案，容我以后再仔细想想。

在没有想明白之前，我们不妨推门进去，到曹家看看。

哥哥曹丕，弟弟曹植，兄弟俩关系尴尬。有一个大家都知道的传说，对曹丕不大有利。说的是，曹操死后曹丕继位，便想着法儿迫害弟弟曹植，有一次居然逼弟弟在七步之内写成一首诗，否则就处死。曹植立即吟出四句：

煮豆燃豆萁，豆在釜中泣。
本是同根生，相煎何太急？

这个传说的真实性,无法考证。记得刘义庆《世说新语》里已有记载,但诗句有些出入。我的判断是:传说中的曹丕,那天的举动过于残暴又过于儿戏,不太像他这么一个要面子的聪明人的行为;但这四句诗的比喻却颇为得体,很可能确实出于曹植之口,只不过传说者虚构了一个面对面的话语情境。

中国人最经受不住传说的冲击。如果传说带有戏剧性和刺激性,那就更会变成一种千古爱憎。但是,越是带有戏剧性和刺激性,大多离真实性也就越远,因此很多千古爱憎总是疑点重重,想起来真让人害怕。

传说中的曹操是违背朝廷伦理的,传说中的曹丕是违背家庭伦理的。中国古代的主流思维,无非是朝廷伦理再加上家庭伦理,结果,全被曹家颠覆了。父子两人,正好成了主流思维的反面典型。

在历史上,曹丕登了大位,曹植终生失意,但这是在讲政治。如果从文化的视角看去,他们的高低要交换一下,也就是曹植的地位要比曹丕高得多。

应该说,曹丕也是杰出的文学家。我此刻粗粗一想,可以说出三项理由。其一,他写了不少带有民歌色彩的好诗,其中一半是乐府歌辞,并且由他首创了完整形式的七言诗;其二,他写了文学理论作品《典论·论文》,第一次宏观地论述了文学的意义、体裁、风格、气质;其三,他曾是一个热心的文坛领袖,身边集合了很多当时的文人,形成过一个文学集团。

曹丕的作品,本来也很可读读,尤其像两首《燕歌行》。但他不幸受到了围堵性对比,上有父亲,下有弟弟。一比,比下去了。

弟弟曹植由于官场失意,反倒使他具备了另一番凄凄凉凉的诗人气质。他的诗,前期透露出贵公子的豪迈、高雅和空泛,后期在曹丕父子的严密监视下日子越来越不好过,笔下也就出现了对纯美的幻觉,对人生的绝望,诗境大有推进。代表作,应该是《洛神赋》和《赠白马王彪》吧。他的风格,钟嵘在《诗品》中概括为"骨气奇高,词采华茂",大致合适,又稍稍有点过。在我看来,曹植的问题可能正是出在"词采华茂"上。幸好他喜爱民歌,还保存着不少质朴。后人黄侃在评述《诗品》的这个评价时,觉得曹植还有"不离闾里歌谣之质"的一面,这是必要的补充。

父子三人的文学成就应该如何排序?

先要委屈一下曹丕,排在第三。不要紧,他在家里排第三,但在中国历代皇帝中,却可以排第二,第一让给比他晚七百多年的李煜。

那么,家里的第一、第二该怎么排?多数文学史家会把曹植排在第一,而我则认为是曹操。曹植固然构筑了一个美艳的精神别苑,而曹操的诗,则是礁石上的铜铸铁浇。

04

父子三人,权位悬殊、生态各异、性格不一,但一碰到文学,却都不约而同地感悟到了人世险峻、人生无常。

这是丛林边这一家子的共同语言。

或者说,这是那个时代一切智者的共同语言,却被他们父子三人最深切地感悟到,最郑重地表达了。

照理,三人中比较缺少这种感悟的是曹丕,但是实际情况并非如此。例如三十岁的时候他被立为太子,应该是最春风得意的时候吧,但就在这一年,中原瘟疫大流行,原来曹丕的文学密友"建安七子"中仅余的四子,即徐干、陈琳、应玚、刘桢,全部都在那场灾难中丧生,这让曹丕极其伤感。他在写给另一位友人吴质的书信中,回忆了当年文学社团活动的热闹情景,觉得那些青年才俊身在快乐而不知,确信自己能够长命百岁。但仅仅数年,全都凋零而死,名字进入鬼录,身体化为粪土。由此曹丕想到,这些亡友虽然不如古人,却都很杰出,活着的人赶不上他们了,至于更年轻的一代,则让人害怕,不可轻视,但我们大概也无缘和他们来往了。想想自己,素质仅如犬羊,外表却如虎豹,四周没有星星,却被蒙上了虚假的日月之光,一举一动都成了人们的观瞻对象。这种情景,何时能够改变?

这封私人通信,因写得真切而成了一篇不错的散文。

从这封信中可知,这位万人追捧的太子,内心也是清醒而悲凉的。

内心悲凉的人,在出入权位时反倒没有太多的道德障碍。这一点,曹丕与父亲曹操有共同之处,只不过在气魄上小得多了。

至于曹植,一种无权位的悲凉贯穿了他的后半生,他几乎对人生本体提出了怀疑。天命可疑,神仙可疑,时间可疑,一切可疑。读读他那首写给同父异母的弟弟曹彪的诗,就可以知道。

曹家的这些感悟,最集中地体现在他们生命的最后归宿——墓葬上。

将人生看作"朝露"的曹操,可以把有限的一生闹得轰轰烈烈,却不会把金银财宝堆在死后的墓葬里享受虚妄的永恒。作为一个生命的强者,他拒绝在生命结束之后的无聊奢侈。他甚至觉得,那些过于奢侈的墓葬频频被盗,真是活该。

在戎马倥偬的年月,很多大大小小的军事团队都会以就地盗掘富豪之墓的方式来补充兵饷。据说,曹操也曾命令军士做过这样的事,甚至在军中设置过一个开发墓丘的官职,叫"发丘中郎将"。这个名称,有点幽默。

曹操既鄙视厚葬,又担心自己的坟墓被盗,因此竭力主张薄葬。他死时,遗嘱"敛以时服,无藏金玉珍宝"。所谓"时服",也就是平常所穿的衣服。

他的遗嘱是这样,但他的继位者会不会出于一种哀痛中的崇敬,仍然给以厚葬呢?这就要看曹丕的了。他是继位者,一切由他决定。

我们并不知道曹丕当时是怎么做的,但从他自己七年后临死时立的遗嘱,可以推想七年前不可能违背曹操薄葬的意愿。

曹丕的遗嘱,对薄葬的道理和方式说得非常具体。他说,葬于山林,就应该与山林浑然合于一体,因此不建寝殿、园邑、神道。他说,葬就是藏,也就是让人见不着,连后代也找不到,这才好。他说,"自古及今,未有不亡之国,亦无不掘之墓",尤其厚葬更会引来盗墓,导致暴尸荒野,只有薄葬才有可能使祖先稍稍安静。最后,他立下最重的诅咒,来防止后人改变遗嘱,说:"若违今诏,妄有所变改造施,吾为戮尸地下,戮而重戮,死而重死。"真是情辞恳切,信誓旦旦,丝毫不留余地了。

那么,我敢肯定,曹氏父子确实是薄葬了。

由于他们坚信葬就是藏,而且要藏得今人和后人都不知其处,时间一长,就产生了"曹操七十二疑冢"的传说。

大约是从宋代开始的吧,说曹操为了不让别人盗墓,在漳河一带筑了七十二座坟墓,其中只有一座是真的。后来又有传闻,说是有人找到过,是渔民,或者是农人,好像找到了真的一座,又好像是七十二冢之外的……

于是当时就有文人写诗来讥讽曹操:
生前欺天绝汉统,死后欺人设疑冢,
人生用智死即休,何有余机至丘垄?
人言疑冢我不疑,我有一法君未知。
直须尽发疑冢七十二,必有一冢藏君尸。

诗一出来,立即有人夸奖为"诗之斧钺"。用现在的话,就是把诗作为武器,直刺九百年前的曹操。

这就是我很不喜欢的中国文人。根据一个谣传,立即表示"我不疑",而且一开头就上升到政治宣判,断言曹操之罪是绝了"汉统"。根据我们前面的分析,仅凭曹操的那些诗,就足以说明他是汉文化的合格继承者,他们所说的"汉统",大概是指汉朝的皇族血统吧。如果是,那么,汉朝本身又曾经绝了什么朝、什么统?再以前呢?再以后呢?比曹操晚生九百年而经历了魏晋南北朝隋唐五代十国,却还在追求汉朝血统,这样的文人真是可气。

更可气的是,这个写诗的人不知怎么突然自我膨胀,居然以第一人称与曹操对话起来,说自己想出了一个绝招可以使曹操的疑冢阴谋彻底破败,那就是把七十二冢全挖了。

我不知道读者听了他的这个绝招作何感想,我觉得他实在是像很多中国文人,把愚蠢当作了聪明,也不怕别人牙酸了。就凭这样的智力,这样的文笔,也敢与曹操对话?

我想,即便把这样的低智族群除开,曹家在绝大多数情况下也是找不到对话者的。以前曾经有过一些,却都在那次瘟疫中死了。因此,他们也只能消失在大地深处。

不错,葬即藏也,穿着平日的服装融入山林,没有碑刻,没有器物,没有墓道,让大家再也找不到。

没有了,又怎么能找到?

十万个秋天

✻ 李修文

○ ◐ **秋天住在蟋蟀的鸣叫中**

自从重来敦煌,我便无时不觉得,举目四望之处,甚至在我的体内,实际上有两个秋天:

一个秋天,尘沙奔涌,战队疾驰,雁阵高旋,群马长嘶,天子新获了城池,僧人求得了真经,一切都堂堂正正,这堂堂正正来自苦行和隐忍,也来自腾跃、反扑和离弦之箭,所以,无论是一朵花、一滴露水,抑或一排马蹄印,全都包藏着节气和气节的双双威仪。

另一个秋天,好似一场疾病,携带着造物的宣告:冬天要来了,"天国近了,你们应当悔改",像雷电暴雨,像秋意本身,压迫过来,绞缠过来,我们退无可退,避无可避,只好在疾病里领受箴言,又有口难辩,好在是,疾病会令我们的感官变得异常清醒,亡灵的哭泣,剑戟的折断,经文的焚毁,一切微弱的行止和声音,都将被我们满怀着羞惭与追悔重新看见和听见。

就像杜甫,这个总是活在秋天的诗人,秋天便是他的命运,但也正是因为他的命运,那些微末的先天之命,竟然在他的诗里获得了后天穷通,哪怕一只深秋里的蟋蟀,也自行爬进了他的肝肠,而他,他也将那蟋蟀当作了天涯沦落人,既然被他看见听见,他便用字句和热泪擦洗了它,如此,那只蟋蟀发出的幽鸣之声,竟然化作穷苦的信物,供品一般放置在寒酸而郑重的供桌上,令我们一听再听,一拜再拜:

促织甚微细,哀音何动人。

草根吟不稳,床下夜相亲。

久客得无泪,放妻难及晨。

悲丝与急管,感激异天真。

整个秋天最为深重也最是无人问津的部分,就住在这只蟋蟀的鸣叫声里:在这里,一切皆为零余和弃物,因此才得以遭逢,蟋蟀在野外的草根底下叫不出声,所以来到了夜晚里的床榻之下,正是在此处,它才被久在异乡的远客听见,它才被孤寡的妇人听见,然而,我们又因何至此?

当然是因为各自的孤苦,这孤苦,却是战乱流离的本来面目,所以,此刻里,战乱并不在场,但它却又深深地嵌入了墙隙砖缝和我们的身体之中;尽管如此,在"久客"与"放妻"的耳边,一只蟋蟀的叫声也大过了所有的弦管之声,只因为,它们除了天然与真切，它们还是一场证据：

蟋蟀在叫，说明它还活着，我们听见了它在叫，说明我们也还活着，是的，这叫声无关多么宏大的旨趣，甚至也不曾带来一切终将过去的信心，它仅仅只证明我们还活着，但是，却大过战乱流离中的诸多凌厉之声自成了正道，这正道的微声，真是应该套用近人乔伊斯的《死者》结尾来作改写：整个秋天，都回荡着这只蟋蟀的叫声，这叫声，回荡在草根，回荡在床下，回荡在旷野上，回荡在河流中……回荡在所有生者和死者的耳边。

○ ● 不，你只是秋天的奴隶

然而，秋天也最是充斥着杀伐之气的季节，和"菜花黄，人癫狂"的春天不同，在秋天，当然有人在顾影自怜和扶病登台，也另有一些人，犹如残枝褪尽的树干，重新变得精干和赤裸，是骡子是马，即刻便要见了分晓，于他们而言，这秋天，正是图穷匕见的季节。

唐人李密，本出自四世三公之家，身在乱世，终不免起了忤逆之心，与杨玄感一起起兵反隋，旋即失败，只好隐名于淮阳郡，写下了《淮阳感秋》，其中的几句，"金风荡初节，玉露凋晚林"，"野平荠苇合，村荒藜藿深"，几可与建安名句比肩争雄，只不过，再往下，纸里就再也包不住火：

秦俗犹未平，汉道将何冀。

樊哙市井徒，萧何刀笔吏。

一朝时运会，千古传名谥。

到了此时，李密之满目，哪里还有秋天的影子？所谓秋天，不过是翻脸、拔刀和恨意难消的同义词。巧合的是，李密所逆之人，隋炀帝杨广，也偏爱秋日出师杀伐，故此，同样留下了不少写在秋天的诗，据传，其作《饮马长城窟行》便是写在秋季西巡张掖的路途中，端的是威风凛凛，又胜券在握：

千乘万旗动，饮马长城窟。

秋昏塞外云，雾暗关山月。

缘岩驿马上，乘空烽火发。

借问长城侯，单于入朝谒。

浊气静天山，晨光照高阙。

后人论及此诗，多说其"红艳丛中，清标自出"，又说其"气体强大，颇有魏武之风"，凡闻此言，我都不知道说什么好：魏武王作诗，动辄拔刀，却也动辄低头，既斥上天，也怜下民，既有豪横之气，也有鸣狗之哀，何曾像此诗，看起来直追魏武，写云写月，写岩写火，实则耽溺于千乘万旗，又自得于单于晋谒，不过是空具了魏武皮囊，骨子里，却终究只是字词与心性的穷兵黩武。

实际上，据史载，炀帝此次出巡，全不顾山河飘摇，耗时半年，领军四十万，却不无好大喜功之嫌，倒是恰如其诗：森罗万象，揽云遮月，却偏不肯被实情实境的苦水浸泡，再在苦水里唱出何以为人之歌。只不过，念及其结局下场，倒也真正可叹可怜，在相当程度上，那些在秋日里拔刀出鞘的人，不过是受到了秋天的蛊惑，要知道，古人以五音配合四时，而商音，因其凄厉，恰与秋日之肃杀相匹相配，故有"商秋"之谓，到了此时，最终的谜底终于大白在了天下：

李密也好，炀帝也罢，根本上，不过是始为秋意所迫，终又为秋意所伤——你以为你是秋天的主人？不，你只是秋天的奴隶。

○ ● 在十万个秋天里

说起来，秋之别称可谓多矣，萧辰和西陆，素节与霜天，说的都是秋天，就像连日里我在敦煌踏足过的那些沙丘，看似混沌一体，深入打探后才知道，各处里都深藏着异相：

有的高耸沉默，像是正在自证自悟的高僧；有的勉强牵连，形如水中浮桥，人一踩上去便要断裂；

更有一些沙丘，身似浮萍，却也心意坚决，风吹过来，说走就走，立刻烟消云散，风吹过去，说留就留，倏忽间便又恢复了先前的模样。

每逢我目睹了这样的变化，就总是忍不住去想：眼前所见，何止是一座沙漠，它其实是十万座沙漠积成了一座沙漠，就像我身处其中的这个秋天，在它的内部，实际上涌动着十万个秋天，如若不信，且去看古今写诗之人是如何顺从了它们——

身在牢狱，骆宾王写下了"西陆蝉声唱，南冠客思深"；有志难伸，刘辰翁写下了"听画角，悲凉又是

霜天晓";

登高远眺，王安石禁不住心怀激荡，"萧辰忽扫纤翳尽，北岭初出青巃嵷";

音容不在，李商隐也只能一声叹息，"远书归梦两悠悠，只有空床敌素秋"。

何止是顺从，那么多诗里，诗人们先似满山红叶，令秋天不证自明，再化作了地底的伏兵，一意掘进，一意命名，如此，时间到了，就像一座座被攻破的城池，十万个秋天顷刻之间便获得了自己崭新的名姓。

仅以秋声论，多少人写之于诗，郑板桥看见过秋雨击打芭蕉，所谓"自是相思抽不尽，却教风雨怨秋声"，李煜却从"帘帷飒飒秋声"里坐实了自己的命："世事漫随流水，算来一梦浮生。"

初闻秋声，僵卧孤村的陆游竟生出了"快鹰下韝爪觜健，壮士抚剑精神生"之兴，身在晚唐的御史中丞高蟾，却只觉得一切都来不及了："世间无限丹青手，一片伤心画不成。"

将那秋声诸句读下来，这才发现，每个人的体内都住着一个独属于自己的秋天，只是如此甚好：微弱秋声，竟使得整个秋天有荣有衰，有兴有亡，多像是一片正在涌动和扩大的铁打江山！

自然地，这江山里既行走着凄惶的过客，也行走着满怀了底气的归人，在我看来，蒋捷的那一阕《声声慢》，虽遍诉秋声又被秋声所困，却仍是那手拎着行李和心意的归人：

黄花深巷，红叶低窗，凄凉一片秋声。豆雨声来，中间夹带风声。疏疏二十五点，丽谯门、不锁更声。故人远，问谁摇玉佩，檐底铃声？

彩角声吹月堕，渐连营马动，四起笳声。闪烁邻灯，灯前尚有砧声。知他诉愁到晓，碎哝哝、多少蛩声！诉未了，把一半、分与雁声。

我还记得，初读到这一阕《声声慢》，恰好是十多年前，我第一次来敦煌，在一家小面馆里吃饭的时候，一边吃着面，一边在面馆老板儿子的语文课外读本读到了它，一读之下，既震惊，又相见恨晚：短短一阕，竟有秋声九种，雨声、风声和更声、铃声、角声和笳声，更有砧声、蛩声和雁声，声声交错，却未见丝毫嘈杂，一声将尽，一声即起，像谦谦君子，好说好商量，也像端庄的妇人，怀抱着不幸又忘却了不幸。

蒋捷其人，身在宋末元初，是为乱世，一己之身里当然饱含着失国幽恨，这些自然都被他写到了，然而，他却听到了那些细微的、比江山鼎革更加久远的声音，这些声音，来自国破家亡，但它们，又必将穿透这国破家亡，一直绵延下去，所以，它们将永远古老，也永远年轻。

小面馆里，有很长的时间，我都沉浸在那些遥远的秋声里无法自拔，其后，当我被一阵汽车喇叭声所惊醒，一想到我和它们即将天人永隔，竟然忍不住地痛心疾首，只不过，我又忽有所悟，也许，那一阵汽车喇叭声，正是而今的秋声，说不定，它们也会像我刚刚作别的那九种秋声一样，像眼前的敦煌、秋天和诗一样，永远古老，也永远年轻下去？

恰在此时，一阵驼铃声正从逐渐加深的夜幕里传了出来，我突然想听清它们，我甚至想听清更多这秋天夜晚里不为人知的声音，于是，我出了小面馆，循着驼铃声越跑越远，越跑越远，就好像，只要跑下去，我便能将那宋元之际的秋声带到此刻的沙漠与旷野之上，又或者，只要跑下去，我就能再次回到黄花深巷里，红叶低窗下，去谛听，去服从，去沉默地流下热泪。

○ ● 我和稻子，和整个秋天，合为一体

是的，无论何时，我们都能告慰自己的是，我们的活着，实际上是在跟那些比我们更加久远的事物走在同一条道路上，哪怕在十万个秋天的内部，除了黄巢所言"待到秋来九月八，我花开后百花杀"之道路，除了刘过所言"拂拭腰间，吹毛剑在，不斩楼兰心不平"之道路，始终另存着另外一些道路，它们从兴亡的缝隙里长出来，从无路可走处的荒林废圃处长出来，每每几近于无，却偏偏一次次无中生有着继续向前伸展，只因为，这世上的老实人呵，总要有一条路走！

这些老实人，既未因秋天而狂妄，也不曾被秋天所埋葬，在秋天，与亲人分散，他们便说："遥怜小儿女，未解忆长安。"想念弟弟了，他们便说："两地俱秋夕，相望共星河。"

大路朝天，我但走我的羊肠小道，城阙高耸，我也只依傍我的草棘桑麻，是的，我相信，和我脚下的道路一样，我的老实，虽说纤弱崎岖，羞于示人，但它终究是强忍了万千不忍，这强忍和执意，其实就是精进，就是从断垣残壁里伸出的一片芭蕉叶：

吟蛩鸣蜩引兴长，
玉簪花落野塘香。
园翁莫把秋荷折，
留与游鱼盖夕阳。

此一首小令，名叫《西塍废圃》，实话说，诗境与诗艺都算薄浅，可是，我还是会经常想起它，要知道，作此诗的周密，和蒋捷一样，都身在宋末元初的乱世之中，至少在此诗里，兴味确切，一种不为人知的振作之气也明白无疑，如果蒋捷的《声声慢》是疾病和谜面，这一首《西塍废圃》几可算作解药和谜底。

在《声声慢》面前，这首小令就像是一条从安静的湖水里突然跃出的鱼，出入之间，世上好歹多出了一阵声响；又像是一个髫龄小儿，误入了邻家的后花园，却自顾自地说话、嬉戏和等着花开，没想到，到了最后，那一朵两朵的花，终于忍不住开了出来。

就像我小时候，在家乡，许多个秋天刚刚开始的夜晚里，母亲总是带着我，连夜去给稻田里的稻子们浇水，每一回，当母亲给它们浇完水，那些苦于干旱的稻子就会突然战栗了起来，因为过于轻微，我便总怀疑这只是我的错觉，于是，我紧贴着它们，一看再看，最终还是确信，它们的战栗千真万确，它们最后的生长也千真万确，一想到秋收即将到来，到了那时，母亲再也不用像此刻里一般气喘吁吁，一股闪电般的感激，便在我的体内充盈了起来，因为这让人几乎匍匐的感激，我和稻子，和整个秋天，和即将到来的收成，全都合为了一体。

终于说到了秋收！要知道，在诗里，在世上，再多的征战苦役，都是为了秋收，它是眼泪，也是如来，它是无定河，更是定军山，唯有秋收来临，城池里才有了人，真经才迎来了心，至此，所有的苦行和隐忍，总算等来了堂堂正正；至此，那十万个秋天，才终于凝固成了一个完整的秋天。

说起来，古今以来，叙说秋收的诗词虽多，名句却是寥寥无几，倒是也不奇怪，就像释迦牟尼突然降临到我们身前，除了哭泣、口不能言和五体投地，我们哪里还有工夫去从虚空里拽过来几句甜言蜜语呢？

就像此刻，在沙漠深处的洞窟里，我刚刚得窥了一幅壁上的秋收图，不自禁便想起了《佛说弥勒下生经》里说起过的极乐世界，在那里，"雨泽随时，谷稼滋茂，不生草秽。一种七获，用功甚少，所收甚多。食之香美，气力充实"。

然而，我也知道，不在他处，就在此时的敦煌一带，那些棉花、玉米和葡萄，正在上气不接下气和拼尽了全力才能喘出来的一口气中被收割，被聚拢，被运输，至少在敦煌一带，只怕也是在一整座尘世里，那极乐世界，不可能别存于他处，它只可能存在于我们的上气不接下气和拼尽了全力才能喘出来的一口气之中。

那些棉花、玉米和葡萄，我突然很想亲近它们，因此，我便出了洞窟，出了沙漠，跑上了夜幕降临前的公路，这时候，暮霭渐至，而残阳如血，再看大地之上，不管是弯下腰去的人，还是堆积在田间路边的收成，一概都被血红的光芒映照得温驯、赤裸裸和活生生，对，它们实在是不能不温驯，因为它们全都知道，在此刻，它们已经被征召，正在充当一切眼泪和真经的使徒。

而离我最近的一位使徒，正站在一辆刚刚从我身边缓慢行驶过去的农用小货车上，只见那人，站在玉米堆里，迎着风，大口大口地灌下了酒，没多久，酒喝光了，他便扔掉酒瓶，俯身栽了下去，再也不曾起身，就好像，那身下的玉米，已经在顷刻之间变成了酒，不管是谁，也无法劝说他不去将它们当成酒。

也不知是怎么了，我突然想沾染上那人的醉意，便也追随着他和他的收成狂奔了起来，跑出去一段路之后，我竟真正地感受到了清晰的醉意，这醉意，既缭绕在我的周边，也飘向了沙漠和旷野，此情此境，多像苏轼写下的那一阕关于秋收的《浣溪沙》啊——

惭愧今年二麦丰，千畦细浪舞晴空。化工余力染天红。

归去山公应倒载，阑街拍手笑儿童。甚时名作锦薰笼。

诗人与酒

✽ 洛 夫

岁末天寒,气温骤降,唯一的乐趣是靠在床头拥被读唐诗。常念到白居易的《问刘十九》:"绿蚁新醅酒,红泥小火炉。晚来天欲雪,能饮一杯无?"每到此时,我就会忽然渴望身边出现两样东西:雪与酒。酒固伸手可得,雪却难得一见。

小时候读这首诗,我只能懂得四分之三,最后一句的味道怎么念也念不出来,后来年事渐长,才靠一壶壶的绍兴高粱酒慢慢酿了出来。对于饮酒,我徒有虚名,谈不上酒量,平时喜欢独酌一两盏,最怕的是轰饮式的闹酒;每饮浅尝辄止,微醺是我饮酒的最佳境界。独酌,可以深思漫想,这是哲学式的饮酒;两个人对酌,可以灯下清谈,这是散文式的饮酒。但三人以上的饮酒,不免会形成闹酒,乃至酗酒,这样就演变为戏剧性的饮酒,热闹是够热闹,总觉得缺那么一点情趣。

有人说,好饮两杯的人,都不是俗客,故善饮者多为诗人与豪侠之士。张潮在《幽梦影》一书中说:"胸中小不平,可以酒消之;世间大不平,非剑不能消也。"这话说得多么豪气干云!可是这并不能证明,雅俗与否,跟酒有绝对的关系。如说饮者大多为世间打抱不平者,一剑在手风雷动,替天行道,群魔魍魉皆俯首。而诗人多为文弱书生,感触又深,胸中的块垒只好靠酒去浇了。

酒可以渲染气氛,调剂情绪,有助于谈兴,故浪漫倜傥的诗人无不喜欢这个调调。酒可以刺激神经,产生灵感,激发联想。位列"初唐四杰"之冠的王勃,据说在写《滕王阁》七言古诗和《滕王阁序》时,先磨墨数升,继而酣饮,然后拉起被子覆面而睡,醒来后抓起笔一挥而就,一字不易。李白当年奉诏为玄宗写《清平调》时,也是在烂醉之下被人用水泼醒后完成的。"钟鼓馔玉不足贵,但愿长醉不复醒。古来圣贤皆寂寞,唯有饮者留其名。"他的《将进酒》字字都含酒香。如果把他所有写酒的诗拿去榨,也许可以榨出半壶酒来。

据《世说新语》载,一天刘伶酒瘾发作,向太太索酒。太太一气之下,将所有的酒倒掉并把酒具全部砸毁,然后一把鼻涕一把泪地劝他:"你饮酒太过,非摄生之道,必须戒掉。"刘伶说:"好吧。不过要我自己戒是戒不掉的,只有祝告神灵后再戒。"他太太信以为真,便遵嘱为他准备了酒肉。于是刘伶跪下来发誓说:"天生刘伶,以酒为名。一饮一斛,五斗解醒,妇人之言,慎不可听!"祝祷既毕,便大口喝酒,大块吃肉,醉得人事不知。

在这方面,苏东坡的太太就显得开明多了。《后赤壁赋》中有一段关于饮酒的对话,非常精彩。话说宋神宗元丰五年十月某夜,苏东坡从雪堂出发回临皋亭,有两位朋友陪他,这时月色皎洁,苏东坡情绪颇佳,走着走着,忽然叹息说:"有客无酒,有酒无肴,月白风清,如此良夜何?"一位朋友接道:"今者薄暮,举网得鱼,巨口细鳞,状似松江之鲈。顾安所得酒乎?"有鱼就好办,于是苏东坡匆匆赶回去跟老妻商量。苏夫人说:"我有斗酒,藏之久矣,以待子不时之需。"光是这两句话就够醉人的了。

中国古诗中关于送别与感怀这一类的作品最多,故诗中经常流着两种液体:一是眼泪,一是酒。泪的味道既咸且苦,酒的味道又辣又甜,真是五味杂陈。

唐朝的驿站

＊夏坚勇

石碑的右侧是潼江，小晌午了，晨雾仍未散去，朦朦胧胧的一脉春江，水势很低调，隐约显现着几块鸭头似的沙渚，却看不到一只先知先觉的鸭，所以也不知水暖了没有。石碑的左侧是历史上著名的金牛蜀道——现在当然修成了国道，编号很豪迈：108，似乎这道上走的都是绿林好汉。国道边的山坡上长满了柏树。柏树威严而沉静，让人想到不苟言笑的武士。没错，这里的柏树相传原先是三国时镇守巴西的大将张飞所栽，不要以为这只是"相传"而已，仔细一想，张将军栽的就应该是柏树，他不会栽下春风杨柳万千条，更不会栽灼灼其华的桃树——虽然他们三个好基友结义是在桃园。

石碑上有阴刻的铭文："唐明皇幸蜀闻铃处。"

唐明皇就是唐玄宗李隆基，清代因避康熙皇帝玄烨的"玄"字，改称明皇。根据这个称呼，不用看上款，我们大致可以断定这是清代的石碑。天宝十五载七月十七日，唐明皇一行来到这里的上亭驿，他是从长安往成都去的，所以叫"幸蜀"。皇帝出行离不开翠华摇摇的排场，但这一次是个例外，不是君王不"好色"，而是时势使然，他是逃难来的，所谓"幸蜀"其实很不"幸"，也就顾不上翠华摇摇了。如果一定要说"摇"，只能说风雨飘摇。安禄山的叛军已经耀武扬威地开进了长安，老皇帝和太子一个往西蜀跑，一个往朔方跑，唐王朝还不够"飘摇"吗？而且现在他也不是皇帝了，儿子给他在皇帝前面加了"太上"两个字，这两个字的意思本来都很高端，但加了以后，他的地位反倒下来了。看来凡是用豪华的大词恭维人的，大多心怀鬼胎。太上皇帝，称号很牛很神圣，但说话的影响力只在户牖之内。诏书更不值钱，洛阳纸贱。那就不说话也不下诏书，枕着窗外的潺潺雨声，做梦。

上亭驿在梓潼城北的七曲山下，所谓的金牛蜀道，即从绵阳、梓潼经剑阁、广元越白

水,进入陕西汉中,其中最为崔嵬奇险的则是从梓潼到广元这一段。也就是说,如果你是出川,那么到了梓潼,"蜀道难"的考验才算真正开始;如果你是入川,那么到了梓潼已经坡去平来,再往前朝成都去,路就好走了。唐明皇一行是六月十三日凌晨逃离长安的,这一个多月的经历有如漫漫长夜的梦魇一般,始终在噩耗和惊魂之间颠沛流离。特别是在长安附近的马嵬坡,他心爱的贵妃杨玉环被哗变的士兵用一根白绫缢死在驿站。对于这个叫李隆基的男人来说,杨玉环不仅是一个可以侍寝的美丽的妃子(他身边并不缺乏具有魅力的嫔妃,何况杨玉环已远不年轻)她早已成了自己生命的一部分。上亭驿的夜晚凄清而孤寂,夏天的雨往往金刚怒目,夜雨却例外。夜雨是慢性子,有如一个老者在翻着发黄的史书,有一搭没一搭的,翻到哪页是哪页。但不管窗外的雨翻到哪一页,太上皇的眼前总离不开贵妃的音容……

诗人后来描写那个夜晚,只用了一句:"夜雨闻铃肠断声。"其中既有写实也有艺术的渲染,说太上皇思念贵妃,恍惚中似听到贵妃熟悉的呼唤:"三郎、三郎……"一声声亲昵如酥。醒来后却四顾茫然,窗外风雨如昨,只有檐角上的风铃"叮当、叮当……"

《长恨歌》为白居易带来了巨大的声誉,在我的印象中,中国历史上抒写爱情的长诗一共只有两部半:《孔雀东南飞》和《长恨歌》,这是两部;另外还有曹子建的《洛神赋》,写暗恋、单相思,只能算半部。这中间,《长恨歌》无疑是成就最高的。正是这部作品决定了白居易在唐代诗坛上的地位,如果没有《长恨歌》,他大抵只能和刘禹锡、元稹等人比肩。现在,他可以跨上一步,勉强和李白、杜甫站在一起了。《长恨歌》是一部致敬爱情的伟大史诗,不能说帝王和妃子之间只有性而没有爱情,他们之间产生爱情的概率和普通人一样高,甚至还要更高一些。因为爱情是需要经营的,他们比普通人有更多的闲情逸致用于经营;而柴米油盐的庸常生计则让普通人的爱情经营成为一种奢侈。对李隆基和杨玉环的爱情,白居易是由衷赞美的。但长期以来,主流评价却认为作者的思想倾向在于讽刺,最多也不过是同情而已。我不知道这些"主流"们在阅读《长恨歌》时有没有被感动过,如果被感动过,那他们的评价就是为了附和某种教条而言不由衷。如果没有被感动过,那只能证明他们自己是冷血动物,而冷血动物有什么资格来评价人类高贵的爱情呢?白居易自己是情场老手,也是在诗歌中描写女性的高手,他那些脍炙人口的诗篇,有好多是关注女性命运的,除《长恨歌》外,例如《琵琶行》《上阳白发人》《井底引银瓶》《缭绫》,等等。无论关注的对象是宫廷贵妇、风尘娼妓,还是蓬门织女,他的目光中始终流泻着理解、尊重和欣赏,当然也有几分温情脉脉的缠绵意味。大师们都有各自的独门绝技,在对女性的体验和表达方面,白居易超过了李白,甚至也超过了杜甫。也许他写得太好了,以致引来了非议,例如清代的龚自珍。龚自珍这个人才气大,也狂,臧否人物常常惊世骇俗。他说白居易"真千古恶诗之祖",理由是:"长恨歌'回眸一笑百媚生'乃形容勾栏妓女之词,岂贵妃风度耶!"这话猛一听似乎有理,其实毫无道理。我想,所谓的"贵妃风度"大抵就是古典版加青春版的"马列主义老太太"吧,那样一副尊容,有多少男人会真心喜欢呢?

杨玉环这个女人不简单,站在唐代诗坛最高端的几位大腕(李白、杜甫、白居易)都为她写过赞美诗,其中李白的三首《清平调》

是面对面的赞美。"云想衣裳花想容",这两个"想"何等好啊!好得只可意会,不可翻译。不信你译译看:"贵妃的面孔像花儿一样美丽。"立马成了小学生作文。有人说李白的诗中暗寓讥讽。扯淡!那是高力士说的,也只有高力士那种心态的人才会相信。在有些人眼里,不光是《清平调》,就连《蜀道难》也成了"讽刺玄宗逃难入蜀之作"。似乎离开了影射,世界上就没有诗了。《蜀道难》和玄宗入蜀有什么关系呢?李白的老家就在梓潼附近的江油,年轻时,他师从赵蕤,送老师回盐亭,梓潼是必经之地。送过了老师,他兴致来了就往上走,去剑阁、广元,体验蜀道的奇丽惊险,虽步履艰难却意气风发。当斯时也,山川、历史、神话、传说,全都成了诗神的奴仆,"噫吁,危乎高哉!"这样气势逼人的诗句就只等着喷薄而出了。但李白出川时并没有走蜀道。蜀道太难走了,他走的是三峡水路。这大概是性格使然。出三峡,一叶轻舟,顺流直下,何等倜傥轻捷。他是"仰天大笑出门去"的人,如果走蜀道,一步一蹉跎,他还笑得出来吗?

就在唐明皇夜宿上亭驿大约三年以后,诗人杜甫从秦州辗转入蜀。他一路走一路写诗,一直写到剑阁。写诗易,蜀道难,一家人走走停停,整整走了一年才到了成都。他当然也要夜宿上亭驿的。驿站檐角的铃声依旧,触景生情,他会想些什么呢?在长安的大街上,他是见过杨家姊妹的,这有诗为证(《丽人行》)。他也曾因杨贵妃的死讯而吞声饮泣,这也有诗为证。无论是对贵妃的美,还是对李杨的爱情悲剧,他都是由衷赞美也由衷哀悼的。细心的读者可以发现,他的《哀江头》其实已为五十年后白居易创作《长恨歌》定下了基调。请看:"清渭东流剑阁深,去住彼此无消息。"马嵬之变后,杨玉环孤独地葬在渭水之滨,唐玄宗则往剑门关的深处渐去渐远,一对情侣,彼此再无消息。这样的句子如果混在《长恨歌》里,粗心的读者还真不一定看得出来。所以后世的学者认为,《哀江头》和《长恨歌》可以互读。

其实杨玉环也是从蜀道走出去的,他父亲曾在蜀中做官,她亦在蜀中长大,山温水软的四川盆地滋润了她的好颜色。一个绝代佳人沿着金牛蜀道走向了京师长安,走进了王朝的权力中心。从她的背影里,人们读懂了一个词:乱世之美。在所有的美中,这是最无法无天所向披靡的,是美中的极致。极致的美和极致的权力结合在一起,那就莫怪天下大乱了。

好吧,现在让我们看看石碑的落款。果然是清代的。上款"光绪二十年岁次甲午仲夏月";下款"知梓潼县事昆明桂良才书"。

我对"光绪二十年"没有什么感觉,但一看"甲午"、而且是光绪年间的"甲午",心头便不由得一阵黯然,随即又想到,梓潼的地方官为什么要在这个甲午年发思古之幽情呢?

这可能牵涉到对唐明皇夜雨闻铃的另一种解读,说当夜唐明皇在上亭驿遇见神仙托梦,告诉他唐军大捷,叛乱即将平定。第二天果然驿马来报,安禄山已死,请太上皇回銮。这是一个关于否极泰来挽狂澜于既倒的寓言,而在那个世纪末的甲午年间,危如累卵的大清帝国是多么需要这样的寓言。由此可以想见,那个叫桂良才的知县倒是一位忧时之士呢。

但我还是喜欢第一种传说,相对于成王败寇的政治游戏,只有爱情是不朽的。

等风起时

晚风吻尽荷花叶,任我醉倒在池边

×××××

月中之树，天上之香

❋ 无穷小亮

北京有个地方叫木樨地。木樨就是桂花，然而桂花在北京几乎不能生长。据我所知，北京机械工业自动化研究所院里有棵一层楼高的银桂，可能是小环境避风，奇迹般地活下来了。除了这样的特例，桂花在北京地栽，冬天一定会冻死。颐和园每年秋天倒有桂花展，那都是种盆里的，花谢了就搬回温室。其实所谓木樨地，本来叫苜蓿地，是明代军队种苜蓿喂马的地方。后来苜蓿音转成木樨。

我在南京上学的时候，常经过中山门外的苜蓿园大街。那也是明代给马种苜蓿的地方，至今没发生任何音转，还叫苜蓿园。南京人把苜蓿讹称为木樨倒更合理，因为桂花树在南京可以存活。但偏偏这件事发生在北京。为什么会这样？

一来是北京人念木樨，发的正是苜蓿的音。二来大概是北京人喜欢桂花，觉得桂花上品。旧京菜肴里，凡是鸡蛋做主打的，菜名中都要以其他字代替蛋字。鸡蛋炒肉叫木樨肉，醋熘鸡蛋炒肉叫醋熘木樨，一取桂花金黄之意，二也说明桂花在人心里更有档次。

北京人爱桂花，没准是越得不到越爱的心态。那南方人呢？在长江流域，桂花是行道树，是庭院树，是绿篱。如此常见，是不是感情会淡？2020年，成都一家施工单位在改造老旧小区时，砍了路边20株桂花树，结果全市激愤，最后施工方撤职一批、书面检查一批、严重警告一批，补栽桂花树，又罚款几十万才算完。看来，南方人不是对桂花感情淡，只是在默默享受。

虽是北方人，但客居他乡时，也有几次好景儿是桂花给的。

在南京农大上学时，有栋男生宿舍是20世纪50年代建的，中式大屋顶，青砖作墙。紧贴窗根一排桂树，开花时，香味可入屋内。树下一条小路，夏夜有黄脉翅萤在路旁闪绿光。男生宿舍一般是集不堪之大成所在，但我去过这个宿舍，里面的学长皆沉静有礼，可称一奇。是老楼、桂花、萤火虫使他们变成了这样吧。在男生宿舍外种桂花，谁想的好主意？

刚结婚那年，去杭州看姑姑。姑姑带我和妻子走到满觉陇。路左边一排桂树，路右边一排桂树，树下是两条金屑铺成的小道。风一吹，香味来了，更多的金屑无声落在小道上。"这就是满陇桂雨，你们赶上啦。"姑姑说着杭州味的普通话。

2018年，去江苏昆山的正仪老街。一座石拱桥的桥头立着一棵金桂，怎么看怎么好。树形周周正正的，好。树叶油油亮亮的，好。小花一团团填满树叶缝，好。跟小桥搭配着看，好。我来回上下桥几次，就为把它看瓷实了。走来走去之时，香味忽

浓忽淡。"凡花之香者,或清或浓,不能两兼,惟桂花清可涤尘,浓可透远",好。

去苏州宣传新书,在平江路的礼耕堂讲座。这是一处白墙灰瓦的古宅,当时被改为书店。讲座后,书店主人夏姐请我到二楼,推开木窗,一团墨绿的树冠挤了满眼。原来小院的一半天空都被一棵大丹桂覆盖。树下的青砖地上,散落着点点桂花。"我们上个礼拜刚打了一回桂花,下面接个布,从二楼咱们这个窗户伸竹竿去打。打下来做桂花茶呀,糖桂花呀,可香了。"时有老人把绿化带里的桂花打下来回家吃,弄得其他市民无花可赏,不雅。而打自家院子里的桂花,就成了极雅之事。

去日本旅游,在箱根的山间车站等车,看到一家二层小楼前有一棵大丹桂,那花开的,太均匀了。一簇叶子配一团花,一簇叶子配一团花。初栽时它是房子的陪衬,现在房子成了它的陪衬。

日本人沿用中国的称呼,管桂花叫木犀。虽然在日本文化中并不突出,但爱栽种的人也不少。一是香味迷人。桂花的拉丁文学名直译过来就是"香的香花",足见世人皆爱其香。李渔在《闲情偶寄》里说桂花:"树乃月中之树,香亦天上之香也。"天上之香,就是没有缺点的香。但李渔还真给桂花找到了一个缺点:"其缺陷处,则在满树齐开,不留余地。"桂花要开就是同时盛放,此时只要西风一来,不出三日就满地狼藉,没有后花接力。李渔给桂花提出建议:"早知三日都狼藉,何不留将次第开?"这是中国人的思路,希望好的东西细水长流,存在久一些。但日本人还就喜欢让好东西绚烂至极时彻底消亡。如此来看,桂花的缺点到了日本却成了优点。

我固执地要在北京种桂花。听说四季桂可以盆栽种在室内,四季都开花,就买了一盆。精心莳养,却逐渐叶尖干枯而死。看园艺主播带货四季桂,主播喊着这东西多么多么好养,评论区一堆北方人却都骂他:"胡扯!我养的叶片越来越干,死了!"我没有负罪感地放下了手机,那不赖我了。

这两年找到一款替代品:流苏树。它也是木犀科的,常作桂花的砧木,比桂花更耐寒。在华北村庄中,有许多几百年的古流苏树,桂花秋天开,它是春天开。每朵花也和桂花一样是四瓣,但更大更修长,雪白的。盆栽了三年,真好养,全年放在露天阳台,每年春天满树银花,但闻不到香味。

直到我在国家植物园见到一条流苏树之路,白得我差点得雪盲症,这才闻到了,和龙井茶一模一样的味道。难怪北方山民采其花叶代茶,还叫它"茶叶树"。

这还差不多,身为桂花的亲戚,若无半点香味,实在说不过去。

不可战胜的夏天

✻ 严 明

我对故乡的记忆，全部是关于夏天的。

那是淮北平原上的一个古老而又普通的村庄。虽然说那时候是穷年月，但故乡之夏给我的记忆是丰盛的。那里有我平时不知道的世界，目光所及，琳琅满目。我几乎在用其他所有的时间渴盼夏天的到来。我就知道，在我暑假抵达前，它们用整个春天、初夏为我备好了一切。我的堂兄弟、远近本家，总是在原地等着我，等着我共度夏天。在我走后，他们仍然在原地，安然度过一个秋冬，等我来年"从天而降"。一切仿佛是为我而设的一个喜乐大局，一个弥天欢场，一个永远亲爱的存在。

以往父亲带我们回老家，汽车转火车，再加上徒步，要花上一整天。伴着傍晚的蝉鸣，天擦黑的时候我们到了，看着油灯下老少亲人的笑脸、桌上的手擀面，疲劳尽消。那时候，父亲的打扮总是的确良衬衫、手表、皮凉鞋，而且是穿袜子的、标准的知识分子还乡模样。而我一回到老家就全然顾不得斯文，迫切地等待"沉陷"。我知道狂欢季开始了，今天不算，明天才是第一天，我有的是时间。按捺不住开始欢心地盘算着今天晚上在哪个露天的地方睡，那是第一项在自由天地的体验。

夏天村里人多半在屋外过夜，除了老人、妇女。木架子撑起的绳编床，箅席往上一放，清凉又透气。或者干脆铺在地上，平整宽敞的打麦场有足够的地方可以睡，蚊子不多的夜里，被单也不用盖。夏日里，我可算是本家小孩子的精神中心。我比他们白，比他们成绩好，这些在村里不是什么优点，但可以做一做临时"掌门"。堂兄弟、各个本家亲戚都聚拢来，睡成一排，和我最亲最好的，会讲故事的，才可以挨着我睡。

星空下，夏虫声浅，我蜷缩在故园的怀里。啊，这幸福无边的夜！

直至次日，幸福地被太阳晒到屁股。于是起身，箅席上常会留有人形。人睡的地方是干燥的，其他地方已经微湿。原来，一夜酣眠，竟有夜露涂抹了身体。

白天，跟伙伴们无休止地嬉游。父亲因为要帮着家里做农活，无暇他顾，所以我除了偶尔写作业，其余时间都在疯玩。哪里都好玩，什么都可以即兴

而为。草堆、粮垛、牛棚,还有蒙着眼睛的驴子不停地在磨坊里转圈……这都是我们的欢场。赤日炎炎的时候,我们主要在池塘一带活动,我就是在那里学会了狗刨。采莲蓬、菱角,在岸上用稀泥巴涂满全身,再爬上树杈往水里跳,出水时泥巴没了,但发现肚皮已经被水面拍红……游完泳,在浓荫的树下玩上一会儿。和风习习,吹干身上的水,皮肤变得滑嫩无比。

在村里,小孩子们全是光腚猴。那些年我也经历了从不穿到穿一点再到穿整齐的进化,回想赤条条在村里嬉戏的场景,真是无邪幼童的特权。一群光着屁股的小孩围拢蹲着玩虫,谁若放屁,无须究问——他的屁股底下会有烟尘。没经历过的,不会有那种生活感受。

夏天雨也不少,一场雨过后,会有好几天都要踩泥巴地。水泥路是城里才有的稀罕物,那时候村里没有任何一块地面是水泥地,包括屋内。雨天大家都赤着脚。我开始时并不习惯,觉得泥巴会滑得脚心痒痒,后来越来越觉得有趣,特别是脚掌踩下去的时候,软泥浆会从脚趾之间柔柔地往上钻,跟现代人形容巧克力的口感类似,那也是一种连着心的滑爽。

饿了,有的是吃的,树上的果子、地里的瓜,信手摘来。蝉蛹、青蛙、蛐蛐都是野味。作为"豪华"回报,我也会带他们去偷爸爸带回来的装在铁盒里的饼干或鸡蛋卷,让他们一尝至味。

任何一顿饭都可以在几个叔叔家随机解决,青椒、南瓜、豆角,都美味。大铁锅炒菜,满屋子蒸气,和着菜香气、柴火的烟气一起涌出来,漫出灶火屋,从房檐向上流走。灶火余烬里还可以埋上嫩玉米或红薯,饭后出去玩上一圈,肚子有点饿的时候跑回来寻出它们,可作为零食吃。

由于土质的问题,那里没有水田,不产大米,所以主食都跟小麦有关——馍或面条。忙时吃干的,闲时吃稀的,而我们在时,在哪家吃饭,哪家都会有几个炒菜。米饭完全断绝的感觉持续两个月左右,对我来说还是有些不适应。我挺想念米饭的,因此他们会在我们临走的前一天煮上一次,作为饯行。毕竟米太缺了,做上那么一顿也是勉强。通常还煮得很稀,简直不叫米饭,属于那种稠一点的稀饭。

现在想想，夏日里除了蝉声，其实村庄里是安静的。那时候，没有车来，因为还没有什么路。村里如果来了担担子的货郎，都能引起一片沸腾。小孩子们一定会围过去，扒在他那个装满了小东西的百宝柜的玻璃上看，看大人选购针头线脑。一个孩童围观商业活动，受购买力缺乏煎熬的滋味是不好受的，那个年月，"买不起"几个字永远在耳边回荡。有时候可以用破铜烂铁、牙膏皮、长发辫之类的东西换，可平时没有积攒的话临时又找不来什么东西，所以只能干看着。村里留长辫子的大姑娘都会被别人羡慕地认为是在储蓄。便宜的东西也有，就像糖豆，一分钱七个，彩色的。

走村串巷的剃头匠，依次在某一户家中吃饭，算作劳务。若是没吃，给点什么也行。手艺在那时候还不叫生意，只是为了生活在"换"，没有"赚"，本分至极。

跑去村头西望落阳晚霞，美得有些哀愁。我每天都掰着指头计算暑假结束的时间，谨慎期待每一个未曾谋面的美丽明天。

夜空的流云拂过星斗，月亮在航行。太阳和月亮对日子的重要性，得在农村生活才能体会得更深。开晚饭的时间挺早，同时听收音机里的长篇评书，之后活动就因为没有电而大受限制了。油灯或蜡烛不会一直点着的，那样太浪费，可是走在漆黑的屋里摸索着找东西的滋味不好受，那种感觉现在的小孩很难体会。

打麦场是不变的夜之欢场，我们在那儿交换鬼故事、童谣，辨识着星宿的位置，猜想着哪一颗是天边的另一个自己，等着不请自来的睡意。

偶尔传来有别的村放露天电影的消息，这需要有得到消息的人报信才行。有时候，大队人马赶过去才发现并没有电影，又在夜色里悻悻而归。如果消息准确，远远地就可以看到，村边的某块空地上，黑压压的人群仰望着闪烁的银幕，那情景就是大地上最超现实的存在。每当电影散场时，外围的沟坎上还伏着一排睡着的小孩子，需要家人边呼喊边翻看辨认，驮走。小孩子继续一路睡回去，醒来还会问大人："后来他们打起来没有？怎么不叫醒我！"

夏日接秋，看着村里许多果树从果子红熟到光秃，已经有树叶开始随风落下，我的心情也为之黯然。我知道，要开学了，我要走了。

喜乐是有尽头的，得开始计算暑假还剩四天、三天……直到要离开的当天早上，堂弟们坐在爷爷家的门槛上，看我们收拾行李，去坐他们还没有见到过的火车。他们穿着长袖衣服来，纽扣总是扣得不齐，衣服也不干净，好像去年穿完收起来时就没有洗。

"等着我，明年再来。"这般孩童的豪言壮语，每年都在用。我知道这是一句临别时客套的废话，他们肯定等我，我也必定再来。

可是，终于在某一年，他们没有在原地等我，我也没有再来。我出去闯世界，他们也开始出门打工。

我们明摆着是看到田园牧歌的最后一代人。

印象中我都快上中学的时候，老家的村里才通上电，才有用电的磨坊出现。因为这一点，村里的马拉石磨立即退出了历史。手扶拖拉机、小四轮等出现后，骡子、马就不见了，那个从古代来的木头大车也消失无踪。草房逐渐被瓦房代替，还陆续出现了两三层的小楼。似乎就是从我没再回来开始，中国乡村的现代化进程开始了。或许也正是在这个浪潮中被卷入太深，无力回望，才导致我回乡的旅程一拖再拖。浪涛势头正劲，还在拍打、冲击、淹没。多少年来，总觉得自己在观察众生，现在该观察族人、家人了，故乡不再是我童年时猎奇的场地，而是问题的载体。

有书上说，乡村是世界的根、人类的童年和老年。一个人的枝叶蔓延源自可颂的土地，我似乎也只是吸收、索取，从未归还过什么。

那是最好的童年，它有不需要证明的强大。还好我有个故乡，还好有一些旅程，去游历，去跋涉，带着热情与好奇。我想这都源于记忆，其来有自，无远弗届。

加缪说得极是："在隆冬，我终于知道，我身上安放了一个不可战胜的夏天。"

桃之夭夭

❋ 格 致

我家的屋后，有几棵大李子树，还有几棵海棠树，北窗外不远处还有一棵桃树。

桃树开花的时候，北窗就被桃花挤满了。这样的美景，并没有谁多看一眼。那一树妖娆的桃花自顾自开着，家里的大人孩子也自顾自忙着，等桃花谢了，我的目光在北窗外停留的时间反而多了起来。那些绿茸茸的桃子，比粉红的桃花还要耐看。桃花简单，一眼就看清楚了，但层层叠叠的叶子和藏身其间的桃子，则让桃树进入了一个神秘时期。这时的桃树，有了景深，成为一个神秘通道的入口。

我不知道这棵桃树长在我家北窗外有什么不对。我一出生桃树就在那里。我没出生呢，桃树也在那里。它和后院的大李子树、海棠树，以及前院的柳树、樱桃树，和那三间草房子，构成我的童年世界。

长大了才知道，在北纬43度，桃树是不能存活的，至少是不能过冬的。但我家的桃树存活了，并且过冬了。现在看来，那棵桃树是我童年世界里的一个奇迹。

这个奇迹是父亲一手创造的。我父亲感到东北太冷，他不想把孩子生在这么冷的地方，但是又没有迁徙的能力。他就让一棵温暖地区的果树迁徙了，让一棵桃树来到我们的家园。我的父亲通过一棵桃树迷惑了我。我不记得童年有多冷，只记得那些在冰上的游戏，记得春暖花开，记得桃子甘甜。我的童年，比别的孩子多出了一种生活的滋味。

父亲的桃树有着特殊的造型：它所有树枝都朝向西方，树身像被强劲的东风压得抬不起头的样子。然而这一切都和东风没有关系，我曾亲眼看到父亲是怎么对待那棵桃树的。

父亲用草绳把桃树一道一道地捆好，然后在树的下面挖坑，把捆好的桃树一点一点地压到那个土坑里去，再然后我父亲就开始往树上填土，直到把整棵树埋进土里。父亲总是在秋天把桃树埋到土里，这等于给桃树穿了一件大棉袄。等冬天来了，大雪一层又一层地把桃树的土包盖住，这等于在棉袄外面又穿了一件貂皮大衣。让一棵树钻进土里冬眠，这是父亲的思维。我不知道还有谁会这么做。

第二年的春天，在某个风和日丽的上午，父亲会小心地把睡了一个冬天的桃树从土里挖出来，摇落树枝上的土，再把土坑填平。这时我才明白，埋树是为了让桃树度过东北寒冷的冬天。李子树、海棠树、杨树、榆树……几乎所有的树，都不用埋，都能过冬，只有那棵桃树，冬天需要在土里冬眠。春天，父亲又把它从泥土中唤醒。那弯腰的桃树，照常开花、结果。我想，天底下可能只有我的父亲有这样的耐心和智慧，侍弄一棵这样娇贵的桃树。

桃子成熟的时候，每年都会丢失一些。几次之后，我妈有了对策：她赶在别人来摘桃子之前，在傍晚的时候，摘下一整筐桃子。那些桃子大部分还是绿的，但已经成熟了。那是我此生吃过最好吃的水果。在我们家，判断桃子成熟与否，不看桃子是否红了，而是用手一捏，软了，就是成熟了，有谁吃过还绿着却已熟透的桃子？那种甜，是不可以描述的。

每年的秋天，我家的北窗台上，会摆着一排排粉红色的桃核，那是我和姐姐放在那里玩的。等它们在风里干透了以后，互相磕碰的声音非常悦耳。

在桃树还繁花似锦的时候，我的父亲却死了。父亲死在一个春天。那棵桃树在父亲已不在人世的那年春天，仍忍住悲伤，顽强地把桃花开了出来。秋天，在那个没有了父亲的秋天，桃树仍忍住悲伤，把桃子挂满枝头。那年的秋天，我吃到的桃子仍然是甜的，依然是好吃得无法描述，仍然有一排粉红色的桃核摆在北窗台上，进出的风吹拂着它们……

我不知道那年秋天的桃子，是我最后的桃子了。

冬天的时候，我看见桃树仍站在北窗外的寒风里，几片红色的叶子在抖动。下雪了，桃树上挂满了雪花；起雾了，桃树上挂满了冰花。

第二年春天，李子树开花了，樱桃树开花了，海棠树开花了，父亲的桃树终于没能忍住悲伤，它一朵花也不肯再开了。

小船上的信

沈从文

船在慢慢地上滩,我背船坐在被盖里,用自来水笔来给你写封长信。这样坐下写信并不吃力,你放心。这时已经三点钟,还可以走两个钟头,应停泊在什么地方,照俗谚说"行船莫算,打架莫看",我不过问。大约可再走廿里,应歇下时,船就泊到小村边去,可保平安无事。

船泊定后我必可上岸去画张画。你不知见到了我常德长堤那张画不?那张窄的长的。这里小河两岸全是如此美丽动人,我画得出它的轮廓,但声音、颜色、光,可永远无本领画出了。你实在应当来这小河里看看,你看过一次,所得的也许比我还多,就因为你梦里也不会想到的光景,一到这船上,便无不朗然入目了。这种时节两边岸上还是绿树青山,水则透明如无物,小船用两个人拉着,便在这种清水里向上滑行,水底全是各色各样的石子。

舵手抿起个嘴唇微笑,我问他:"姓什么?"

"姓刘。"

"在这河里划了几年船?"

"我今年五十三,十六岁就划船。"

来,三三,请你为我算算这个数目。这人厉害得很,四百里的河道,涨水干涸河道的变迁,他无不明明白白。他知道这河里有多少滩,多少潭。看那样子,若许我来形容形容,他还可以说知道这河中有多少石头!是的,凡是较大的,知名的石头,他无一不知!水手一共是三个,除了舵手在后面管篷管纤索的伸缩,前面舱板有两个人。其中一个是小孩子,一个是大人。两个人的职务是船在滩上时,就撑急水篙,左边右边下篙,把钢钻打得水中石头作出好听的声音。到长潭时则荡桨,弓起个腰推扳长桨，把水弄得哗哗的，声音也很幽静温柔。到急水滩时就伏在石滩上，手足并用爬行上去。

船是只新船，油得黄黄的干净得可以作为教堂的神龛。我卧的地方较低一些，可听得出水在船底流过的细碎声音。前舱用板隔断，故我可以不被风吹。我坐的是后面，凡为船后的天、地、水，我全可以看到。

我就这样一面看水一面想你。我快乐，就想应当同你快乐，我闷，就想要你在我必可以不闷。我同船老板吃饭，我盼望你也在一角吃饭。我至少还得在船上过七个日子，还不把下行的计算在内。你说，这七个日子我怎么办？天气又不是很好，并无太阳，天是灰灰的，一切较远的边岸小山同树木，皆裹在一层轻雾里，我又不能照相，也不宜画画。

看看船走动时的情形，我还可以在上面写文章，感谢天，我的文章既然提到的是水上的事，在船上实在太方便了。倘若写文章得选择一个地方，我如今所在的地方是太好了一点的。不过我离得你那么远，文章如何写得下去。"我不能写文章，就写信。"我这么打算，我一定做到。我每天可以写四张，若写完四张事情还说不完，我再写。这只手既然离开了你，也只有来折磨它了。

我来再说点船上事情吧。船现在正在上滩，有白浪在船旁奔驰，我不怕，船上除了寂寞，别的是无可怕的。我只怕寂寞。但这也可训练一下我自己。我知道对我这人不宜太好，到你身边，我有时真会使你皱眉，我疏忽了你，使我疏忽的原因便只是你待我太好，纵容了我。但你一生气，我即刻就不同了。现在则用一件人事把两人分开，用别离来训练我，我明白你如何在支配我管领我！为了只想同你说话，我便钻进被盖中去，闭着眼睛。你瞧，这小船多好！你听，水声多优雅！你听，船那么轧轧响着，它在说话！它说："两个人尽管说笑，不必担心那掌舵人。他的职务在看水，他忙着。"船真轧轧地响着。可是我如今同谁去说？我不高兴！

梦里来赶我吧，我的船是黄的，船主名字叫作"童松柏"，桃源县人。尽管从梦里赶来，沿了我所画的小堤一直向西走，沿河的船虽千千万万，我的船你自然会认识的。这地方的狗并不咬人，不必在梦里为狗吓醒！

你们为我预备的铺盖，下面太薄了点，上面太硬了点，故我很不暖和，在旅馆已嫌不够，到了船上可更糟了。盖的那床被大而不暖，不知为什么独选着它陪我旅行。我在常德买了一斤腊肝，半斤腊肉，在船上吃饭很合适……莫说吃的吧，因为摇船歌又在我耳边响着了，多美丽的声音！

我们的船在煮饭了，烟味儿不讨人嫌。我们吃的饭是粗米饭，很香很好吃。可惜我们忘了带点豆腐乳，忘了带点北京酱菜。想不到的是路上那么方便，早知道那么方便，我们还可带许多宝贝来上面，当"真宝贝"去送人！

你这时节应当在桌边做事的。

山水美得很，我想你一同来坐在舱里，从窗口望那点紫色的小山。我想让一个木筏使你惊讶，因为那木筏上面还种菜！我想要你来使我的手暖和一些……

十三日下午五时

整个世界都白茫茫的

✻ 李娟

总是白茫茫的。整个世界无限耐心地白着。回家的路穿过全世界的白，也无限耐心地延伸着。倒了两趟车，一路上走了将近十个小时。

家里也白白的，院子和房子快要被雪埋没了。妈妈的伤势好了很多。小狗赛虎的伤也快好了，整天把脑袋温柔地抵靠在外婆的膝盖上。

这场雪灾中死了很多牛羊。牲畜们几乎一点儿吃的也没有了，寒假中的孩子们每天满村逡巡，拾捡纸箱子回家喂自家的牛。政府把一些玉米以远低于市价的价格卖给牧民，但这样的低价饲料很快就被抢购一空。来晚了的牧人们在空地上站了很久很久，才失望离开。堆积过玉米麻袋的雪地上撒落了不少玉米粒，于是附近的村民纷纷把自家的羊赶到那里。羊们埋着头努力地寻找陷落在雪地中的金黄粮食，又刨又啃。等羊群离开时，玉米粒儿一颗也没有了，只剩一地的羊粪粒儿。于是又停了黑压压一地的麻雀，在羊粪粒间急促地点头翻啄。一有人走近，黑压压地轰然飞走。

阿克哈拉再也没有玉米了，再也没有草料了，再也没有煤。连路都没有了，路深深地埋在重重大雪之下。但是我们还是得在这里继续生活下去。

这次回家，一口气帮家里蒸了八大锅馍馍，共两百多个。蒸熟后全冻在室外雪地里，够家人吃一个多月。

端一碗剩饭去喂大狗琼瑶，琼瑶很寂寞，离开时，它抱着我的腰不让我走。兔子最爱吃我蒸的馍馍。小狗赛虎爱吃大白菜。鸡实在没啥吃的，只好什么都爱吃。我们给鸡窝也生了一只小炉子，鸡们整天紧紧地偎着炉子挤在一起。因为鸡窝有这么一小团温暖，我们的鸡便能够天天下蛋，一天可以捡八个鸡蛋。在整个阿克哈拉，只有我们家的鸡到了冬天还在下蛋。而其他人家的鸡都深深卧在寒冷深处，脑袋缩在肚皮下，深深地封闭了。

把鸡食端进鸡圈时，所有母鸡扇着翅膀一哄而上，无限地欢喜。而公鸡则显得不慌不忙，如巡视一般保护着大家，在哄抢食物的母鸡们的外围绕来绕去地打转，等大家都吃饱了才凑到跟前啄一点点剩下的。公鸡很瘦很瘦，羽毛枯干稀松，冠子耷拉着。但还是一副神气十足的模样，像国王一样神气。因为在所有的鸡中，它是唯一的公鸡。

戈壁滩上风真大。每次回到家都那么悲伤。

为了能赶上回阿勒泰市的班车，本地时间四点钟我就摸索着起床了。家里今年刚盖的房子，还没牵电，四下漆黑。摸到门，打开出去一看，外面也是漆黑的。猎户星座端正地悬在中天。突然想起，这是今年第一次看到猎户星座。多少个夜晚都不曾抬头仰望过星空了……

点起蜡烛，劈柴，生炉子。炉火熊熊燃烧，冰凉的房间却仍然冰冰凉凉。小狗赛虎卧在黑暗中静静地看着我做这一切。刚刚回到家就得离开，永远都是这样。家太远，太远太远。赛虎的宝宝晓晓夏天在公路上玩耍时，被过往汽车撞死。身边突然少了一个陪伴，赛虎会不会觉得空空落落？狗是如何理解"离别"的？我的突然离开在赛虎眼里会不会像晓晓的突然消失一样……晓晓埋在后院玉米地边的那个小土堆下，赛虎有时候会过去嗅闻一阵。狗是如何理解"死亡"的？

把泡菜坛子的坛沿水续一续。想喂鸡，但有些太早了。天还没亮，鸡视力弱，什么也看不见，鸡食放在外面，会先被老鼠们吃掉。在冬天，老鼠们也过着紧巴巴的日子。它们也正在忍耐着寒冷与饥饿。

昨天一回到家，还没顾上说几句话，妈妈就顶着风雪出门办事了。夜里只有我、外婆和妹妹守着房子。不知为何，心里总是感觉不祥。但又担心误了班车，于是又焦虑。两种情绪糅在一起，就成了悲伤。

结果一直等到下午三点，班车才缓缓出现在大雪茫茫的公路上。然而妈妈还没回家，为了不错过唯一的这趟车，为了不耽误上班，我还是上路了，怀着悲伤。

又想到了琼瑶。天还没亮，村庄远远近近的狗都开始叫了的时候，琼瑶却没有叫。我出去铲土和煤时，看到星光下琼瑶大大地睁着明亮的眼睛。其实它什么都知道。

没有煤了，我们只好把最后的煤渣与泥土和在一起再拌上水，团成一块一块的，当作煤来烧，取暖，做饭。这样的"煤"，火力弱，容易熄，并且灰多，却是冬天唯一的温暖。

我若是说：我爱阿克哈拉——其实多么心虚啊……我怎么会爱它呢？我远离家庭和责任，和阿克哈拉一点边也不沾地生活在别处。只是会在某些双休日坐长途班车回家一趟，住一个晚上。这算是什么爱呢？

我到了富蕴县，继续等车。网吧里空气很差。时间一分一秒过去，不知妈妈回家没有。时间正在过去，而我坐在网吧里无力地消磨这时间。我敲出这些字的时间，明明应该在家里度过。应该以这些时间来坐在家中，继续等待妈妈回来。并在等待的时候，喂鸡，生火，抚摸赛虎。

又想起班车独自行进在白色大地上，永无止境……想起班车经过的每一棵树都是不平凡的树——这些旷野中的树，一棵望不见另一棵的树。以前说过：在戈壁滩上，只需一棵树，就能把大地稳稳地镇在蓝天之下。

还说过：它们不是"生长"在大地上这般简单，它们是凌驾在这片大地上的……

——说这些话的时候，多么轻率、轻浮啊。不过我想，其实我还是爱着阿克哈拉的。

迷路的故事

✽ 舒 婷

连我爸都是出生在小岛上的。小岛只有1.7平方千米。而我经常在家门口迷路。这都是真的。

小岛色彩浓烈,由于它的玉兰树、夜来香、圣诞花、三角梅;小岛香飘四季,由于它的龙眼、番石榴、阳桃,甚至还有波罗蜜。这些大自然的宠儿被慷慨的阳光和湿润的海风所撩拨,骚动不息,或者轰轰烈烈,或者潜移默化,在小岛上恣意东加一笔,西修一角,增增减减,让一个拳头大的地方,坠住千万游客的脚,使他们总也走不出去。

幽巷、苔迹的石壁和风格各异的小楼都是同谋。

有人告诉我,退潮时分,沿着栖霞落彩的沙滩步行,环岛一周不过个把钟头。我迷惘地摇摇头。今年春天,我带孩子从邻街的娘家回来。孩子在前面蹦蹦跳跳,我在后面信步逍遥。也不知什么时候,我跟着孩子走错了一个胡同口,结果两腿走酸了,又问了几次路,七弯八折才寻到家门口。平时七分钟的路程这次用了四十分钟。

记录在案的这类事件不知有多少起。日光岩是鼓浪屿岛的坐标。早起开门,夜来掩窗,我都要和日光岩相互致意。岩顶永远密密匝匝一圈人,远远看去宛如一顶皇冠。有朋自远方来,都得带去晋见。只是岩下小路总是记不住,多少次迷迷糊糊撞到"此路不通"的木牌,才讪讪然返回。因此,有人在公开报道中,揶揄我是不称职的导游。冤!其实,这也是游岛其中一味呀!

现在我已不再越墙偷摘龙眼,听到有人咳嗽便屁滚尿流地鼠窜。但邻童夏夜偷袭成功,每每和我分赃。一把把簇着绿叶的鲜果,看过去那么清凉,多汁的夏天犹把残梦遗留在已不随风颤抖的枝条上了。你不能形容那滋味儿,只知道小摊上的果子绝不能与之相比。

我儿子也出生在这小岛上。夜阑,我一手挽着摇篮,一手在稿纸上信手涂鸦。波浪汩汩溅溅,海也在抚拍她的摇篮,直到我们全在她的怀里入睡。梦中,儿子长成一片热烈、优美的小树林,让妈妈心甘情愿一再迷路。

柏油马路忽高忽低,小巷时宽时窄,且极其洁净。有些落叶、落花、落果,毫无狼藉之状,反生野趣。

渡口四株纤细的假槟榔,像站累了的老不换岗的哨兵。渔女们手脚特别肥厚,眉毛眼睛乌漆生光,哑着嗓招呼孩子。人人惬然自得,浪兀自晃晃,船兀自摇摇,锅里碗里不见漾出点粥沫来。

久不受刀剪之苦的相思树,无法无天,把通往海滩的小路一一封锁起来,只露出一角木牌,粗重地呵斥:军事重地!人自然望之却步。只有我那迷迷糊糊的老毛病常常带我走入禁区,又安全地迷迷糊糊走出来。因为相思树争相掩护你,沙滩绝不出卖你的足音,星散的贝壳宛如阿里巴巴的财宝。有时可以看到一只大海豚,虽已"仙逝",矫健的身躯似乎可以随时优美地弹起,化为一道银亮的闪光。

是回家的时候了,却找不到来时的路。一座小洋楼从荒芜的花园踮起脚望着你。小铁门锈坍在地上,高大的廊柱和雕花的石栏上落满鸟粪,依稀的花角被狗尾巴草淹没了。

而,无数火焰在它玻璃破碎的排窗上燃烧,被遗弃的小楼活跃起来,光的手,在它一排排琴键上演奏,又愁惨又庄严又深邃,吸引你,逼迫你,又控诉你,小楼有属于它自己的记忆。在瞬间,它把人拉进它的磁场里。

直到夕晖老去,寂然而无声,你的灵魂和那楼

苏州城北

❋ 苏 童

说到过去，回忆中首先浮现的还是苏州城北的那条百年老街。一条长长的灰石路面，炎夏七月似乎是淡淡的铁锈红色，冰天雪地的腊月里却呈现出一种青灰的色调。从街的南端走到北端大约要花费十分钟，街的南端有一座桥，以前是南方城池所特有的吊桥，后来就改建成水泥桥了。北端也是一座桥，连接了苏沪公路，街的中间则是我们所说的铁路洋桥。铁路桥凌空跨过狭窄的城北小街，每天有南来北往的火车呼啸而过。

我们街上的房屋、店铺、学校和工厂就挤在这三座桥之间，街上的人也在这三座桥之间走来走去，把时光年复一年地走掉了。

现在我看见一个男孩背着书包滚着铁箍在街上走过，当他穿过铁路桥的桥洞时恰恰有火车从头顶上轰隆隆地驶过，从铁轨的缝隙中落下火车头喷溅的水汽，而且有一个苹果核被人从车窗里扔到了他的脚下。那个男孩也许是我，也许是大我两岁的哥哥，也许是我的某个邻居家的男孩。但是不管怎么说，那是我童年生活的一个场景。

我从来不敢夸耀童年的幸福，事实上我的童年有点孤独，有点心事重重。我父母除了拥有四个孩子之外基本上一无所有。父亲在市里的一个机关上班，每天骑着一辆破旧的自行车来去匆匆；母亲在附近的水泥厂当工人，她年轻时曾经美丽的脸到了中年以后经常是浮肿着的，因为疲累过度，也因为身患多种疾病。多少年来父母亲靠八十多元钱的收入支撑一个六口之家，可以想象那样的生活多么艰辛。

我母亲现在已长眠于九泉之下，现在想起她拎着一只篮子去工厂上班的情景仍然历历在目。篮子里有饭盒和布纳鞋底，饭盒里有时装着家里吃剩的饭和蔬菜，有时却只有饭没有别的，而那些鞋底是预备给我们兄弟姐妹做棉鞋的。她心灵手巧却没有时间，必须利用工余休息时纳好所有的鞋底。

在漫长的童年时光里，我不记得童话、糖果、游戏和来自大人的过分的溺爱，我记得的是清苦，记得一盏十五瓦的黯淡的灯泡照耀着我们的家，潮湿的未浇水泥的砖地，简陋的散发着霉味的家具，四个孩子围坐在方桌前吃一锅白菜肉丝汤，两个姐姐把肉丝让给两个弟弟吃，但因为肉丝本来就很少，挑几筷子就没有了。

母亲有一次去酱油铺买盐掉了五元钱，整整一天她都在寻找那五元钱的下落。当她彻底绝望时我听见了她那伤心的哭声;我对母亲说:别哭了,等我长大了挣一百块钱给你。说这话的时候我大概只有七八岁,我显得早熟而机敏,它抚慰了母亲,但对于我们的生活却是无济于事的。

那时候最喜欢的事情是过年。过年可以放鞭炮、拿压岁钱、穿新衣服,可以吃花生、核桃、鱼、肉、鸡和许多平日吃不到的食物。我的父母和街上所有的居民一样,喜欢在春节前后让他们的孩子幸福和快乐几天。

当街上的鞭炮屑、糖纸和瓜子壳最后被打扫一空时,我们一年一度的快乐也随之飘散。上学、放学、作业、打玻璃弹子、拍烟壳——因为早熟或者不合群的性格,我很少参与街头孩子的这种游戏。我经常遭遇的是这种晦暗的难挨的黄昏,父母在家里高一声低一声地吵架,姐姐躲在门后啜泣,而我站在屋檐下望着长长的街道和匆匆而过的行人,心怀受伤后的怨恨:为什么左邻右舍都不吵架,为什么偏偏是我家常常吵个不休?

我从小生长的这条街道后来常常出现在我的小说作品中,当然已被虚构成"香椿树街"了。街上的人和事物常常被收录在我的笔下,只是因为童年的记忆非常遥远却又非常清晰,从头拾起令我有一种别梦依稀的感觉。

我初入学堂是在一九六九年秋季,仍然是动荡年代。街上的墙壁到处是标语和口号,现在读给孩子们听都是荒诞而令人费解的了,但当时每个孩子都对此耳熟能详。我的启蒙教师姓陈,是一个温和的白发染鬓的女教师,她的微笑和优雅的仪态适宜于做任何孩子的启蒙教师,可惜她年龄偏老,而且患了青光眼,到我上三年级时她就带着女儿回湖南老家了。后来我的学生生涯里有了许多老师,最崇敬的仍然是这位姓陈的女教师,或许因为启蒙对于孩子弥足珍贵,或许只是因为她有那个混乱年代罕见的温和善良的微笑。

读小学二年级的时候,因为一场重病使我休学在家,每天在病榻上喝一碗又一碗的中药,那是折磨人的寂寞时光。当一群小同学在老师的安排下登门慰问病号时,我躲在门后不肯出来,因为疾病和特殊化使我羞于面对他们。我不能去学校上学,我有一种莫名的自卑和失落感,于是我经常在梦中梦见我的学校、教室、操场和同学。

说起我的那些同学,我们都是一条街上长大的孩子,彼此知道每人的家庭和故事,每人的光荣和耻辱。多少年后我们天各一方,偶尔在故乡街头邂逅,闲聊之中童年往事便轻盈地掠过记忆。我喜欢把他们的故事搬进小说,是一组南方少年的故事。我不知道他们是否会从中发现自己的影子,也许不会发现,因为我知道他们都已娶妻生子,终日为生活忙碌,他们是没有时间和兴趣去读这些故事的。

去年夏天回苏州家里小住,有一天在石桥上碰到中学时代的一个女教师,她看见我第一句话就是:"你知道宋老师去世的消息吗?"我很吃惊,宋老师是我高中的数学教师和班主任,我记得他的年纪不会超过四十五岁,是一个非常严谨而敬业的老师。女教师对我说:"你知道吗他得了肝癌,都说他是累死的。"我不记得我当时说了些什么,只记得那位女教师最后的一番话。她说:"这么好的一位教师,你们都把他忘了,他在医院里天天盼着学生去看他,但没有一个学生去看他,他临死前说他很伤心。"

在故乡的一座石桥上我受到了近年来最沉重的感情谴责,扪心自问,我确实快把宋老师忘了。这种遗忘似乎符合现代城市人的普遍心态,没有多少人会去想念从前的老师同窗和旧友故交了。人们有意无意之间割断与过去的联系,致力于想象设计自己的未来。对于我来说,过去的人和物事只是我的小说的一部分了。我为此感到怅然,而且我开始怀疑过去是否可以轻易地割断,譬如那个夏日午后,那个女教师在石桥上问我,你知道宋老师去世的消息吗?

说到过去,我总想起在苏州城北度过的童年时光。我还想起十二年前的一天,当我远离苏州去北京求学的途中那份轻松而空旷的心情。我看见车窗外的陌生村庄上空飘荡着一只纸风筝,看见田野和树林里无序而飞的鸟群、风筝或飞鸟,那是人们的过去以及未来的影子。

×××××

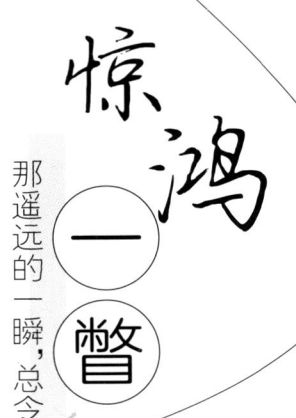

惊鸿一瞥

那遥远的一瞬,总令我怦然心动

另一种时间

✳ 星野道夫

一天夜里,我与朋友有过这样一段对话。当时,我们正在阿拉斯加的冰川上野营,抬头便是满天星斗。

"如果在东京也能看到这么多星星就太好了……工作到深夜,带着一身疲惫下班时,随便抬头一看,宇宙仿佛就在触手可及的地方。能在每天快结束的时候看到那样的光景,是个人都会浮想联翩吧。"

"假设你看到这样的星空,或是美得让人热泪盈眶的夕阳,你会用什么样的方法把风景之美与当时的心情传达给心爱的人呢?"

"可以拍照啊,如果擅长画画,还能画在画布上给他看……不,还是直接告诉对方比较好。"

"我会把自己的变化告诉他。被夕阳之美感动,一个人会因为心绪的改变而渐渐改变,所以把自己的心情传达给对方是最好的方法。"

大自然会在人一生中每一个时期发出不同的讯息。无论是刚出生的婴孩,还是即将离去的老者,大自然会向他们诉说各不相同的故事。

小时候有一天,我在家附近的空地看完连环画后一路狂奔回家,生怕赶不上晚饭。那个绝美的黄昏,我至今无法忘怀。那时我如何看待时间,又如何看待周围的世界呢?也许我虽然年幼,却也在一天即将结束的悲伤中朦朦胧胧地意识到,我是不可能永远活下去的。那是孩子所特有的、出于本能的、初次和世界打交道的方式吗?现在回想起来,我也经历过好几件让我以不同的角度感知世界的事情。每一段体验,好像都成了我来阿拉斯加之前的人生分歧点。

第一段体验,来自我上小学时碰巧在家附近的电影院看到的一部电影,名叫《蒂科和鲨鱼》。故事发生在南太平洋的塔希提岛,当地因旅游开发迎来剧变。与鲨鱼为友的当地少年蒂科和来自欧洲的少女游客发展出一段青涩的恋情。这部电影为什么能吸引儿时的我呢？关键在于背景中那一望无际、无比蔚蓝的南太平洋。直到现在，我还记得女主角名叫"狄安娜"，可见它对我产生了多大的影响。

不久后，我便对北海道产生了强烈的向往。对当时的我来说，北海道是一片特别遥远的土地。我看了各种各样的书，然后在这个过程中对棕熊产生了无可救药的兴趣。当我在大都会东京的车厢里摇摇晃晃时，当我置身于你推我搡的嘈杂人群时，我会忽然想起北海道的棕熊。就在我生活的同一时刻，棕熊也生活着，呼吸着……此时此刻，有一头棕熊在某处的山林中跨越倒地的大树，强有力地前进着……我觉得这件事特别不可思议。仔细想想，这其实是理所当然的事情，但是在十多岁少年眼里，这点小事都是触动心弦的。我心想，自然可真有趣，世界可真有意思啊。那时我还无法把这些念头转化成语言，但那应该就是"万物平等共享同一条时间轴"的神奇吧。在那一刻，世界不再是干巴巴的知识。我虽然还小，却在感官层面第一次真正把握住了世界。

几年前，有一位朋友发表了一段异曲同工的感言。她是个编辑，在东京过着十分忙碌的生活，好不容易才挤出一个星期的时间，跟着我一起出海拍摄鲸鱼。对前一天还在东京忙到深夜的她而言，阿拉斯加东南部的夏天与海景，就是赫然出现在她眼前的异世界。

一天傍晚，我们遇见一小群座头鲸。我们坐着小船，慢慢跟在一边喷水一边前行的座头鲸身后。距离那么近，我们甚至能感觉到鲸呼出的气息。这是多么震撼人心的情景啊——四周尽是冰川与茂密的原始森林，在悠久的时光大潮中，所有的自然元素和谐共存，生生不息。朋友靠着船舷，沐浴着徐徐微风，凝望着奋力前行的鲸群。

就在这时，一头鲸跳出海面，巨大的身躯飞上半空，静止片刻，又沿原路落下，把海面生生劈开。那画面如此震撼，仿佛电影中的慢镜头。

不一会儿，大海重归平静，鲸继续强有力地游动，仿佛什么都没有发生过。这种行为被称为"鲸跃"，我见过好几次，却从没有这么近距离地观察过。人类总想解释动物的每种行为，但到头来我们还是无法理解鲸到底想通过这种行为表达什么。它也许只是想感受一下海面的风，也许只是想随便跳起来试试看罢了。

眼前的光景让我的朋友一句话也说不出来。想必打动她的并不是取景框中的巨大鲸鱼，而是大海的广阔，以及生活在此的鲸鱼的渺小吧。

很久以后，她对我说了这样一番话："虽然东京的工作很忙，但我很庆幸自己去了这一趟。因为这次旅行告诉我，当我在东京忙得团团转的时候，也许在同一时间有鲸鱼冲出阿拉斯加的海面……"

我们一天天地活着，而就在同一时刻，另一种时间也的的确确在缓慢地流动。在日常生活中用心的一角惦记着这一点，必定会给人带来天壤之别的感悟。

公园里的星期天

❋ 贝尔·考夫曼

接近傍晚的阳光依然温煦怡人，而市声尘嚣被公园密密丛丛的树阻挡在外。她把书放在椅子上，拿下太阳眼镜，心满意足地舒了一口气。莫登正在看《时代周刊》，一只手搭在她的肩上；他们三岁大的儿子赖瑞在沙坑里玩；和风轻轻撩起发丝，拂过她的面颊。

已是星期天下午五点半，公园角落里的游戏场地差不多没有人了。秋千和跷跷板一动也不动地被遗弃在那儿，滑梯上也没有人，只有两个小男孩肩并肩蹲在沙坑里专心地玩。多美好啊，她想，几乎为了这份安详的感觉微笑起来。

他们应该多出来晒晒太阳，莫登的肤色那么苍白，他整个礼拜都被关在灰灰暗暗工厂似的大学里。她充满爱意地握紧他的手臂，眼光瞧着赖瑞，他微微皱着眉头，专心挖掘渠道的神情，令她十分愉快。

另外那个小男孩忽然站了起来，很快地挥动一下他胖嘟嘟的小手，铲了一把沙撒在赖瑞身上，还好没撒到他的头上。赖瑞继续挖，那小男孩依然举着铲子，面无表情麻木地站着。

"不可以，不可以，小弟弟。"

她朝他摇了摇手指，一边寻找那孩子的妈妈或保姆。

"我们不可以丢沙子，因为沙子可能会跑进眼睛，弄坏眼睛。我们要规规矩矩地在这个沙坑里玩。"

那男孩眼睛一眨也不眨地，带着期盼的表情望着她。他年纪与赖瑞相当，体重大约重了十磅，一个胖小子，脸上全然没有赖瑞的机灵敏捷。他妈妈在哪里？广场上仅剩两个女人和一个穿轮式溜冰鞋的小女孩，她们正朝出口走去，此外，还有一个男人坐在几尺外的长椅上。

他块头很大，拿着周日漫画贴近脸看，那身子几乎占满了整张椅子。她猜想他就是那孩子的爸爸。他的目光不曾离开那份漫画，但嘴角却很熟练地唾了一口。她赶紧移开自己的目光。

就在这个时候，胖男孩又和刚才一样迅速地铲了一把沙撒在赖瑞身上，这回有些沙撒在他的头发和额头上。赖瑞抬头看看他妈妈，他的嘴唇犹疑地动了动；她的反应会告诉他该不该哭。她的第一个直觉是冲到儿子身边，掸掉他头发上的沙，并惩罚那个小孩，但她控制住了。她总是说她要赖瑞学习打自己的仗。

"不可以这样，小弟弟。"她很严厉地说，身体往前倾了出去，"你不可以丢沙子！"

椅子上的男人动了动嘴，好像要再唾一口，不过他却开口了，并没有看她，只看着小男孩。"你尽管做，乔，"他大声说，"你爱怎么丢就怎么丢，这是公共的沙坑。"

她觉得膝盖忽然软了一下，转头看着莫登，他已经知道怎么回事了。他小心地把《时代周刊》放在腿上，将他那端正、削瘦的面孔转向那个男人，带着他当面指出学生思想中错误之处时，所展露的羞赧、歉意的微笑。他一开口，又是带着他惯常的理性逻辑。

"你说得很对。"他愉快地说，"但是正因为这是公共场所……"

那男人放下他的漫画，瞪着莫登，他慢慢地、仔细地把他从头到脚打量了一番。

"那又怎样?"他无礼的声音中夹着一丝威胁。

"我的小孩在这里和你的小孩有同样的权利,只要他想丢沙,他就可以丢,如果你不喜欢,可以带着你的小孩滚蛋。"

小孩眼睛和嘴巴都张得大大的,小手握着铲子,静静地听他们说话。她注意到莫登下巴的肌肉紧了。他很少生气,很少发火。她心中充满了对丈夫的温柔爱意,以及一股对那个男人的怒气,气他将她丈夫卷入了一个对他而言,如此陌生,如此可厌的情境,而这股怒气却又是那么无助。

"好,只要一分钟,"莫登很客气地说,"你必须了解……"

"喂,闭嘴。"男人说。

她的心开始怦怦跳。莫登站了起来,《时代周刊》滑落地上。另外一个男人慢慢站了起来,朝莫登走了几步,然后站住。他弯起他巨大的手臂,等着。她并紧颤抖的双膝。会发生暴力、打斗吗?多么可怕,多么不可思议……她必须采取行动,阻止他们,叫救命。她想把手放在丈夫的袖子上,拉他坐下来,但基于某种原因,她没这样做。莫登推了推眼镜。他十分十分苍白。

"这太荒谬了,"他不平地说,"我请问你……"

"怎样?"男人说,他站在那儿,两腿分开,并轻轻抖动,轻蔑地看着莫登,"你和谁一起上?"

两个男人互相瞪视好一阵子。然后莫登转身静静地说:"走吧,我们离开这里。"

他笨拙地走向沙坑,不自然的脚步几乎踉跄摇摆。他蹲下去,把赖瑞和他的铲子抱出沙坑。赖瑞立刻回过神来,脸上全神贯注的表情不见了,开始又踢又叫。

"我不要回家,我喜欢玩,我不要什么晚饭,我不喜欢晚饭……"他们离开时,赖瑞的哭叫成了伴奏,他们一人一手拖着赖瑞往前走,他的脚在地上磨拖着。要走到出口必得经过那男人坐的椅子,现在他又大模大样地坐在那儿了。她小心不去看他,带着她可以找到的所有尊严,拉紧赖瑞满是沙子且冒汗的小手,而莫登抓住赖瑞的另一只手。她头抬得高高的,缓慢地和她的丈夫及孩子走出那片游乐场。

她的第一个感觉是松了一口气,避免一场打斗,没有人受伤。然而在这感觉之下还有一层别的,很沉重且摆脱不掉的感觉。她察觉到那不仅是一次不愉快的意外,不仅是理性败给了暴力而已。她隐隐约约感觉到这件事在她与莫登之间留下了某种非常个人而又熟悉、重要的东西。忽然莫登说话了。

"那并不能证明什么。"

"什么?"她问。

"打架。打架除了证明他比我高大以外,并不能证明什么。"

"当然。"她说。

"唯一可能的结果,"他继续有条有理地说下去,"就是——什么?我的眼镜破了,也许掉了一两颗牙,几天不能上班——为什么要这样?为了正义?还是真理?"

"当然。"她重复一次。她加快脚步,只想回到家,让自己忙着做些日常工作;也许那个像强力胶一样黏在她心上的感觉就会消失,所有的愚蠢卑鄙的恶棍也都消失,她想,一面更用力拉住赖瑞的手。小孩还是哭个不停。以前她总对他那毫无抵御能力的小身体、柔弱的膀子、棱角分明的肩膀、细瘦不稳的双腿,有着一丝温柔的怜惜,但是现在,她的嘴唇愤恨地紧闭着。

"别哭了,"她很凶地说,"你真丢脸。"

她觉得他们三个好像踩在烂泥里前进一样。小孩哭得更大声了。如果刚才发生了事情,她想,如果他们打起来了……但是他还可能做什么呢?让自己被揍扁?企图对那男人说教?找警察来?"警官,公园里有个男人不肯阻止他的孩子把沙撒在我小孩的身上……"整件事就这么蠢,根本不值得想。

"老天,你不能叫他安静吗?"莫登怒冲冲地问。

"你以为我一直在干吗?"她说。赖瑞往后退,脚抵在地上。

"如果你不管教这个小孩,我来。"莫登急促地说完,靠近那小男孩。

但她的声音制止了他。她细小、冷酷、充满轻视的语气,连自己都吓了一跳。

"是吗?"她听见自己说,"你和谁?"

女巫的面包

欧·亨利

马莎·米查姆小姐是街角上那家小面包店的女老板,那种店铺门口有三级台阶,你推门进去时,门上的小铃就会丁零丁零响起来。

马莎小姐今年四十岁了,她有两千元的银行存款、两枚假牙和一颗多情的心。结过婚的女人可不少,但同马莎小姐一比,她们的条件可差得远啦。

有一个顾客每星期来两三次,马莎小姐逐渐对他产生了好感。他是个中年人,戴眼镜,棕色的胡子修剪得整整齐齐。

他说的英语带有很重的德语口音。他的衣服有的地方磨破了,经过织补,有的地方皱得不成样子。但他的外表仍旧很整洁,礼貌又十分周全。

这个顾客老是买两个陈面包。新鲜面包是五分钱一个,陈面包五分钱可以买两个。除了陈面包以外,他从来没有买过别的东西。

有一次,马莎小姐注意到他的手指上有一块红褐色的污迹。她立刻断定这位顾客是艺术家,并且十分穷困。毫无疑问,他准是住阁楼的人物,他在那里画画,啃啃陈面包,呆想着马莎小姐面包店里各式各样好吃的东西。

马莎小姐坐下来吃肉排、面包卷、果酱和红茶的时候,常常会好端端地叹起气来,希望那个斯文的艺术家能够分享她的美味的饭菜,不必待在阁楼里啃硬面包。马莎小姐的心,我早就告诉你们了,是多情的。

为了证实她对这个顾客的职业猜测,她把以前拍卖来的一幅绘画从房间里搬到外面,搁在柜台后面的架子上。

那是一幅威尼斯风景。一座壮丽的大理石宫殿(画上这样标明)竖立在画面的前景——或者不如说,前面的水景上。此外,还有几条小平底船(船上有位太太把手伸到水面,带出一道痕迹),有云彩、苍穹和许多明暗烘托的笔触。艺术家是不可能不注意到的。

两天后,那个顾客来了。

"两个陈面包,劳驾。"

"夫人,你这幅画不坏。"她用纸把面包包起来的时候,顾客说道。

"是吗?"马莎小姐说,她看到自己的计谋得逞了,大为高兴。"我最爱好艺术和——(不,这么早就说'艺术家'是不妥的)绘画,"她改口说,"你认为这幅画不坏吗?"

"宫殿,"顾客说,"画得不太好。透视法用得不真实。再见,夫人。"

他拿起面包欠了欠身,匆匆走了。

是啊,他准是一个艺术家。马莎小姐把画搬回房间。

他眼镜后面的目光是多么温柔和善啊!他的前

额是多么宽阔！一眼就可以判断透视法——却靠陈面包过活！不过天才在成名之前，往往要经过一番奋斗。

假如天才有两千元银行存款、一家面包店和一颗多情的心作为后盾，艺术和透视法将能达到多么辉煌的成就啊——但这只是白日梦罢了，马莎小姐。

最近一个时期，他来了以后往往隔着货柜聊一会儿。他似乎也渴望同马莎小姐进行愉快的谈话。

他一直买陈面包。从没有买过蛋糕、馅儿饼，或者她店里的可口的甜茶点。

她觉得他仿佛瘦了一点，精神也有点颓唐。她很想在他买的寒酸东西里加上一些好吃的东西，只是鼓不起勇气。她不敢冒失，她了解艺术家高傲的心理。

马莎小姐在店堂里的时候，也穿起那件蓝点子的绸背心来了。她在后房里熬了一种神秘的温柏籽和硼砂的混合物。有许多人用这种汁水美容。

一天，那个顾客又像平时那样来了，把五分镍币往柜台上一搁，买他的陈面包。马莎小姐去拿面包的当儿，外面响起一阵嘈杂的喇叭声和警钟声，一辆救火车隆隆驶过。

顾客跑到门口去张望，遇到这种情况，谁都会这样做的。马莎小姐突然灵机一动，抓住了这个机会。

柜台后面最低的一格架子里放着一磅新鲜黄油，送牛奶的人拿来还不到十分钟。马莎小姐用切面包的刀子把两个陈面包都拉了一道深深的口子，各塞进一大片黄油，再把面包按紧。

顾客再进来时，她已经把面包用纸包好了。

他们分外愉快地扯了几句。顾客走了，马莎小姐情不自禁地微笑起来，可是心头不免有点着慌。

她是不是太大胆了呢？他会不高兴吗？绝对不会的。食物并不代表语言。黄油并不象征有失闺秀身份的冒失行为。

那天，她的心思老是在这件事上打转。她揣摩着他发现这场小骗局时的情景。

他会放下画笔和调色板。画架上支着他正在创作的图画，那幅画的透视法肯定是无可指摘的。

他会拿起干面包和清水当午饭。他会切开一个面包——啊！

想到这里，马莎小姐的脸上泛起了红晕。他吃面包的时候，会不会想到那只把黄油塞在里面的手呢？他会不会——

前门上面的铃铛恼人地响了。有人闹闹嚷嚷地走进来。

马莎小姐赶到店堂里去。那儿有两个男人。一个是叼着烟斗的年轻人——她以前从没有见过，另一个就是她的艺术家。

他的脸涨得通红，帽子推到后脑勺上，头发揉得乱蓬蓬的。他攥紧拳头，狠狠地朝马莎小姐摇晃，竟然向马莎小姐摇晃。

"笨蛋！"他拉开嗓子嚷道；接着又喊了一声"千雷轰顶的！"或者类似的德国话。

年轻的那个竭力想把他拖开。

"我不走，"他怒气冲冲地说，"我非同她说个明白不可。"

他擂鼓似的敲着马莎小姐的柜台。

"你把我给毁啦，"他嚷道，他的蓝眼睛几乎要在镜片后面闪出火来，"我对你说吧。你是个惹人讨厌的老猫！"

马莎小姐虚弱无力地倚在货架上，一手按着那件蓝点子的背心。年轻人抓住同伴的衣领。

"走吧，"他说，"你骂也骂够啦。"他把那个暴跳如雷的人拖到门外，自己又回来。

"夫人，我认为应当把这场吵闹的原因告诉你，"他说，"那个人姓布卢姆伯格。他是建筑图样设计师。我和他在一个事务所里工作。他在绘制一份新市政厅的平面图，辛辛苦苦地干了三个月。准备参加有奖竞赛。他昨天刚上完墨。你明白，制图员总是先用铅笔打底稿。上好墨之后，就用陈面包擦去铅笔印。陈面包比擦字橡皮好得多。

"布卢姆伯格一向在你这里买面包。嗯，今天——嗯——你明白，夫人，里面的黄油可不——嗯，布卢姆伯格的图样成了废纸。只能裁开来包三明治啦。"

马莎小姐走进后房。她脱下蓝点子的绸背心，换上那件穿旧了的棕色哔叽衣服。接着，她把温柏籽和硼砂煎汁倒在窗外的垃圾箱里。

三个旅行者

※ 琼·艾肯

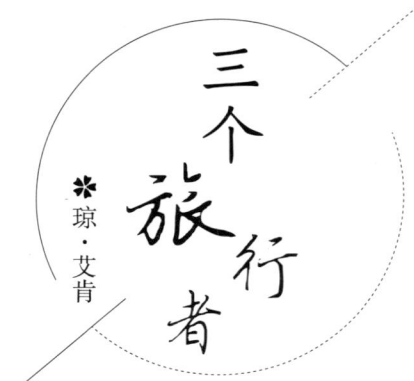

从前,在一片大沙漠中间,有一个很小很小的火车站,车站四周是一眼望不到边的荒沙。沙漠那边是草原,草原那边是溪谷和山脉。铁路横穿过这些地区,向东西方向伸延,伸得很远很远,一直伸向茫茫的天边。

这个车站名叫"沙漠站",站上只有一所房子,里面住了3个人:信号员史密斯先生、搬运工琼斯先生和检票员布朗先生。

你也许会认为,这么小小的一个车站,用得着3个人照看吗?可是管理铁路的人知道,如果把两个人单独放到一个地方,他们准会争吵;而把3个人放在一个地方,只要其中的两个在一起,准会说第3个人的坏话,这样他们都会很快活的。

这3个人是够快活的,他们没有妻子抱怨沙漠上的飞沙,也没有孩子缠着他们讲故事或是骑在他们肩膀上。可他们也并不是完全快活,这是为什么呢?

你看吧,每天,庞大的火车都轰隆隆地响着开过沙漠,从西开到东,从东开到西,开近车站的时候是越来越大,离去的时候是越来越小,可是从来也不停。没有一个人愿意在沙漠站下车。"唉,要是我能使用一次我的信号灯,哪怕只用一会儿也好啊!"史密斯先生悲伤地说,"我每天给拉杆上油,把灯擦得锃亮,可是15年来,我没有机会拉一次拉杆发信号叫火车停下来。这让男子汉心都碎了,伤心!"

"唉,要是我能剪一次车票,哪怕只剪一次也好啊!"布朗先生叹口气说,"我让我的剪票钳锃光瓦亮,可是有什么用呢?15年来,我没用它打过一次眼。男子汉的才华在这地方生锈了。"

"唉,要是我能帮人扛一次行李,哪怕只扛一会儿也好啊!"琼斯先生悲叹道,"在城市的火车站,搬运工靠挣小费就能发财,可是在这个地方还能指望发财吗?我每天早晨都练举重,身体强壮又柔韧。可是15年来,我连给人拿一次帽盒的机会都没有。男子汉在这里碰不到好运气。"

除此以外,还有一件事使他们3人烦恼:每个星期天,既没有火车来也没有火车往,他们无事可做,没地方可去。从沙漠站到下一站有一千里地,坐火车走这么远的路程要花上一个星期的薪水。而且,即使你坐星期六晚上的末班车走,也来不及走完全程,去趟电影院,然后在星期一早晨赶回来。所以每逢星期天,他们只是闲坐在站台上,打着呵欠,希望是星期一。

然而有一天,琼斯先生数了数他攒的钱说:"朋友们,你们的愿望就要实现了。我攒够了度假一周的钱,史密斯先生可以发信号让火车停下,布朗先生可以剪我的票,我要去看一看世界了,火车走多远我就去多远。"

另外两个人兴奋得发狂。史密斯先生用了整整一个晚上给信号灯拉杆上油,布朗先生选出最厚实最方整的票,把剪票钳擦亮。第二天早晨可真是个伟大的时刻,那庞大、骄傲的火车不再是轰隆隆地响着开过沙漠站,而是只为琼斯先生一个人,开进车站了。

琼斯先生自己把行李搬到车上,爬上车去,向朋友们挥手告别,并且高声喊着"星期六回来",就向东方进发了。

3天之后,过路的火车给他们丢下琼斯捎来的一张明信片,说他将乘星期六中午的火车回来。火车正点到达前两个小时,史密斯先生就把信号灯拉到了"停车"的位置。他和布朗先生那个星期的全部时间,都坐在一棵仙人掌底下,议论琼斯先生回来怎样介绍他的旅行,会带来什么礼物。

火车一停,琼斯先生就从上面跳了下来。布朗先生小心地接过他的车票,史密斯先生向火车发出继续前进的信号。然后他们烧咖啡,坐下来听旅行者的故事。

"兄弟们!"他说,"世界可真大呀!火车拉着我经过那么多国家,我记都记不清了。末了在一个比沙漠还大的城市停车了。哎呀呀,光那个车站就有一个城市那么大。有商店、戏院、旅馆,还有饭店,甚至还有一个马戏团呢,就在车站里边。所以我才懒得进城去呢,就在车站里边待着。我跟你们说,我过得可痛快哪。这是我给你们带来的礼物。"

他小心翼翼地取出他带来的礼物,送给史密斯先生一个形状像摩天大楼的镇纸器,送给布朗先生一个盒子,盒盖上画着雄伟壮丽的火车站。他俩都很高兴。

第二个星期,史密斯先生数数他的钱,说:"兄弟们,你们又交好运了。我已经攒够了度假的钱,将要乘坐向西开的火车了,它走多远我就去多远。"

"但是谁来照管信号灯呢?"琼斯先生提出反对意见。

"布朗先生来管。我已经教了他一个星期了。"

布朗先生又给史密斯先生选出了一张最好的车票,然后赶紧跑到信号灯那儿去。琼斯先生替史密斯先生把箱子拿上火车(史密斯先生给了他一笔可观的小费)。史密斯先生爬上火车离去了。

下一个星期六,他回来了,眼睛亮得像星星。火车刚一离站,他们就坐下来听他的故事。

"我的天哪!"史密斯先生说,"世界比我想象的还要大!我经过那么多国家,有一半都记不得了。可是旅行到最后,我们越过一群高高的山峰,高得像是要碰到月亮了。山上有叶子像针一样的松树,雪就像撒下的盐。后来火车向山下冲去,我简直以为制动器坏了,我们全得掉进悬崖。可末了我们在海边停了下来。兄弟们,那大海比这沙漠还要大哪!这是我给你们带来的。"

他拿给布朗先生一个珠光贝,给琼斯先生一大块闪光的白色水晶石。他俩觉得这礼物美丽极了。

接着他们开始同布朗先生商量:"你准备到哪儿去度假呢?"史密斯先生建议:"到山上去!去上山下海!"可琼斯先生说:"不,到城市去!城市要美丽迷人得多。"他们争吵起来,彼此冲着对方大喊大叫。

但布朗先生是个非常沉静的人,他想了好半天才开口说道:"我不愿乘那么久的火车,我晕车。再说,你们已经告诉过我是什么样子了。我想到个不同的地方去。"

"可是没有别的地方可去了。"他们对他说,"铁道只有两个方向,不是往东就是往西。"

"我要到北边去。"布朗先生说。他打了一个小小的背包,装了些面包和干酪,带上一瓶啤酒。

"你怎么才能到北边去呢?"

"用我的双脚步行去。"星期六一早,他就跨过铁道,出发了。

琼斯先生和史密斯先生望着他的身影在棕黄的沙漠上径直离去,越来越小,消失在远方。

"咱们还能见到他吗?"琼斯先生和史密斯先生互相询问着。

但到傍晚,夕阳西下时,远处出现一个小黑点,越来越近,最后他们看清了,那正是布朗先生。他的眼睛闪着光,喜笑颜开。

"怎么样?"他们烧好一壶咖啡,坐下来喝的时候问道,"你到哪儿去了?看到了些什么?"

"兄弟们,"布朗先生说,"我从这儿走出两个小时以后,发现了绿洲,那里有新鲜的泉水,有绿色的草地,有鲜花,还有柠檬树。看我给你们带来的礼物。"

他给琼斯先生一个硕大多汁的橘子,给史密斯先生一束蓬松的绿叶和蓝色的鲜花。

要是你星期天看到沙漠车站空无一人,那也用不着惊讶。那3个人准是正躺在清泉边的草地上,听着鸟儿唱歌呢。在车站的站牌上,"沙漠"2字底下,已经加上了"通往绿洲"几个字。

游戏

普塔·纳德

那天，我独自一人坐火车前往罗哈纳。车到一个小站，我的对面上来一个女孩。送她的那对男女可能是她的父母，他们很关心她，不厌其烦地跟她说东西应放在哪里，如何避免和陌生人交谈。

我5年前失明了，因此不知道女孩长什么模样，但我知道她穿的是拖鞋，因为她走动时鞋碰到了她的脚后跟。我喜欢女孩的声音。

"你去台拉登吗？"火车离站时，我问。我一定是坐在黑暗的角落里，因为我的声音吓了她一跳。她低声惊呼，然后说："我不知道这里有人。"

"我刚开始也没有看见你。"我说，"但是，我听见你进来了。"我在想，我是否能做到不让她发现我是个盲人。我想如果我一直坐在我的座位上，应该不会有什么困难。

"我在萨拉兰普下车，"女孩说，"我阿姨在那里接我。你去哪？"

"先去台拉登，然后去穆所里。"我回答道。

"哦，你真幸运！我喜欢那里的山，尤其是在10月。"

"是的。那是上山最好的时候。"我说，同时又想起了那些未失明的日子，"满山都是野生的大丽花，晚上可以坐在篝火旁，喝点白兰地。路上静悄悄的，那种感觉真的很好。"

她没有说话。我心想，是不是我的话触动了她，或者说她认为我是一个浪漫的傻瓜。然后我犯了一个错误。"外面怎样？"我问。她似乎没觉得不对劲。难道她看出我是个瞎子？但是她的下一个问题打消了我的疑虑。

"你为什么不自己看呢？"她很自然地问。我沿着铺位敏捷地移到窗边，假装在研究外面的风景。在心里，我可以看见电线杆和树一闪而过。"你注意到了吗？"我大胆地说，"树木似乎在移动，而我们没动？"

"总是这样。"她说。我把脸从窗口转向女孩。有一会儿，我们一直默默地坐着。"你的脸很有趣。"我说。话一出口，我为自己的大胆感到吃惊，但这是一个安全的评价，很少有女孩会拒绝奉承。

她开心地笑了。那是银铃般清脆的笑声。她说："很高兴你这么说。别人总说我长得很漂亮，我已经听腻了。"

"那么，你有一张漂亮的脸蛋。"我在心里说。于是，我又大声说："一张有趣的脸也可以很漂亮。""你真会说话。"她说，"但你为什么这么当真呢？"

"火车很快就要到达你的目的地了。"我很唐突地说，"感谢上帝，虽然这是一个短暂的旅行，但如果没有你，我无法忍受在火车上坐两三个小时。"

然而，为了倾听她的声音，我愿意坐久一点。她的声音就像山间的清泉一样动听。一旦她下了火车，她也许会忘记我们短暂的相遇，但在剩下的旅途中我会记住她。

忽然，汽笛尖叫起来，车轮也改变了声音和节奏。女孩起来收拾东西。火车慢慢地驶入车站。然后，我听到了一个女高音从门口传来，想必是女孩的阿姨。"再见。"女孩说。她离我很近，我想伸手去摸摸她的头发，但她很快走了。

门口有些混乱。有个男人走进了车厢，结结巴巴地道歉，然后门"啪"的一声关了。世界也再一次地关在了外面。我回到我的铺位。我们又出发了。

火车加快速度，车轮欢快地唱起了歌。我摸到窗口，凝视着窗外对我来说是一片黑暗的日光。刚上来的男人代替了那个女孩。我又有了新旅伴，新游戏。"她是一个很有趣的女孩。"我说，"能告诉我，她是长头发还是短头发吗？"

"我没注意。"他回答说，听上去挺纳闷的，"不过，我倒注意到了她的眼睛。她的眼睛很美丽，却毫无用处。她是一个瞎子。难道你没注意到吗？"

日内瓦湖在沉睡

※ 蒲宁

我们是在夜里到达日内瓦的,正下着雨。拂晓前,雨停了。雨后初霁,空气变得分外清新。我们推开阳台门,秋晨的凉意扑面而来,使人陶然欲醉。由湖上升起的乳白色的雾霭,弥漫在大街小巷上。旭日虽然还是朦朦胧胧的,却已经朝气勃勃地在雾中放着光。湿润的晨飔轻轻地拂弄着盘绕在阳台柱子上的野葡萄血红的叶子。我们盥漱过后,匆匆穿好衣服,走出了旅社,由于昨晚沉沉地睡了一觉,精神抖擞,准备去做尽情的畅游,而且怀着一种年轻人的预感,认为今天必有什么美好的事在等待着我们。

"上帝又赐予了我们一个美丽的早晨,"我的旅伴对我说,"你发现没有,我们每到一地,第二天总是风和日丽?千万别抽烟,只吃牛奶和蔬菜。以空气为生,随日出而作,这会使我们神清气爽!不消多久,不但医生,连诗人都会这么说的……别抽烟,千万别抽,我们就可体验到那种久已生疏了的感觉,感觉到洁净,感觉到青春的活力。"

可是日内瓦湖在哪里?有片刻工夫,我

们茫然地站停下来。远处的一切,都被轻纱一般亮晃晃的雾覆盖着。只有街梢那边的马路已沐浴在霞光下,好似黄金铸成的。于是我们快步朝着被我们误认为是浮光的马路走去。

初阳已透过雾霭,照暖了阒无一人的堤岸,眼前的一切无不光莹四射。然而山谷、日内瓦湖和远处的萨瓦山脉依然在吐出料峭的寒气。我们走到湖堤上,不由得惊喜交集地站住了脚,每当人们突然看到无涯无际的海洋、湖泊,或者从高山之巅俯视山谷时,都会情不自禁地产生这种又惊又喜的感觉。萨瓦山消融在亮晃晃的晨岚之中,在阳光下难以辨清,只有定睛望去,方能看到山脊好似一条细细的金线,逦迤于半空之中,这时你才会感觉到那边绵亘着重峦叠嶂。近处,在宽广的山谷内,在凉飕飕的、润湿而又清新的雾气中,横着蔚蓝、清澈、深邃的日内瓦湖。湖还在沉睡,簇拥在市口的斜帆小艇也还在沉睡。它们就像张开了灰色羽翼的巨鸟,但是在清晨的寂静中还无力拍翅高飞。两三只海鸥紧贴着湖水悠闲地翱翔着,冷不丁其中的一只忽地从我们身旁掠过,朝街上飞去。我们立即转过身去望着它,只见它猛地又转过身子飞了回来,想必是被它所不习惯的街景吓坏了……朝暾初上之际有海鸥飞进城来,住在这个城市里的居民该有多幸福呀!

我们急欲进入群山的怀抱,泛舟湖上,航向远处的什么地方……然而雾还没有散,我们只得信步往市区走去,在酒店里买了酒和干酪,欣赏着纤尘不染的亲切的街道和静悄悄的金黄色的花园中美丽如画的杨树和法国梧桐。在花园上方,天空已被廓清,晶莹得好似绿松石一般。

"你知道吗,"我的旅伴对我说,"我每到一地总是不敢相信我真的到了这个地方,因为这些地方,我过去只能看着地图,幻想前去一游,并且时时提醒自己,这只不过是幻想而已。意大利就在这些崇山峻岭的后边,离我们非常之近,你感觉到了吗?在这奇妙的秋天,你感觉到南国的存在吗?瞧,那边是萨瓦省,就是我们童年时代阅读过的催人落泪的故事中所描写的牵着猴子的萨瓦孩子们的故乡!"

码头旁,游艇和船夫都在阳光下打着瞌睡。在蓝盈盈的清澈的湖水中,可以看到湖底的砂砾、木桩和船骸。这完全像是个夏日的早晨,只有主宰着透明的空气的那种静谧告诉人们现在已是晚秋。雾已经消散得无影无踪,顺着山谷,极目朝湖面望去,可以看得异乎寻常的远。我们迫不及待地脱掉上衣,卷起袖子,拿起了桨。码头落在船后了,离我们越来越远。离我们越来越远的还有在阳光下光华熠熠的市区、湖滨和公园……前面波光粼粼,耀得我们眼睛都花了,船侧的湖水越来越深,越来越沉,也越来越透明。把桨插入水中,感觉水的弹性,望着从桨下飞溅出来的水珠,真是一大乐事。我回过头去,看到了我旅伴那升起红晕的脸庞,看到了无拘无束地、宁静地荡漾在坡度缓坦的群山中间浩瀚的碧波,看到了漫山遍野正在转黄的树林和葡萄园,以及掩映其间的一幢幢别墅。有一刻,我们停住了桨,周遭顿时静了下来,静得那么深邃。我们闭上眼睛,久久地谛听着,什么声音也没有,只有船划破水面时,湖水流过船侧发出的一成不变的汩汩声。甚至单凭这汩汩的水声也可猜出湖水多么洁净,多么清澈。

"划吗?"我问。

"慢着,你听!"

我把桨提出水面,连汩汩的水声也渐渐消失。从桨上滴下一颗水珠,然后又是一颗……太阳照得我们的脸越来越热……就在这时,一阵悠扬的钟声,从很远很远的地方飘至我们耳际,这是深山中某处的一口孤钟。它离我们那么远,有时我们只能隐隐约约听到它的声音。

"你还记得科隆大教堂的钟声吗?"我的旅伴压低声音问我,"那天我比你醒得早,天还刚刚拂晓,我便站在洞开的窗旁,久久地谛听着独自在古老的城市上空回荡的清脆的钟声。你还记得科隆大教堂的管风琴和那种中世纪的壮丽吗?还有莱茵省,那些古老的城市,古老的图画,还有巴黎……然而那一切都无法和这里相比,这里更美……"

由深山中隐隐传至我们耳际的钟声温柔而又纯

净,闭目坐在船上,侧耳倾听着这钟声,享受着太阳照在我们脸上的暖意和从水上升起的轻柔的凉意,是何等的甜蜜,舒适。有一艘闪闪发亮的白轮船在离我们约莫两俄里远的地方驶过,明轮拍击着湖水,发出疏远、喑哑、生气的嘟囔声,在湖面上激起一道道平展的、像玻璃一般透明的波,缓缓地朝我们奔来,终于柔情脉脉地晃动了我们的小船。

"瞧,我们已置身在崇山的怀抱之中,"当轮船渐渐变小,终于隐没在远处以后,我的旅伴对我说,"生活已留在那边,留在这些崇山峻岭之外了,我们已进入寂静的幸福之邦,这寂静之邦何以名之,我们的语言中找不到恰当的字眼。"

他一边慢慢地划着桨,一边讲着,听着。日内瓦湖越来越辽阔地包围着我们。钟声忽近忽远,似有若无。

"在深山中的什么地方有一座小小的钟楼,"我想到,"独自在用它回肠荡气的钟声赞颂着礼拜天早晨的安谧和寂静,召唤人们踏着俯瞰蓝色的日内瓦湖的山道,到它那儿去……"

极目四望,山上大大小小的树林都抹上了绚丽而又柔和的秋色,一幢幢环翠挹秀的美丽的别墅正在清静地度过这阳光明媚的秋日……我舀了一杯水,把茶杯洗净,然后把水泼往空中。水往天上飞去,迸溅出一道道光芒。

"你记得《曼弗雷德》吗?"我的同伴说,"曼弗雷德站在伯尔尼兹阿尔卑斯山脉中的瀑布前。时值正午。他念着咒语,用双手捧起一掬清水,泼向半空。于是在瀑布的彩虹中立刻出现了童贞圣母山……写得多美呀!此刻我就在想,人也可以崇拜水,建立拜水教,就像建立拜火教一样……自然界的神力真是不可思议!人活在世上,呼吸着空气,看到天空、水、太阳,这是多么巨大的幸福!可我们仍然感到不幸福!为什么?是因为我们的生命短暂,因为我们孤独,因为我们的生活谬误百出?就拿这日内瓦湖来说吧,当年雪莱来过这儿,拜伦来过这儿……后来,莫泊桑也来过。他孑然一身,可他的心却渴望整个世界都幸福。当年所有的理想主义者,所有的恋人,所有的年轻人,所有来这里寻求幸福的人都已弃世而去,永远消逝了。我和你有朝一日,同样也将弃世而去……你想喝点儿酒吗?"

我把玻璃杯递过去,他给我斟满酒,然后带着一抹忧郁的微笑,加补说:

"我觉得,有朝一日我将融入这片亘古长存的寂静中,我们都站在它的门口,我们的幸福就在那扇门里边。你是否记得易卜生的那句话'玛亚,你听见这寂静吗?'我也要问你:你有没有听见这群山的寂静呢?"

我们久久地遥望着重重叠叠的山峦和笼罩着山峦的洁净、柔和的碧空,空中充溢着秋季的无望的忧悒。我们想象着我们远远地进入了深山的腹地,人类的足迹还从未踏到过那里……太阳照射着四周都被山岭锁住的深谷,有只兀鹰翱翔在山岭与蓝天之间的广阔的空中……山里只有我们两人,我们越来越远地向深山中走去,就像那些为了寻找火绒草而死于深山老林中的人一样……

我们不慌不忙地划着桨,谛听着正在消失的钟声,谈论着我们去萨瓦省的旅行,商量我们在哪些地方可以逗留多少时间,可我们的心却不由自主地离开话题,时时刻刻在向往着幸福。我们以前从未见到过的自然景色的美,以及艺术的美和宗教的美,不论是哪里的,都激起我们朝气蓬勃的渴求,渴求我们的生活也能升华到这种美的高度,用出自内心的欢乐来充实这种美,并同人们一起分享我们的欢乐。我们在旅途中,无论到哪里,凡是我们所注视的女性无不渴求着爱情,那是一种高尚的、罗曼蒂克的、极其敏感的爱情,而这种爱情几乎使那些在我们眼前一晃而过的完美的女性形象神化了……然而这种幸福会不会是空中楼阁呢?否则为什么随着我们一步步去追求它,它却一步步地往郁郁苍苍的树林和山岭中退去,离我们越来越远?

那位和我在旅途中一起体验了那么多欢乐和痛苦的旅伴,是我一生中所爱的有限几个人中的一个,我的这篇短文就是奉献给他的。同时我还借这篇短文向我们两人所有志同道合的萍飘天涯的朋友致敬。

未婚妻

玛格丽特·奥杜

度过了几天假期之后,我要回巴黎了。

我到车站的时候,火车早已挤满了乘客,大部分车门前,都有个男人或女人堵在那里,仿佛专门不让后来的人进去似的。而我还是踮起脚尖向一个个车厢内探看,希望能找到一个座位。那里,那里有一个空儿,但是旁边放着两个大篮子,篮子里的母鸡和鸭子把头伸在外面。

我犹豫了好一会儿,决定走进去。我说,很对不起了,让我来把篮子移开。而一位穿着罩衫的农民对我说:"等一下小姐,这就挪。"他把他放在膝盖上的水果篮交给我提着,然后把鸡鸭轻轻推进了座位下面。

鸭子们喊叫起来,表示不高兴,母鸡们却低下头,像是受委屈的样子。农民的妻子就一个个地唤起它们的名字来。

等我坐下、鸭子们也安静下来之后,我对面的旅客问农民,是不是要把鸡鸭带到市场上去卖。

"不是,先生。"农民回答说,"我儿子后天结婚,这些都是给儿子的。"

他的脸上神采奕奕,环顾四周,仿佛要向所有人展示他的喜悦。

其他旅客听到后,看起来也都很高兴。只有一个老妪是例外,她占了两人的座位,枕着三个枕头,对着那些拥挤在车厢里的农民,嘴里开始念念有词。

火车开动了,刚才说话的旅客正准备开始看报纸,农民开口对他说:

"我儿子在巴黎,他是商店的职员,和他结婚的小姐也是商店的职员。"

旅客把已经打开的报纸放在膝上,调整坐姿坐到座位的边沿,然后问道:

"未婚妻漂亮吗?"

"咱也不知道,"农民说,"还没见过人家。"

"真的吗?假如她长得丑,您不喜欢怎么办?"

"有可能,"农民答道,"但是我觉得不会,儿子怎么会让咱失望呢。"

"再说了,"农民的妻子补上一句,"既然菲利普都喜欢人家,我们也会喜欢人家的。"

农民的妻子转过身来向着我,我看到她温柔的双眼中盈着微笑。她的面容娇小可爱,真不敢相信,她的儿子都要结婚了。

她问我是不是也去巴黎,我说是。这时那个旅客就开始开玩笑了。

"我打赌,"他说,"这位小姐就是您儿子的未婚妻,她来接她的公公婆婆,却装作是陌生人。"

所有目光都集中到我身上,我羞得面红耳赤,这时农民夫妇却同声说道:"啊!真是这样可太好了。"

我告诉他们,完全搞错了。可是旅客提醒他们,说我曾经沿着火车走过两次,就像是在寻找什么人,又说我在登上车厢之前是多么迟疑。

大家都笑了。尴尬的我解释说,这是我找到的唯一一个空座位。

"没啥,"农民的妻子说,"你很讨人喜欢。要是儿媳妇能像你,那可有咱乐的。"

"是啊,"农民接着说,"儿媳妇指定像你。"

旅客对于他的玩笑感到十分得意,他一边用调皮的眼神看向我,一边对农民夫妇说:

"瞧好吧,我没弄错,等您到巴黎,您儿子就会告诉您'这位就是我的未婚妻!'"

他说完后放声大笑,然后往座位靠背上一靠,就开始专心读他的报纸了。

过了一会儿,农民的妻子转身朝向我,在她拿着的篮子里翻找了一会儿,从东西下面拿出了一块煎饼。她请我吃煎饼,告诉我,这是她今天早上亲手做的。

我不知怎样辞谢才好,只得把我的感冒夸张成发烧,煎饼又回到了篮子的底层。

接着,她又请我吃一串葡萄,这次我不得不接受了。

火车中途停靠时,我再三劝阻,农民还是下车给我带回了一杯热饮。

看到这一对好人一心只爱他们的儿子选中的人时,我感到愧疚,因为我并不是她。他们的热情也让我想到,要真是他们的儿媳的话,生活该多么甜蜜。我是孤女,从未见过父母的面容;而和我一起生活的人,谁都对我漠不关心。

我惊异地发觉,他们的双眼几乎定格在了我身上,好像在用目光爱抚着我一样。

到达巴黎后,我帮他们把篮子从车上搬下来,领着他们向出口走去。

我看到一个身材高大的青年向他们扑过来,当他深深地拥抱他们时,我稍稍退远了一些。他热情地吻他父亲,又吻他母亲;他们笑眯眯地接受他的亲吻。他们谁都没有听到服务员们的警告声,差点被装满行李的马车一齐撞倒。

他们在前面走着,我在后面跟着。儿子一只手臂挽着鸭篮子,另一只手臂围抱着他母亲的腰,他弯着身靠向妈妈,笑嘻嘻地听她说话。

他和他的父亲一样,一双眼睛鲜明快乐,笑声爽朗而响亮。

外面,天几乎全黑了。他们的儿子去雇车。我撑起大衣的领子,站在他们身后几步远的地方。

农民抚摸着一只美丽的花母鸡的头,对他妻子说:"早知道那不是咱儿媳妇,咱就把这只花母鸡给她了。"

农民的妻子也抚摸着它,说:

"是啊!早知道咱……"

农民的妻子向着走出车站的长长人列做了一个手势,望着远处说:

"她已经跟着人群走了。"

而他们的儿子回来了,他雇到了一辆车。把他的父母安顿周全之后,他自己在赶车人的旁边坐下。他侧转着身子,以便能照看父亲母亲。

他看起来很坚强,也很温柔,我想他的未婚妻一定是很幸福的……

车逐渐消失在黑暗中之后,我也慢吞吞地离开了。穿过一条条街道,孤零零的我失魂落魄地回到了自己的小房间。我已二十岁了,还没有一个人向我谈过爱情。